수학, 다르게 배운다

수학, 다르게 배운다

초판 인쇄 2017년 2월 1일
초판 발행 2017년 2월 5일

지은이 김수환
펴낸이 최국주
펴낸곳 동명사
출판등록 1950년 11월 1일(제1-76호)
주소 (우 10881) 경기도 파주시 회동길 50(문발동)
전화 031-955-7200(대표)~2, 7203(편집부), 7204(물류)
팩스 031-955-7205
전자우편 webmaster@dmsbook.com
홈페이지 www.dmsbook.com

ISBN 978-89-411-8169-9
값 20,000원

머리말

수학은 어떻게 배우는가? 수와 연산, 도형과 측정, 규칙성, 자료와 가능성, 문자와 식, 함수, 기하, 방정식, 확률론 등 여러 가지 수학 내용을 모든 학생들은 똑같은 방법으로 배우는가? 학습자 개인의 능력과 수준에 따라 각자 다른 방식으로 배우는가? 학자들이 탐구하는 지식의 구조를 학습자는 그들 나름의 인지 경로에 맞는 방법으로 탐구하는 것이 가능하다는 가설을 수용해볼 만하다. 따라서 흔히들 영재교육과 부진아 교육에서 사용하는 교구나, 동영상 자료 등 브루너가 말하는 활동적 표상과 영상적 표상을 활용하는 것이 그들의 인지 경로에 맞는 방식이라 할 수 있다.

본서의 구성은 크게 3부로 나누어져 있다. 1부는 총론으로, 수학 특수교육 대상자인 영재와 부진아들을 위한 교육에 대한 총괄적인 개요와 그 구체적인 사례를 개괄적으로 살펴본다. 제1장은 수학 특수교육의 개념 정의, 제2장은 미국과 한국의 영재교육원 사례로 미국의 스탠포드대학교의 영재교육원과 한국의 청주교육대학교 영재교육원 사례를 비교하여 살펴보았다. 제3장에서는 미국이나 영국에서 비롯된 과학기술공학수학의 융합형 프로그램을 살펴본다. 제4장에서는 수학의 탐구가 시작되는 실제 세계나 맥락에서 학습자가 나름대로의 연구 주제를 선정하여 탐구하는 호주의 수학 탐구대회의 사례를 소개한다. 제5장에서는 캐나다와 미국의 여름 방학기간의 긴 5~6주간의 수학 캠프 활동 사례를 소개한다. 마지막 6장에서는 이집트의 시각 장애 학생을 위한 도형 교육을 위한 노력 사례를 소개함으로써 타산지석으로 삼고자 하였다.

제2부에서는 초등학교 수학 영재 교육 프로그램 실제 사례 6개(제1장 수 감각 기르기, 제2장 여러 가지 계산법과 마술카드의 원리, 제3장 식물의 성장과 토끼의 번식 규칙, 제4장 14면체 주사위 목제 주령구와 문제 만들기, 제5장 파스칼의 삼각형과 하노이 탑 문제, 제6장 쪽매 맞춤과 에셔의 그림)와 중학교 수학 영재프로그램 실제 사례 6개(제7장 지도를 이용한 오리엔티어링, 제8장 방정식을 풀기 위한 수학자들의 노력, 제9장 수열의 규칙성 탐구와 아르키메데스의 왕관, 확률론의 기원과 지구 둘레 구하기, 제11장 분수 차원과 프랙털 도형 탐구, 제12장 카오스 게임)를 소개하였다. 각 프로그램은 3교시 분량으로 1. 탐구의 개요 및 배경, 2. 준비 활동, 3. 탐구 활동, 4. 심화 활동, 5. 탐구 문제, 6. 평가 기준 및 문제 만들기 활동으로 이루어져 있다.

제3부에서는 수학이 부진한 학생들이 처음부터 새로운 각오와 방법으로 다시 시작하도록 하기 위한 방안을 모색하였다. 어린 학생들이 수 개념을 형성하고 수나 양에 대한 감각을 형성해 나가도록 도와줄 필요가 있다. 그들은 그들의 눈높이로 수학을 탐구하도록 도와줄 필요가 있다. 어른이나 수학자의 입장에서 섣불리 기호적 표상을 미리 도입하는 것은 오히려 그들의 수학 탐구에 싫증과 거리감을 유발시킬 우려가 있다. 하여 모든 학생들이 그들의 입장에서 수학 탐구에 성공한 경험을 가지도록 할 필요가 절실하다. 제1장에서는 수 개념과 수 감각 형성을 위한 어린 아동들이나 수학 부진아를 지도할 수 있는 방안을 탐색하도록 하였다. 제2장에서는 자리 값 개념 형성을 위한 교구 활용과 그들 나름의 전략 모색 방안 등을 소개하였다. 제3장과 4장에서는 사칙연산에 관한 초등학생들의 다양한 문제해결 전략을 소개하였다. 제5장에서는 도형과 측정 지도를 위한 이론과 방안이 제시되어 있다.

2017년 2월

목차

제1부 | 총론

제2부 | 수학 영재 지도 사례

제3부 | 처음부터 시작하기

제1부 | 총론

제01장 수학 특수 교육

제02장 미국과 한국의 영재교육원

제03장 과학기술공학수학 탐구

제04장 호주 수학 영재 탐구

제05장 캐나다/미국 수학 캠프

제06장 이집트 시각 장애 학생을 위한 도형 교육 사례

제01장

수학 특수 교육

2016년 7월 24~31일 독일의 함부르크 대학교에서는 제 13회 수학교육국제회의가 열렸다. 초등학생들의 기하교육을 위한 주제 분과 12에서 이집트의 아브델라만(Abdelrahman, 2016) 교수는 어릴 적 실명한 학생도 기하교육을 받을 수 있도록 흥미로운 도구를 제작하여 지도한 사례를 발표하여 참석자들로부터 찬사와 박수를 받았다. 수학교육국제위원회(ICMI)에서는 1990년대 이래 만인을 위한 수학교육의 기치를 내걸어 왔다. 모든 학생은 인종, 성, 언어와 상관없이 수학을 잘 할 수 있도록 지도할 필요가 있다.

수학 특수 학생은 일반 학생 또는 보통 학생과 구별되는 용어로서 일반 학생보다 학습 능력이 뒤떨어지는 학습 부진아(학습지진아)를 가리키거나 일반 학생보다 학습 능력이 우수한 영재를 의미한다. 보통의 학생과 다르다는 점에서 이들을 교육할 때에는 특별한 관심과 노력이 요구된다. 터만(Teumann, 1937)의 지능지수(IQ) 분류에 따라 학생을 다음 [표 1]과 같이 분류하였는데 학습 부진아는 지능지수가 80~90정도에 해당되는 학생이고, 학습 지진아는 지능지수가 70~80정도의 경계지능에 속하는 학생이다(김성준 등, 2013).

| 표 1 | 지능지수에 의한 학생 분류

분류	IQ 범위	분류	IQ 범위
천재(very superior)	140이상	수재(superior)	120~140
영재(bright normal)	110~120	보통(normal)	90~110
학습부진아(slow learner)	80~90	경계지능(border line)	70~80
정신지체(mentally retarded)	70이하	우둔(moron)	50~70
치우(imbecile)	25~50	백치(idiot)	25이하

1. 수학 학습 부진아의 특성

학습 장애아는 그들이 듣거나 읽은 정보를 처리하는 데 큰 어려움을 겪는다. 수학 영역에서 장애를 가진 학생은 그리 많지 않다. 실제로 얼마나 많은 학생들이 학습 장애를 가지고 있는 지는 잘 알려져 있지 않다. 왜냐하면 실제로는 잘못 가르쳐서 어떤 문제가 있는 것으로 분류되는 학생들도 많기 때문이다. 실제로 학습 장애를 가진 학생들에게는 특수 교육 교사에 의해 특별히 설계된 수업을 제공해야 한다.

바인브레네르(Winebrenner)(1966)는 수학 학습 부진아들의 일반적인 특성을 다음과 같이 제시하였다(김성준 등, 2014).

① 수세기는 하지만 수에 대한 감각이 부족하다.
② 패턴과 관계를 지각하는 데 어려움을 가지고 있다.
③ 숫자를 잘못 읽거나 잘못 쓴다.
④ 수, 어휘, 문제 해결 절차, 학습한 지식 등을 기억하는 데 어려움을 겪는다.
⑤ 문장제는 언어, 수, 연산이라는 3중의 기호로 연결되어 있기 때문에 더욱 큰 어려움을 겪는다.
⑥ 문제 해결 과정에서 사고의 경로를 자주 잃는다.
⑦ 사고력을 요구하는 과제에 어려움을 겪는다.
⑧ 반복적으로 같은 문제를 해결하거나 한 가지 해결 방법만을 반복 사용한다.

2. 수학 학습 부진아 지도 방법

정규 수학 교실 수업에 참가한 대부분의 학습 장애아들을 위해서 교사는 교수 학습 과정의 다음 세 가지 측면에 주의해야 한다(Smith, 2009).

첫째, 지시를 하거나, 어떤 수학 개념을 설명할 때 오직 한 번 그 말을 듣고 나서 제대로 이해하는 데 어려움을 겪는다는 인식하는 것이 중요하다. 지시를 반복하거나 학생이 전체 메시지를 확실히 이행할 수 있도록 하기 위하여 들은 내용을 말하도록 요청할 필요가 있다. 그 학생이 응답할 때에는 그 학생이 답을 구성하거나 자신의 생각을 말로 설명하는 데 충분히 더 긴 시간적

여유를 가지도록 해줄 필요가 있다. 그 학생이 수학 수업에 참여할 기회를 실제로 가진다면, 더 많은 인내와 더 많은 시간을 제공할 필요가 있다.

둘째, 특정한 수업에 필요한 읽기가 있다면, 그 학생은 그 과제에 큰 어려움을 겪게 되고 자신의 무능한 수행 능력에 당황하고 좌절할 기미를 보일 수도 있다.

마지막으로, 많은 자료와 제공물, 화려한 벽지와 포스터, 또는 지나친 소음이 있는 지나치게 자극적인 교실 환경은 어떤 학생에게는 주의력을 잃게 할 수도 있다. 이러한 산만한 환경은 수업에서의 주의 집중에 방해가 될 수도 있다.

학습부진아도 수학을 배우고 싶어 하고, 배울 수 있다. 다만, 보통 학생들과 학습 하는 방법이나 양식이 다르고 속도가 다를 뿐이다. 이런 이유로 인하여 잠재적인 학습 능력과 실제 수행이 불일치하게 된다. 이 점을 충분히 이해하면서 수학을 가르친다면 교수–학습 방법에 의한 학습부진아는 줄어들 것이다(김성준 등, 2013).

(1) 학습 양식에 맞추어 지도한다.

학습 양식은 매우 다양하지만 교육 현장에서 자주 논의되는 유형은 청각형, 시각형, 촉각–운동형이다(한국교육과정평가원, 1999).

- 청각형: 들으면서 학습하는 것을 선호하는 학습자로서 대체로 분석적, 논리적, 계열적 사고에 뛰어나다.
- 시각형: 보면서 학습하는 것을 선호하는 학습자로서 개념이나 현상을 그림으로 나타내면 쉽게 이해한다.
- 촉각–운동형: 만지고 움직이면서 학습하는 것을 선호하는 학습자이다.

(2) 구체물 조작 활동으로 문장제를 해결하게 한다.

발달 수준이 높은 학생은 교사의 설명 또는 간단한 구체물 조작 활동으로 개념이 형성되고 이를 기호 조작 단계로 진입할 수 있을 것이다. 그러나 학습부진아는 추상적인 사고 능력이 낮으므로 교사의 설명, 간단한 구체물 조작 활동을 기호로 연결하는 데 많은 어려움이 있다. 따라서 충분한 구체물 조작 활동으로 개념을 형성하게 하고, 형성된 개념을 기호로 연결하는 과정을 충분히 경험해야 추상적인 기호의 의미를 이해할 수 있을 것이다. 정상적인 학생이라면 1~2회 구체물 조작 활동으로 학습 내용을 이해한다면 학습 부진아는 4~5회 또는 그 이상을 구체물 조작 활동을 해야 할 것이다.

(3) 의사소통 능력을 개발한다.

언어는 사고의 수단이 되므로 학생이 말하고 듣고 읽고 쓰는 활동은 학업 성취도향상에 미치는 영향이 매우 크다. 학생이 자신의 아이디어를 말하고, 다른 사람의 아이디어를 듣는 기회를 많이 가졌을 때 수학적 개념과 원리를 깊게 이해할 수 있을 것이다. 수학에 대해 말함으로써 자신의 사고와 이해를 점검하고 통찰을 얻을 것이다. 학생에게 문제를 읽게 하고, 문제의 뜻이 무엇인지 재 진술하게 하고, 해결 방법을 설명하게 하는 활동을 충분히 제공해야 하며, 그런 활동을 기호와 연결시켜서 기호의 의미를 이해하도록 한다.

(4) 기억시키기 위하여 학습한 내용을 반복한다.

학습한 내용을 기억시키기 위해서는 의미 있는 학습을 제공하는 방법과 기계적인 훈련을 통한 반복학습이 있다. 기억력을 향상시키는 최선의 방법은 의미 있게 학습하는 것이다. 이해를 바탕으로 학습이 이루어졌을 때 오래 기억된다. 수학적인 개념이나 원리가 다른 개념과 연결시켜야 한다. 따로 떨어진 수학적 지식은 오래 기억하기 어려울 뿐만 아니라 전이 효과가 없다.

적절한 방법으로 학습 내용이 충분하게 이해되었다고 판단이 되면 반복 학습을 통하여 학습 내용을 기억하게 하여야 한다. 반복 학습은 5~10분 정도로 짧아야 하며, 매일 반복한 다음 어느 정도 암기가 되었다고 판단되면 2~3일 정도 간격을 두고 반복한다. 학습 부진아가 외우는 능력에 자신감을 가질 수 있도록 칭찬과 격려를 한다.

3. 수학 영재의 특성

음악이나 수학, 바둑이나 장기 등의 영재는 세 살 정도에서도 발견되기도 한다. 이러한 어린들은 매우 정교한 전략을 이용하며 다른 어린이들보다 훨씬 더 복잡한 수학 과제들을 해결할 수도 있는 것으로 드러난다. 연구자들에 따르면, 수학 영재는 다음과 같은 문제해결 과제들을 잘 해결한다(김성준 등, 2013).

① 자료의 조직화

② 패턴이나 규칙의 인식

③ 문제의 표상 변화와 새로운 표상에서의 패턴과 규칙의 인식

④ 매우 복잡한 구조의 이해와 이러한 구조들 내부에서의 연구

⑤ 과정을 되돌리기

⑥ 관련된 문제의 발견과 구성

영재아들이란 전문적으로 자질이 있는 사람들로 확인되는 아동들로, 그들은 뛰어난 능력의 힘으로 높은 성취를 수행할 수 있다. 이들은 자신과 사회에 대한 그들의 기여를 실현하기 위하여 정상적인 학교 프로그램에 의해 보통 제공되는 것들을 능가하는 차별화된 교육 프로그램과 서비스를 요하는 아동들이다.

높은 성취를 보일 수 있는 아동들은 다음 영역들 중의 어떤 영역에서 하나 혹은 복합적으로 성취도나 잠재력을 입증해 보이는 아동들을 포함한다:

① 일반 지능

② 특수한 학업 성적

③ 창의적 혹은 생산적 사고

④ 지도력

⑤ 시각적 연기 예술

⑥ 정신운동 능력

영재아들의 확인을 위한 이러한 준거들의 이용은 학생 모집단의 최소한 3~5%를 이루는 것으로 생각될 수 있다(김수환, 1999).

렌줄리의 3고리 정의에 기초한 영재의 행동 특성은 다음과 같다.

① **지적 능력**(평균 이상의 일반 능력): 높은 수준의 추상적 사고력, 새로운 상황에 대한 적응력, 빠르고 정확한 정보 회상력

② **지적 능력**(평균 이상의 특수 능력): 특정 영역의 지식에 대한 일반 능력의 적용력, 부적절한 정보에서 적절한 정보를 선별하는 능력, 문제해결 과정에서 고등 지식과 전략을 획득하고

사용하는 능력

③ **과제 집착력:** 높은 수준의 관심과 열정, 특수 영역에 대한 집착력, 자신감과 성취동기, 연구 과정에서 의의 있는 문제를 발견해내는 능력, 높은 성취 수준

④ **창의력:** 사고의 유창성, 유연성, 독창성, 새로운 경험과 아이디어에 대한 개방성, 호기심과 모험심, 심미적 특성에 대한 민감성

4. 수학 영재의 지도 방법

수학 영재는 그들의 독특한 욕구가 충족될 수 있도록 특별한 주의를 기울여줄 필요가 있다. 그들에게 차기 학년의 교과서를 심화용으로 제공하는 것으로는 충분하지 않다. 그들은 훨씬 상급 학년들과 같은 교실에서 공부할 수도 있으며, 경우에 따라서는 조기에 고등학교를 졸업할 수도 있다. 그들은 공학자, 박사, 과학자로서의 인생을 선택할 수도 있다. 초중고등학교 재학 중에는 그 학생을 그 지역사회의 멘토를 선정해주거나 대학 수준의 수학 과정에 참석하도록 해줄 필요도 있다. 수학 영재들이 그들의 재능을 추구하는 것을 격려하고 수학의 도전감을 즐기도록 격려하는 노력을 아끼지 말아야 한다.

영재의 잠재력 발현에 영향을 미치는 요인으로 지적인 능력, 성격 등과 같은 개인적인 요인과 가정환경이나 영재교육과 같은 환경적 요인의 상호작용이 필요하지만 가장 직접적인 영향을 미치는 것은 학습 환경과 교수 방법이다.

(1) 교사의 능력과 역할

교육의 질은 교사의 질을 능가할 수 없다.

■ **일반적인 능력과 태도**

① 학문에 대한 열정이 있어야 한다.

② 지적 호기심과 탐구정신이 있어야 한다.

③ 자상하고 유머 있고, 융통성 있는 성격이어야 한다.

■ 수업에서 지녀야 할 능력과 태도

① 학생들이 도전할 수 있는 과제를 제시한다.

② 안정적이고 수용적인 환경을 제공한다.

③ 특이하고 색다른 아이디어의 가치를 수업 중에 같이 토의한다.

④ 교사는 정답을 제공해주는 것이 아니라 학생들이 자신의 생각을 창안해낼 수 있도록 단서와 절차를 제공하는 역할을 해야 한다.

⑤ 학생들이 평소에 옳다고 믿는 신념이 틀릴 수도 있다는 것을 알게 한다.

⑥ 타인을 존중하는 태도를 길러주어야 한다.

⑦ 지적으로 정직하도록 한다.

⑧ 가끔은 애매한 상황을 만들어 학생들이 사고하도록 만든다.

⑨ 다른 사람과의 경쟁보다는 자신과 경쟁하게 한다.

⑩ 제안된 아이디어는 평가되어야 하겠지만 교사 또는 학생에 의해 즉각적으로 옳고 그름을 평가해서는 안 된다.

(2) 영재 학습 프로그램 개발

■ 목표

① 창의적 사고력과 문제해결력 신장

② 추리력, 비판력, 적용력, 분석 및 종합력 등 고차적인 사고 능력 신장

③ 긍정적인 자아 개념과 타인과 사회, 국가에 대한 책임감을 지니는 지도자적인 자질 함양

■ 내용

① 다양한 학문 분야를 통합할 수 있는 내용

② 개방적인 과제

③ 복잡하고 추상적인 내용

④ 생산적인 고급 사고 기능을 발달시킬 수 있는 내용

⑤ 교육과정에 없는 도전적인 과제

⑥ 창의적인 아이디어로 해결할 수 있는 과제

⑦ 학문간의 통합적인 내용과 활동이 포함되는 내용

⑧ 다양한 유형의 사고 활동을 촉진하고 육성할 수 있는 과제

⑨ 수학적으로 질적 수준이 높은 주제

⑩ 하위 학습 과제와 체계화 될 수 있는 주제

■ 방법

① 실험, 조작, 관찰 등 구체적 활동을 통하여 창의적인 사고를 경험하도록 한다.

② 그리기, 만들기, 조사, 토의 등 다양한 형태로 학습하게 한다.

③ 문제 해결 과정을 통하여 수학적 원리나 법칙을 만들게 한다.

④ 능력과 흥미에 따라 학습 속도와 학습 양식에 따라 최대한 개별 학습이 이루어지도록 한다.

⑤ 학생들이 직접 조작 활동을 통하여 문제를 해결하게 하고 그 과정에서 수학적 원리나 법칙을 만들게 하고, 창의적 사고력을 기를 수 있도록 한다.

⑥ 학생들끼리 협력하고 활발한 토의를 통하여 문제를 해결하게 함으로써 긍정적인 자아개념, 건전한 가치관과 윤리관을 형성하게 하고, 바람직한 수학 사회를 만들 수 있게 한다.

제02장

미국과 한국의 영재교육원

미국의 특징적인 영재교육센터인 스탠포드대학교의 영재교육프로그램(Education Program for Gifted Youth)과 한국의 청주교육대학교 과학영재교육센터(Center of Science Gifted Education)의 초등학교 수학 영재 프로그램 운영을 비교·분석하고자 한다.

1. 우리나라 수학 영재교육 운영 사례

청주교육대학교 과학영재교육센터(Center of Science Gifted Education)는 1998년 전국 9개의 센터가 처음 설립될 당시 문을 열었다. 사실은 그 1년 전인 1997년부터 과학재단의 지원이 없는 상태에서 수학과와 과학과의 뜻있는 교수들이 준비하여 출범하였다. 2000년 현재 초등학교 5학년 이하의 학생들을 대상으로 20명씩 2학급 40명을 매년 선발하여 1년간 기초교육을 실시한 뒤 2년차에는 16명 정도의 학생들을 재차 선발하여 1년간 계속교육을 하고 있다. 이 중 10명 전후의 학생은 중학교 연계프로그램에 추천하여 입학시킨다. 청주교육대학교와 컨소시엄으로 중학생 영재교육을 실시하는 충북대학교에서는 추천받은 학생들과는 별도로 선발과정을 함께 운영한다. 초등학교 수학 영재 프로그램 편성의 기본 원칙은 다음과 같다(김수환, 1999; 청주교육대학교, 2001).

첫째, 초등학교와 중학교에서 다루는 수학을 다양하고 점진적으로 경험하게 하는 분산형, 교차형 내용 조직 방식을 따른다.

둘째, 가능한 한 5학년 교육과정 범위에 속하는 내용을 선정한다. 이는 교육 대상자가 수학 능력 우수아이기는 하지만 이들에게 지나치게 속진 활동을 강조하는 것은 자칫 낭패를 초래할 우려가 있기 때문이다. 또, 집중교육 시에는 과학반 아동들에게도 교차 적용할 수 있어야 하는데,

과학반 학생들도 적절하게 수행할 수 있으려면 교육과정의 범주를 크게 벗어나지 않는 것이 좋기 때문이다.

셋째, 아무리 교육과정 내의 내용을 중심으로 하는 활동일 지라도 대상자들의 개인차를 고려하여 각자 활동의 폭과 깊이를 열어줄 수 있는 두 시간 전후에 할 수 있는 활동 프로그램을 개발한다. 이를 위하여 개발된 자료들은 가능하면 개방형 탐구 자료의 유형이 선호된다.

넷째, 프로그램 개발에서, 초등학교 교육과정의 수와 연산, 규칙성과 함수, 도형과 측도, 확률과 통계(이산수학 포함), 문제해결(추론과 의사소통, 연결성, 통합 주제 프로젝트 포함) 등 대영역 내용들이 골고루 안배될 수 있도록 한다. 프로그램이 어느 한 영역에 집중되는 것을 가능한 한 막기 위함이다.

다섯째, 어려운 문제 풀이 식의 교육에 적합한 것은 가능한 한 피하고, 구체적인 활동을 통하여 주어진 문제 상황을 해결하고 이를 확장할 수 있게 하는 프로젝트 수업에 적합한 프로그램을 개발한다. 이렇게 개발된 자료는 영재교육 뿐 아니라 일반 학급에서의 활동 자료로도 활용될 수 있다.

초등수학 영재교육을 위한 청주교육대학교 과학영재교육센터의 프로그램은 실시 시기에 따라 주말교육과 집중교육, 과정에 따라 심화과정과 속진과정으로 구성되어 있다. 우선, 주말교육은 매주 토요일 오후에 실시하는 것이며, 집중교육은 방학중에 실시하는 것으로, 심화과정과 속진과정으로 구성한다. 심화과정 프로그램은 1년 차 기초반 학생들을 위한 것으로, 교육과정 내의 영역별 안배를 하되 활동의 폭과 깊이를 열어둘 수 있는 두 시간 전후에 할 수 있는 활동 과제로 한다. 이것은 과학반 학생들에게도 적용할 수 있는 과제여야 한다. 그러나 속진과정 프로그램은 2년차 후속교육 대상자들인 심화·수학반 아동들만을 위한 것이므로, 다소간 교육과정의 범주를 벗어나더라도 무방하다.

(1) 수학 프로그램 개발의 기본 원칙과 특징

각 프로그램에 따라 자료 개발의 과정과 특징이 다소 차이가 있겠지만 일반적인 수학영재교육 자료 개발의 기본 원칙과 특징은 다음과 같다.

첫째, 이러한 제반 교육 활동 자료의 개발에 준용할 형식은 학습목표, 준비 활동, 탐구 활동, 심화 활동의 틀을 갖춘다.

둘째, 학생들 스스로 아이디어를 찾아내고 적극적으로 해결과정에 반영하도록 유도할 수 있는 문제상황을 제시한다.

셋째, 계산기와 컴퓨터를 비롯한 기술공학을 적절히 사용할 수 있는 자료를 개발한다.

넷째, 문제해결을 위해 소집단내에서 논의를 거쳐 합리적인 답을 도출할 수 있는 기회를 되도록 많이 제공하도록 한다.

다섯째, 수학적인 언어나 표현을 이용하여 의사소통하는 경험을 제공한다. 즉, 학생들이 주제에 대하여 그들 나름대로의 의견을 제시하며, 토론하고, 질의 및 응답을 할 수 있는 되도록 많이 제공하도록 한다.

여섯째, 수학적인 추론과 문제해결의 위력을 경험할 수 있는 과제의 개발에 힘쓴다.

일곱째, 수와 연산, 규칙성과 함수, 도형과 측도, 확률과 통계, 문제해결 등 폭넓은 영역을 골고루 지도하되, 이들 각 영역의 의미가 통합된 전체로 인될 수 있는 과제를 개발한다.

아홉째, 학생이 학습목표를 성취하기 위해 필요한 방법과 도구를 스스로 생각하여 구하도록 하며, 자신의 성과를 스스로 평가할 수 있도록 한다. 이를 위해 활동이 끝난 뒤 10분간은 학습자들 스스로 포트폴리오를 작성하게 한다. 이 시간까지 도우미 교사는 학생활동 관찰지를 완성한다.

(2) 수학 프로그램의 유형과 수준

개발된 수학 수업 자료의 유형은 실험, 토론, 과제수행, 강의 등 4가지로 구분하여 볼 수 있다. 또한 수준은 초등학교 5학년 수준 이하(초5수준), 초등학교 6학년 수준(초6수준), 중학교 1학년 이상 수준(중학교 수준)으로 구분할 수 있다. 개발된 프로그램을 주된 수업 유형과 대상 수준에 따라 분류하면 [표 2]와 같다.

2. EPGY의 수학 영재프로그램

스탠포드대학교의 EPGY(영재교육프로그램)는 1963년부터 지금까지 운영되고 있다. 그 변천과정을 간략히 살펴보면, 1963년에 EPGY의 전신인 사회과학의 수학적 연구를 위한 연구소(IMSSS: Institute for Mathematical Studies of the Social Sciences)는 수학과 논리를 초등학생들에게 가르치기 위하여 컴퓨터를 이용하는 것을 실험하기 시작하였다. 1968년에는 컴퓨터를 토대로 한

| 표 2 | 수학 프로그램의 유형과 수준

수준 유형	초5수준	초6수준	중학교 수준
실험 (15)	계산기를 이용한 여러 가지 수의 계산	하노이 탑 패턴블록 지도에서 산의 정상 알아맞히기 확률 실험 원의 신비 퍼즐문제	여섯 장의 카드 구하기 모래 수학: 외심 모래 수학: 내심 경우의 수 점, 선, 면의 세계 GSP를 통한 대칭 탐구 작도를 해보자 나도 피타고라스
토론 (15)	걸리버 여행기 기하판으로 배우는 수학 Tic-Tac-Toe와 수학	그래프의 분류 축구공에 숨어있는 수학 수학에서의 토론 우승팀을 찾아라 최강의 농구팀 결성하기	마술카드의 비밀 비둘기 집의 원리 그래픽 계산기 활동 아르키메데스의 무게와 부피 문장의 참과 거짓 자연수에서 실수까지 에라토스테네스의 체
과제수행 (32)	로고프로그래밍활동탐구(1) 로고프로그래밍활동탐구(2) 로고프로그래밍활동탐구(3) 칠교판 2,2,2의 세계	파스칼의 삼각형 성냥개비 놀이 낙타의 분배 원형 탱그램 활동 정육면체와 직육면체 만들기 3차원의 이해 시침과 분침이 겹치는 시각 도수분포표에 의한 그래프 엘리스와 카드병정의 하키 깨진 체스판 다시 붙이기 수학 퍼즐 다양한 주제의 문제해결 펜토미노를 이용한 수학문제	확률론과 여러 가지 문제해결 피보나치수열 탐구 자료의 정리와 계산기 활용 가장 빠른 길 찾기 다면체 탐구와 오일러 공식 누가 거짓말쟁이일까? 여러 모양 만들기 수학퍼즐문제해결 수 관련 규칙성 찾기 놀이 지도 색칠하기 마방진의 세계 기름통의 부피 그림자와 피라미드의 높이 사각형의 넓이와 식의 분해
강의(수업) (7)	로고프로그래밍활동의 기초	어려운 미로를 빠져나가려면? 재미있는 수리 퍼즐	타일 모양 탐구 차원분열도형 탐구 함수의 기초 최단거리 구하기

대학 수준의 논리학과 집합론에 대하여 그러한 연구가 시작되었다. 이러한 과정들은 1972년에서 1992까지 스탠포드 대학생들에게 제공되었다. 또한 1972년에서 1981년까지, 어학에서 직업 상담에 이르기까지 다양한 교과에서의 컴퓨터에 의한 교육의 다양한 실험들이 IMSSS에서 수행되

었다.

EPGY의 전신은 전적으로 컴퓨터에 의한 미적분학의 처음 일 년 과정을 개발하는 프로젝트였다. 이 프로젝트는 1985년, 미국 국립과학재단의 자금 지원과 Patrick Suppes 교수의 주관 하에 시작되었다. 이 과정의 창안 동기는 당시 미국 고등학생들 전체의 25% 이하에게만 미적분학이 제공되었다는 사실이었다. 컴퓨터는 미적분학을 학생들에게 제공할 방책이 없는 학교들에서 이용할 수 있는 방법으로 간주되었다.

1990~91년에 EPGY는 그 초점을 중고등학교의 영재아들에게 두기 시작하였다. 처음에는 미적분학에서 시작하였지만, 점차 초급대수학, 중급대수학, 미적분학입문, 미적분학 A, B, C, 물리학입문 등으로 확대되었다. 소위, 초·중·고등학교에서 제대로 수행하기 힘든 일을 대학의 연구소에서 컴퓨터를 이용하여 제공하고 있는 셈이다. 1994년에는, 초등학생들을 위한 특별 프로그램(Special Program for Elementary School Students)을 제공하기 시작하였다. 이 프로그램은 초등학교 수준의 학생들에게 이용할 수 있는 교재를 만든 시발점이었다. 처음에는 4~6학년 학생들을 위한 과정으로 시작하여, 이 프로그램은 결국 유치원에서 대수학입문에 이르기까지의 교육과정을 포괄하는 것으로 확장되었다. K-7 수학이라 불리는 이 프로그램은 이제 어떤 과정보다도 많은 등록을 하는 데까지 성장하였다.

1991년 이래로, EPGY는 능력 있는 학생들에게 컴퓨터에 의한 과정을 제공해 왔다. 현재의 교육과정은 수학, 물리학, 작문과 컴퓨터 프로그래밍 과정들을 포함하고 있다. EPGY 과정은 멀티미디어 CD-ROM과 "실질적인 교실 수업"에 직접 연결하는 체계로 교육된다. 자격 있는 강사들이 학생들의 수행을 모니터하여 교육적 지원을 해준다. 학생들은 스탠포드의 계속교육프로그램(Stanford's Continuing Studies Program)을 통하여 과정에 대한 학점을 받는다. 1999년에는 25개국 2,500명 이상, 2000년에는 4,000명의 학생들이 이 프로그램에 등록하였으며, 그들은 5세에서 18세에 이르는 학생들이다. 결국 EPGY는 새로운 공학의 혁신적인 이용을 통하여 그 과정의 개설과목들을 확장하고 그 교육 서비스를 개선해온 셈이다.

스탠포드 대학의 EPGY는 2000년 현재 4,000명의 등록자들이 내는 수업료에 의해 운영되고 있다. 수학과의 교수들이 자문교수단이 되고, 실제 운영을 위한 전담인력이 30명도 더 된다. 전담 인력은 교육과정을 개발자와 소프트웨어 개발자, 교과별 강사, 학생들이 보내는 전자 우편의 질문에 대한 답신자 등을 포함한다. 강사들의 강의 내용이 수록된 CD-Rom과 선정된 교재를 중심으로 학습자들은 원격지에서도 각자 공부를 하고 짜여진 일정에 맞추어 평가를 받아 일련의 과정들을 이수해간다.

대학 과정을 비롯한 많은 과정들 중 K－8 교육과정은 다음과 같은 다섯 가지 범주의 대 영역에 속하는 수학 주제들이나 요소들을 취급하도록 마련되어 있다.

- 집합, 논리, 확률
- 분수와 소수
- 정수의 연산
- 측도, 그래프와 방정식
- 기하

그런데, 1학년과 2학년 과정은 요소에 따라 나뉘어지지 않은 통합적인 성격의 프로그램이다. 즉, 그들은 모든 다섯 개의 대영역의 요소들로부터의 통합적인 자료들을 포함하고 있다. 그러나 3학년에서 6학년 과정은 모든 다섯 영역들의 요소들로부터의 자료를 포함하되, 영역별로 주제가 나뉘어져 있다. 7학년은 집합, 논리, 확률의 대영역을 제외한 모든 영역들의 요소들을, 8학년은 마지막 세 대영역들의 주제들을 중심으로 한 모든 요소들로부터의 주제들을 포함한다.

EPGY의 5학년 교육과정의 예를 들면 다음과 같다(EPGY, 2000).

(1) 집합, 논리, 확률

- 작거나 같다/크거나 같다
- 예: $\{n|n<3\} = \{0,\ 1,\ 2\}$
- 기하학적 도형을 점들의 집합으로 설명하기
- 논리곱, 논리합의 정의
- 부정의 정의
- "함의: ~이면 ~이다" 규칙의 적용
- 범자연수 집합
- $\{n|1<n<4\} = \{2,\ 3\}$
- 원자문, 분자문, 연결문의 정의
- 조건문, 가정, 결론의 정의
- 전제와 결론의 정의

(2) 정수의 연산

- 곱셈
- 괄호가 있는 곱셈
- 나눗셈
- 괄호가 잇는 나눗셈
- 곱셈 이항연산의 수행
- 괄호 있는 곱셈 교환법칙 성립하지 않음
- 곱셈의 결합법칙
- 나눗셈은 교환법칙이 성립하지 않는다.
- 나눗셈은 결합법칙이 성립하지 않는다.
- 덧셈에 관한 곱셈의 배분법칙

- 뺄셈에 관한 곱셈의 배분법칙
- 뺄셈에 관한 나눗셈의 배분법칙
- 덧셈에서의 항등원
- 뺄셈에서의 항등원의 예
- 곱셈에서의 항등원
- 나눗셈에서의 항등원
- 법칙에 의한 각 방정식의 추론
- 배분법칙 이용 곱셈과 두 자리수의 곱셈
- 한 자리수와 두 자리수의 곱셈
- 두 자리수의 곱셈
- 두 자리수와 세 자리수의 곱셈
- 소수의 곱셈
- 나눗셈과 곱셈의 역 연산 관계
- 한 자리수에 의한 나눗셈
- 배수
- 약수 구하기
- 소수
- 10, 100, 1000으로 곱하기
- 10의 배수를 곱하기
- 10으로 나누기
- 10의 배수를 10의 배수로 곱하기
- 10의 배수로 나누기, 10과 100의 나눗셈
- 10의 배수의 근사값
- 나눗셈에서의 근사값
- 나눗셈 복습

(3) 분수와 소수

- 대분수
- 분수를 범자연수나 대분수로 나타내기
- 분수 바꾸기
- 최소공배수 구하기
- 최소공분모
- 동분모분수의 덧셈과 뺄셈
- 수직선 위의 범자연수, 분수, 혼분수 덧셈
- 이분모분수의 덧셈
- 혼합된 수의 덧셈
- 분자와 분모에 같은 수를 곱하여 분수 바꾸기
- 기약분수화
- 분수의 덧셈
- 분수의 뺄셈
- 혼분수의 덧셈
- 혼분수의 뺄셈
- 분수와 범자연수의 곱셈
- 분수와 분수의 곱셈
- 곱셈에 관한 역원의 정의
- 분수의 나눗셈
- 혼분수의 곱셈과 나눗셈
- 소수와 소수점
- 소수를 이용하여 더 많은 자리 값 나타내기
- 소수의 덧셈
- 소수의 뺄셈

- 돈과 소수

(4) 측도, 그래프와 방정식

- 그림 그래프의 정의
- 영어 문장과 같은 수학 구문 쓰기
- 배분법칙을 이용하여 식을 간단히 하기
- 집합의 원소
- 순서쌍과 규칙
- 원그래프의 정의
- 곱셈 부호의 생략
- 식을 간단히 하기
- 순서쌍의 두 번째 원소 찾기
- 순서쌍 집합을 보고 규칙 찾기
- 함수의 정의
- 순서쌍으로부터 표 만들기
- 순서쌍 집합의 그래프

(5) 기하

- 평면도형과 입체도형의 정의
- 삼각기둥의 정의
- 각뿔, 꼭지점, 삼각뿔의 정의
- 오각뿔의 정의
- 구, 원기둥, 원뿔의 정의
- 볼록 평면도형과 오목 평면 도형
- 직각
- 평행선의 정의
- 정사각형의 작도
- 지름의 정의
- 각기둥과 사각기둥의 정의
- 오각기둥의 정의
- 사각뿔의 정의
- 육각뿔의 정의
- 부피의 정의
- 볼록 입체도형과 오목 입체도형
- 수직선
- 직사각형의 작도
- 현의 정의
- 각의 2등분

3. EPGY와 CSGE의 비교 분석

EPGY와 CSGE의 영재교육 프로그램 운영 전반을 비교·분석하면 다음 [표 3]과 같다.

| 표 3 | EPGY와 CSGE의 영재교육 비교

기관	EPGY	CSGE
소재지	스탠포드대학교부설연구소	청주교육대학교부설연구소
등록자수	2000년 현재 4,000명	2000년 현재 213명
수업료	등록자 부담	한국과학재단 지원금
교육방식	컴퓨터에 의한 원격교육 (CD-Rom, 교재, 평가)	활동 중심의 면대면 수업 (실험, 토론, 과제수행, 강의, 평가)
대상학년	k-3, 3-6, 6-9, 9-12, 전학년용	초등기초반, 심화반, 중등기초반
서비스제공자	자문교수 이외의 전담인력 30인 이상(운영 · 연구 · 개발), 전담교사	수학 · 과학교수(기획, 운영, 수업), 도우미교사(학부 학생 24명) 1인당 4-5명의 학생 보조 및 관찰 전담
프로그램유형	심화 · 속진형	심화 · 확장형
대상 교과	수학, 과학, 인문, 음악, 댄스	수학, 과학, 물리, 화학, 생물, 지학, 정보과학
선발 및 평가	능력 검사, 지능지수, 포트폴리오	선발고사, 형성평가, 포트폴리오, 도우미교사 관찰기록

4. 요약

국가적 수월성 추구를 위한 미국인들의 노력은 영재교육 개념의 확산을 초래하였다. 전통적인 영재교육은 수학, 물리 등의 영역에 제한되었으나, 요즈음은 그 영역이 어학, 컴퓨터, 예술, 지도력 등 모든 분야로 확산되어가고 있다. 이는 미국인들의 학문적 성취와 예술적 성취와 가치 등에 대한 양면 가치를 보이는 모습과 다르지 않은 현상으로 볼 수 있다. 그들은 창의성과 학문적 성취를 자랑으로 여기지만, 특히 그것이 실용적 업적에 도달할 때는 더욱 그러하다.

미국의 국가적 수월성 추구를 위한 영재교육 보고서 내용의 요지는 다음과 같다(U.S. Department of Education, 1993). 미국은 가장 귀중한 자원인 학생들의 재능, 높은 흥미 중의 하나에 돈과 시간을 허비하고 있다고 반성한다. 즉, 광범위한 지적·예술적 노력의 범주에서 이러한 젊은 이들이 그들의 최선을 다할 기회가 제공되지 못하고 있으며, 이러한 문제는 경제적으로 불리한 입장에 있는 학생들과 소수민족 학생들에게 특히 심각하다. 그들은 고등 교육 기회에 접할 기회가 적으며 그들의 재능은 가끔 묻혀버리고 만다.

미국의 학교 개혁은 학생들이 더 열심히 공부하게 하고 더 복잡한 문제들을 숙달하게 하는 것에 주력한다. 평균 이하 수준의 성취를 보이는 학생들에 대해서도 이에 대한 반론을 제기하는 사람은 거의 없다. 그들은 또한 세계적 수준의 교육 제도를 완비하기 위하여, 상위 수준의 학생들이 더 높은 수준에 도전하도록 하고 있다. 경제적 진보를 위하여 미국인들은 수학, 과학, 쓰기, 정치, 무용, 경영, 역사, 건강, 그리고 다른 여러 가지 인간적 추구 등에서의 지도력을 제공하기 위하여 많은 상위 수준의 학생들에 의존해야 하기 때문이다.

그들은 영재교육의 개선을 위하여 다음과 같은 조치가 필요하다(U.S. Department of Education, 1993)고 보고한다.

첫째, 매력적인 교육과정 기준을 설정한다. 내용 기준, 교육과정, 평가 실천들은 영재아들을 포함한 모든 학생들의 의욕을 북돋우어야 한다.

둘째, 더 많은 매력적인 학습 기회들을 제공한다. 공동체와 학교들은 상위권 학생들이 고등 교재를 학습하고 그들의 보조에 맞추어 발전할 수 있는 더 많고 더 좋은 기회들을 제공해야 한다. 융통성과 다양성은 필수적이다. 예외적인 학생들을 위한 학습 기회들이 학교뿐 아니라 학교 밖에서도 제공될 수 있어야 한다.

셋째, 조기 교육 도입 기회를 증가시킨다. 모든 아동들, 특히 가난한 소수민족 아동들은 그들의 결함에 중점을 두기보다는 장점의 발전을 강조하는 고급의 유아 교육 프로그램에 참여할 기회들을 가져야 한다.

넷째, 뛰어난 재능을 가지고도 불리한 입장에 있는 소수 민족 아동들을 위한 학습 기회들을 증가시킨다. 이러한 젊은이들은 성취에 대한 그들의 장벽들을 극복하기 위하여 특별한 지원을 필요로 한다. 학교는 더 많은 높은 수준의 학습 경험들이 이러한 학생들에게 유용하도록 해야 한다.

다섯째, 영재의 정의를 확장시킨다. 주 정부와 교육구청은 보다 광범위한 영재 학생들을 지원하기 위하여 그들의 정의와 평가 전략들을 재고할 필요성을 느끼고 있다. 지난 20년 동안의 연구에 의해, 지능이란 고정적이며 단 한 번의 검사에 의해 측정될 수 있다는 관점은 도전을 받게 되었다. 오늘날, 연구자들은 지능은 많은 형태를 갖기 때문에 측정을 위해서는 많은 준거들이 이용될 것을 요한다는 것을 알고 있다. 이러한 이해가 교육자들로 하여금 지능의 전통적인 정의들과 현행의 평가 실천과 절차들에 대해 문제를 제기하도록 하였다. 교육자들은 학생들의 시험점수에만 의존하기보다는 그들의 능력을 나타내 보일 수 있는 상황에서 그들을 관찰함으로써 뛰어난 재능을 확인해야 한다.

여섯째, 교사의 발전을 강조한다. 교사들은 높은 수준의 교육과정을 가르치는 방법에 관하여 더 좋은 훈련을 받아야 한다. 그들은 모든 학생들의 의욕을 충분히 북돋우는 수업을 제공하기 위한 지원을 요한다. 이것은 뛰어난 재능을 가진 학생들 뿐 아니라 모든 학업 성적 수준의 아동들에게도 유익할 것이다.

일곱째, 세계적 성취 수준에 일치시킨다. 미국은 상위권 학생들이 잘 하는 국가들 의 우수한 학생들과 비교하여 우위를 점할 수 있기를 보증해주는 조치를 취하고 있다. 이를 위해, 국가의 지도자들과 대통령은 1989년 버지니아의 Charlottesvile에서의 역사적인 교육 정상 회동에서, 뛰어난 재능을 가진 학생들을 위한 교육을 개선시킬 필요성을 인식하였다. 그들은 6개의 국가 교육 목표들을 정의하고, 뛰어난 재능을 가진 학생들을 포함한 미국의 모든 학생들에 대한 기대감을 높이고 있다.

5. 제언

미국의 영재교육 실태에 대한 조사를 토대로 다음과 같은 시사점을 도출할 수 있다. 첫째, 이미 개발되어 투입되었던 영재교육 프로그램은 일반 아동들의 학습의 질을 높이는 데 활용되도록 해야 한다. 대부분의 학구적 재능이 있는 학생들은 초등학교에서 그들에게 제공되는 필요한 교육과정의 절반 이상을 이미 숙달하였으며, 정상적인 학교 교육과정은 영재아들에게 매력적이지 못하다는 사실은 미국이나 우리나라나 대동소이한 일임에 틀림없다. 이를 극복할 수 있는 방안은 영재교육 프로그램의 대중화 방안을 모색하는 일이다.

둘째, 우리나라의 영재교육 기관의 다원화를 도모할 필요가 있다. 정규학급에서 심화 학습, 자문교사 프로그램, 자료실 프로그램, 지역사회 사사제도 프로그램, 개별 탐구학습 프로그램, 특수학급, 특수학교 등(전경원, 1997)을 생각해볼 수 있다. 이를 위하여, 정부로부터의 지원을 받고 있지 않은 전국의 각 대학도 대 국민 내지는 지역사회의 봉사차원에서 영재교육 프로그램의 제공을 위한 노력을 게을리 하지 말아야 한다. 운영을 위한 재정 문제는 수익자 부담 원칙을 세워도 문제가 없을 것이다. 미국의 유수한 대학들도 이와 같은 사업을 적극적으로 유치하여 실천하고 있다.

셋째, 다방면의 영재교육 프로그램을 제공하는 기관이 생겨나야 한다. 예술적 재능을 포함한 다방면의 능력 있는 학생들에게도 매력적인 기회들을 제공할 수 있도록 하여야 할 것이다. 전통적인 영재교육이 수학과 물리 교과에 제한되었던 점과는 상대적으로 대조적인 현상이 드러나고 있는 점을 고려해야 한다.

넷째, 초·중등학교의 영재교육 프로그램에의 참여 기회는 확대되어야 한다. 미국의 경우, 특수학교, 자석 학교, 그리고 심화 여름 프로그램들이 다양하게 보급됨으로써 그들로부터 혜택을 받는 학생 수가 상대적으로 많다. 우리나라의 경우도 마찬가지로, 전국에 걸쳐 10여 개의 초·중학교 학생들을 위한 영재교육 센터가 과학재단의 지원에 의해 설립되어 운영되고 있지만 그 수혜자들은 지극히 제한적인 시공간의 제한점으로 인해 극소수에 지나지 않는다. 기본적으로 영재교육에의 욕구가 있는 수요자들에게는 충분한 기회가 제공될 수 있어야 한다.

다섯째, 영재교육을 위한 매력적인 교육과정 기준을 설정해야 한다. 국가수준의 교육과정을 토대로 속진 교육을 실시하는 것도 하나의 방편일 수는 있지만 지나치게 속진에 의존할 경우 아동의 부적응에 대한 우려가 없지 않다. 따라서 속진형 프로그램에만 의존할 것이 아니라, 동일한 주제에 대한 탐구의 깊이뿐 아니라 폭도 고려한 심화형의 프로그램의 개발 및 적용에 더 한층 주의를 기울여야 한다. 그리하여 여름학교, 토요일 프로그램, 현장 견학, 사사제도, 개별탐구학습, 학습센터 등(Davis & Rimm, 1985; Sisk, 1984; 전경원, 1997)의 심화교육을 제공함으로써 참여자 누구에게나 매력적인 학습 기회들을 제공할 수 있도록 해야 한다.

여섯째, 초·중등학생들이 상급학교 및 대학 과정에 자유로이 이중 등록할 수 있도록 하는 제도적 지원책을 고려함으로써 조기 교육 기회를 증가시킬 필요가 있다. 미국의 경우 각 대학에 부설된 영재교육 기관에서 일정 정도의 학점을 취득하게 되면, 대학에서는 학점을 인정해줌으로써 학생들을 끌어들이는 유인책으로 활용하고 있다.

일곱째, 영재교육을 위한 교사 교육에 힘써야 한다. 그래야만 영재교육 실천에서 활용된 프로그램들의 대중적인 보급이 가능하다. 이를 위해서는 각 영재교육 센터와 지역 교육청과의 협력이 요청된다고 할 수 있다.

여덟째, 교육부나 과학기술부 및 지방교육청 등 유관 기관은 영재교육의 바람직한 실천을 위하여 필요한 행·재정적 지원을 아끼지 말아야 한다. 영재육성법만 만들어 놓고 실천을 위한 여건을 마련해주지 않으면 사설 기관들의 난립을 초래할 수 있을 것이다. 사설 기관은 나름대로의 의미 있는 일을 할 수 있게 할 뿐 아니라 국가 차원에서 책임지고 방향을 바로 잡아줄 수 있어야 할 것이다. 미국의 경우에도 작은 연방의 기치를 내걸고 방치하여 낭패를 초래했던 적이 있음을 타산지석으로 삼아야 할 것이다.

제03장

과학기술공학수학 탐구

1. 미국 과학기술공학수학 관련 연구 개발 현황

과학기술공학수학(STEM) 교육은 기존의 기술교육에서 MST(Mathematics, Science, Technology) 교육에 공학(Engineering)내용을 통합한 통합적 접근의 교육 방향이다. 'STEM'이라는 용어는 미국 국립과학재단에서 사용되었으며, 2001년부터 2004년까지 국립과학재단에서 연구하던 Judith Ramaley가 정책 용어로 만든 것으로 알려져 있다.

미국에서 과학 중심의 STEM, 기술공학 중심의 통합적 STEM 프로그램이 개발되어 실행되었다. 특히 미국의 STEM 교육은 국가경쟁력 강화를 위한 교육의 일환으로 2007년 미국 경쟁법(America COMPLETE Act)을 제정하면서 STEM 교육을 주요 규준으로 제시하였다.

근래에 미국에서 베이비붐 세대들의 은퇴 시기가 도래하면서 절반에 가까운 기술공학계의 인력 공백이 생기는데, STEM 분야와 관련된 직업에 대한 학생들의 흥미가 감소하고 기술 및 공학자에 대한 잘못된 인식으로 이 분야를 선택하는 학생들은 줄어들고 있는 추세이다. 미국에서는 이 공백을 외국인 학자와 인력에 의존하고 있으며, 미국노동통계청은 STEM 관련 일자리가 다른 직종 증가율의 3배가 넘을 것이라고 예측하였다. 즉, STEM 분야에 학생과 전문가 인력의 공급이 원활하지 못하면서 그 공백을 채우기 위한 수요를 필요로 하므로 직업적 기회는 확대되고 있다.

미국의 미래 국가 경쟁력 확보를 위하여 정부, 기업, 학교가 STEM 교육과 관련 인력 양성에 다각적으로 노력하고 있다. 미국 정부에서는 초·중등 수학·과학 교육의 성취도 향상과 사전 공학(Pre-Engineering) 교육 프로그램을 통한 예비 공학자의 양성을 위하여 국가적인 지원을 하고 있다.

이처럼 STEM 교육은 교육계 내에서 스스로의 문제를 해결하기 위하여 시작된 개혁이라기보다는 미국 안의 사회적, 경제적 측면의 문제를 해결하기 위하여 시작되었다고 볼 수 있다. 이 점을 해결하기 위하여 통합이라는 주제를 중요한 문제로 인식하여 각 영역을 위한 교육기준을 마련하였다.

미국의 STEM 교육 선구자는 Virginia Tech의 Sanders교수인데, 2005년에 Virginia Tech의 대학원에 STEM 교사 양성을 위한 과정을 설치하였다. 여기에서는 기술공학과 함께 과학과 수학교육의 내용과 실제를 가르치는데 중점을 두고 있다.

이렇게 Viginia Tech에서 STEM 교육이 각 교과의 독립적인 노력보다 학생들의 STEM 교과에 대한 관심과 흥미를 높이고 긍정적 진로를 탐색할 수 있는 통합교육이 이루어져야 함을 강조하였고 그에 따라서 기술교육학자들을 중심으로 STEM 교육에 대한 연구가 시작되었다.

최근 미연방교육부는 2010 교육기술계획을 수립하였고, 대통령 과학기술자문위원회는 미국 초중고 학생들의 과학, 기술, 공학, 수학(STEM) 교육 향상을 위한 계획을 발표하였다. 특히 STEM 교과들 간의 연계나 통합을 중요시 하고 학교 교육에서 STEM교육을 충실히 실시되도록 하기 위한 국가적 노력을 진행하고 있다. 구체적으로 STEM 교사 10만명 육성, IT 활용을 통한 교육환경 개선, STEM 중점학교 1000개 지정 등이 추진될 예정이고 이를 위한 재정지원이 준비되고 있다.

그리고 미국에서 STEM 교육의 구체적 사례는 텍사스 오스틴의 UTeach institute이다. UTeach의 연구소는 스스로 협동이 가능하며, 실제 상황에 기반을 두는 수학, 과학, 컴퓨터 과학을 공부하는 학생을 위한 혁신적 교사프로그램을 제공한다. 이 프로그램은 미국의 30개 이상 대학에서 실시되고 있다.

2. 영국 STEM 관련 연구 개발 현황

영국의 STEM 교육은 왕립학회(The Royal Society)를 중심으로 시작되었고, 영국과학위원회에서 모든 분야의 STEM 교육과 기술에 대한 기술에 대한 투자를 통하여 고부가가치 경제와 국가경쟁력 강화에 필수적인 고급 인력 양성을 목적으로 과학혁신정책 우선 과제를 발표하였다.

영국의 STEM교육 목표는 주제 중심 교육이며, STEM을 통하여 실생활의 경험을 수학 및 과학과 관련시켜 적용해 보도록 한다. 그리고 이를 통하여 학생들에게 수학 및 과학에 대한 흥미도를 높이고 성취도 향상을 꾀하고자 한다.

그리고 영국은 STEM Net을 구축하였는데 이는 STEM 교육활동, 교육자료, 학습 방법 등을 공유하는 네트워크이다. 이를 통하여 학습자와 교사의 자발적인 참여를 통하여 과학적 소양을 증진시키고자 한다.

영국에서 STEM 교육의 구체적 사례인 CREST는 영국과학협회에서 제공하는 프로그램으로 CREST Star와 CREST Awards가 있다. 이 프로그램은 나이로 구분이 되는데 CREST Star는 5세에서 11세 까지를 포함하고, CREST Awards는 11세에서 19세 까지를 대상으로 한다. CREST Star는 과학에 대한 관심과 참여를 높이는 것을 목표로 하는 어린이를 위한 과학 기술 보너스 제도이다. 영국과학협회에서 2007년에 'Young Investigator'와 'First Investigator'에 이어 도입하였다. 현재 3000개 이상의 영국 내 학교뿐만 아니라 여러 국제 학교에서도 사용된다. 이 과정은 수업 시간이나, 방과 후 과정이나 집에서 활용할 수 있도록 구성되어 있으며, 특징적인 부분은 사전 과학 지식을 필요로 하지 않는다는 점이다.

CREST Star는 다음의 기본원칙을 토대로 하여 활동을 한다. 맥락 내에서 관련된 과학 기반 문제를 해결한다. 성인에게서 독립된 2인 또는 소그룹으로 진행한다. 실제적으로 과학 활동에 참여한다. 과학에 대하여 생각하고 이야기 한다. 다양한 미디어를 사용하여 아이디어를 공유한다.

CREST Award 중 Bronze Award는 학생들의 프로젝트 과정을 통하여 과정을 경험하고, 자신의 탐구를 해결하며, 문제 해결 및 의사소통 능력의 향상을 목적으로 한다. CREST Star와 CREST Award제도를 통하며, 아이디어를 공유하기 위해 ICT 기기를 활발히 이용하고 있다.

3. 미국 콘래드 재단 STEM 대회

콘래드 재단 STEM 대회는 고등학교 학생들이 다르게 생각하는 것을 장려하는데 중점을 둔 높은 수준의 STEM 대회중의 하나이다. 매년 72개국과 50개 주에서 1,000명이 넘는 고등학교 학생들이 아이디어와 발명들 그리고 실세계 문제에 대한 해결들을 콘래드 재단에 제출하고 있다. 혁신 도전 정신 위원회는 대회에서 경쟁하게 될 20팀을 500팀이 넘는 것에서 선발한다. 이렇게 선발된 20팀은 신뢰도 높은 NASA의 과학자들과 엔지니어들에게 심사를 받기 위해 휴스턴에 있는 NASA's Johnson Space Center로 간다. 올해의 우승팀은 멘토와 잠재적 클라이언트가 되고 그들이 만든 것과 아이디어를 상품화하는데 도움을 받음과 더불어 $47,500 포상금을 받아갔다.

4. 미국 MathCounts 경시대회

MathCounts 경시대회는 미국의 중학교(6~8학년) 학생들이 경쟁하는 수학 탐구대회이다. 미국 전국 대회는 12명의 학생들이 챔피언 타이틀을 놓고 경쟁을 하고 5월에 열린다.

- MathCounts 핸드북을 받기 위해 온라인으로 등록을 해야 한다. (조기 등록 마감: 2014년 11월 14일; 최종 등록 마감: 2014년 12월 12일).
- 홈 스쿨도 참가 가능하고 클럽 프로그램도 자유이다. 1~4명으로 구성된 경쟁 팀의 참가비는 $25~$100이다.
- 대회는 1월에 시작된다.

MathCounts는 또한 Solve−A−Thon fundraising program을 학교 수학 프로그램을 위해 제공한다. 훌륭한 아이디어를 이 대회에서 점검한다. MathCounts 수학 비디오 도전: 학생들이 동시에 수학교사, 비디오 제작자, 배우와 예술가가 되도록 해준다. 학생들은 2014~2015 MATH-COUNTS 학교 핸드북에 나오는 문제들 중의 하나의 해결을 가르치고, 그 문제에 이용된 수학 개념의 실제 세계의 적용을 입증하는 비디오를 만든다.

이전의 승자를 보자.

- 4인 1팀
- 6~8학년
- 5분 이내의 동영상
- 동영상 제출 마감: 2015년 3월 13일
- 승리 팀은 대학 장학금 수령

제04장

호주 수학 영재 탐구

1. 수학탐구대회란 무엇인가?

1982년에 처음 열린 대회로 빅토리아주 수학회의 학생활동위원회에 의해 구성된 연례활동이다. 빅토리아주의 초·중·고등학생들을 대상으로 수학탐구대회는 수학에 흥미를 증진시키고 학생, 교사, 학부모들 간에 긍정적인 태도를 기르는 것을 목적으로 한다. 수학 탐구 대회의 주안점은 수학 탐구 과정에 있다.

실생활 상황을 조사하여 수학이 도처에 존재함을 발견하는 것은 교사와 학생 모두의 상상력을 포착하는 것을 도와준다. 수학 탐구 대회는 학생들이 개별, 집단 또는 학급 단위로 실생활 상황에서 수학을 탐구하는 것을 즐기는 기회를 가지면서 수학을 탐구할 수 있도록 하는 것이다.

모든 수학 탐구대회 참가자들은 참가증을 받을 것이다. 2014년 10월 23일 목요일에 열린 수학탐구대회 시상식에서 각 학년 수준별 최우수 및 우수 팀에게 상품권이 시상될 것이다. 빅토리아주 대회에서 최우수상을 받은 참가자들은 따로 심사를 받으며, 이 집단 참가자들은 전국수학탐구대회에 출전하게 된다. 전국대회 수상자들은 또한 빅토리아 수학탐구대회 시상식에서 시상한다.

2. 왜 수학 탐구 대회에 참가 출품하는가?

수학 탐구 대회는:

① 수학에 대한 흥미를 증진시키며 수학에 대한 인식을 증가시킨다.

② 수학 내용 요소와 관련 있는 맥락 속의 다른 교육과정 영역에 걸친 학습 결과의 통합을 촉

진시킨다.

③ 학생들의 연구와 의사소통 기능을 발전시킨다.

④ 학생들이 탐구 결과를 입증하고 정당화하도록 고무시킨다.

⑤ 학생들에게 문제해결 전략을 갖추게 한다.

⑥ 학생들에게 수학의 실제적인 적용을 발견할 기회를 제공한다.

⑦ 독립적이고 협동적인 학습을 지원한다.

⑧ 더 유능한 학생들의 심화를 위한 길을 만들어준다.

⑨ 모든 학생들이 성공한 경험을 성취하게 해준다.

⑩ 다양한 학습 양식과 선호를 혼합하여 지도하는 능력을 제공한다.

프로젝트와 탐구는 다음 [표 4]와 같이 호주 교육과정의 세 가지 내용 요소(수와 대수, 측정과 기하, 통계와 가능성)에 대한 네 가지 역량(이해, 유창성, 문제해결, 추론)으로 연구하도록 한다.

| 표 4 | 탐구의 내용과 역량

내용 \ 역량	이해	유창성	문제해결	추론
수와 대수				
측정과 기하				
통계와 가능성				

학생들은 수학탐구대회 과제를 수행하는 중에 전적으로 연구, 설계, 탐구, 창조, 명료화, 소통, 사고, 문제해결, 협동하고 의사소통하도록 한다. 청중은 학급 동료와 교사에서부터 학부모와 광범위한 공동체에 이르기까지 다양하다.

수학뿐만 아니라 의사소통을 위한 수학탐구대회를 하는 동안 디지털 기술공학은 빈번하게 도구로 이용된다. 개별, 집단, 또는 학급 단위로 완성된 실-세계의 적용, 역사적 연구와 연구 모델은 수학 탐구대회 과정의 모든 부분이다.

프로젝트 과제와 탐구는 학생에게 다양성을 제공한다. 그들은 영재 학생들에게 그들의 능력을 보여줄 기회를 제공하고 흥미를 따르게 할 뿐 아니라, 또한 다양한 배경을 가진 학생들(특히 다른 문화와 시골 센터에서 온 학생들)도 수학이 그들의 생활과 어떻게 관련되어 있는 지를 입증할 수 있게 해준다.

수학탐구대회는 학생들이 수학 프로젝트 과제 연구와 탐구에 참여하게 할 때, ICT 이용과 그들의 동료들, 지역별, 전국 단위의 방청객과도 의사소통할 기회도 제공한다. 게다가, 수학탐구대회 참가하면 학생들의 노력에 대한 상을 준다. 수학탐구대회는 교사들에게 탐구 과제를 어떻게 수행하고 관리하며, 학생의 성취를 어떻게 평가하고 보고하는 지에 관한 전문적인 학습과 자료를 제공한다.

수학탐구대회 탐구는 미래의 교실에서의 학생들을 위한 지속적인 자료가 될 수 있으며 수행된 연구는 호주 교육과정의 검토나 착수에 도움이 된다. 수학 탐구 대회는 범 교육과정 기회를 제공한다.

3. 누가 수학 탐구대회에 참가 출품하는가?

유치원에서 12학년에 이르기까지 모든 학생은 수학 탐구대회에 참여할 수 있다. 수학 탐구대회는 유치원에서 9학년까지와 10~12학년 결합으로 범주화된다. 유치원생보다 어린 아동들도 또한 수학 탐구대회에 참가할 수 있는데, 유치원 수준에 참여한다.

참가 신청은 개별, 2~6인 집단, 30명 이하의 학급 단위로 받는다. 같은 학교 같은 학년 수준에서 둘 이상의 학급이 동일한 주제로 탐구해왔다면, 참가자는 각 학급 단위로 분리하여 제출되어야 한다. 각 참가자가 다른 모습의 탐구 결과를 제출할 것을 분명히 해야 한다. 집단이나 학급 참가자가 혼합 학년으로 구성되어 있을 시에는 상급 학년 수준 범주에 배치될 것이다. 학년 수준 당 최대 8참가 출품물이 빅토리아 주 시합에서는 받아들여진다. 비정규 유형의 공부를 하는 학생들(가정학습, 특수교육 프로그램의 학생과 심화반 학생)은 수학탐구대회에 그들의 연령에 따른 학급/집단에 참여하거나, 더 많은 연령 분야를 선택할 수 있다.

4. 수학 탐구에는 무엇이 포함되는가?

수학 탐구는 학생들이 수학의 근원이 되는 상황이나 연구가 비롯되는 실제 세계를 조사하도록 하는 것이다. 그것은 일련의 단계를 거친다.

① 상황을 이해하고 문제를 만드는 단계

② 체계적으로 탐구하는 단계

③ 가설을 세우고 검정하는 단계

④ 결과를 설명하거나 정당화하는 단계

⑤ 후속 문제를 만들어 상황을 확장하는 단계

⑥ 결과를 요약하는 단계

탐구는 학생들이 수학적인 과정들을 이용하여 그 문제나 상황을 이해하도록 요구한다. 연구에 의해 개발된 과정의 유형은 다음을 포함한다:

① 자료 수집

② 기호화

③ 분류

④ 단순화

⑤ 추상화

⑥ 규칙 따르기와 확장

⑦ 추측

⑧ 의사소통

⑨ 정당화와 증명

⑩ 일반화와 가설 세우기

⑪ 예측

수학 탐구와 수학 문제해결 과제 사이의 주요한 차이는 학생이 주어진 상황에서 그들 자신의 문제를 만들 필요가 있다는 점이다. 자신의 문제를 만듦으로써, 학생들은 교사들에게 그들이 선택한 주제의 이해와 그들의 지식 수준의 분명한 증거를 제공한다.

5. 수학탐구대회에 참가하는 방법

수학탐구대회 책임자의 체커리스트를 참조하시오. 어떻게 시작하는가에 관한 정보는 다음과 같이 요약될 수 있다:

① 학교 수준에서 심사위원을 구성하고 완성한다.

② 2014년 7월 21일 월요일까지 주 수준의 심사위원을 위한 온라인 등록 서류를 완성하여 제출한다. 이것은 빅토리아 수학회 MAV 웹사이트에서 볼 수 있다.(www.mav.vic.edu/ activities/student.activities/maths-talent-quest.html)

③ 참가자가 등록되었음을 보증하기 위해서 온라인상의 지불내역을 완성한다.

④ 심사위원을 지명하고 온라인상에서 그들의 상세 내역과 입수 가능성을 기록한다.
–이것은 수학탐구대회의 필수 요소이다. 심사위원 기회 정보지를 참조한다.

⑤ 등록 2주 후 기록한 전자우편주소로 수학탐구대회 정보 일체가 송부된다. 2014년 7월 21일 월요일에 수학탐구대회 등록이 마감되고 나면 학교 주소로 참가 바코드가 배달된다.

■ 주목할 사항

① 수학탐구대회 등록은 2014년 4월 22일 화요일에 시작한다.

② 학년별 최대 8팀이 주별 시합에 참가 가능하다.

③ 2014년 7월 21일 월요일 이전 취소 시에 참가 출품비가 환불된다. 취소한다는 글을 제출하고 이미 받은 문서도 함께 제출한다. 이 날짜가 지난 바로 뒤에 취소하면 환불이 안 된다.

④ 등록은 2014년 7월 21일 월요일 오후 5시에 마감된다. 늦게 등록하면 안 된다.

| 표 5 |　수학탐구대회 비용 구조

학년 별 최대 참가출품작 수(최대 8)	학년 별 참가 출품 비 –MAV 회원(Inc. GST)	학년 별 참가 출품 비 –MAV 비회원(Inc. GST)
1	$20	$25
2	$40	$50
3	$60	$75
4	$80	$100
5	$100	$125
6	$120	$150
7	$140	$175
8	$160	$200

6. 수학탐구대회의 참가 출품작의 제출

모든 참가 출품작은 2014년 8월 13일 수요일 오전 9시에서 오후 5시 사이에 The Odeon, La Trobe University, Kingsbury Drive, Bundura에 있는 수학탐구대회 주 심사위원회로 우편배달 되어야 한다.

출품작이 우편으로 배달될 시에는 다음 주소로 보낸다:

MAV MTQ State Judging Centre
C/O Brad Richards
La Trobe University
Bundoora
Victoria 3086

각 출품작의 2014년 7월 21일 월요일에 마감된 등록 이후에 여러분에게 송부될 공식적인 바코드가 새겨진 수학탐구대회 출품작 부착물이 분명하게 부착되어있어야 한다. (모든 구성요소를 포함한) 출품작의 전체 크기는 가로 세로 높이 각각 70*cm*를 초과해서는 안 된다. 음식물은 받을 수 없다. 이러한 요건을 따르지 못하면 실격 처리된다.

주목: 출품작 취급 시에 세심한 주의를 기울이지만, 빅토이라주 수학회는 출품작의 분실이나 손상에 대한 책임을 질 수 없다.

7. 결과의 공지와 수상작품 관람

2014년 8월 25일과 9월 26일 사이에 수상작을 전자메일로 학교에 공지한다. 심사위원의 결정은 최종적이며 어떠한 대응도 개시되지 않는다.

모든 출품작(최우수작 포함)은 8월 20일 수요일(12시 이후)과 8월 21일 목요일(오후 2시 이전) 사이에 주 심사위원회로부터 회수되어야 한다. 우편으로 배송된 출품작은 학교가 비용을 부담하고 요구하면 우편으로 배송될 수 있다. 정해진 시간 내에 회수되지 않은 출품작은 수학탐구대회 책임자와 함께 우선 정리되지 않으면 폐기된다.

주 심사가 완수된 뒤, 수상작의 전시가 9월 20일 수요일 오전 9시부터 12시까지 The Odeon, La Trobe University, Kingsbury Drive, Bundura 캠퍼스에서 이루어져 관람할 수 있다.

8. 시상과 시상식

참가증서 견본은 학교 수준에서 학생 참가를 인쇄하는 방법에 관한 지시문과 함께 다음 빅토리아 수학회 MAV 웹사이트에서 볼 수 있다.

(www.mav.vic.edu/activities/student.activities/maths–talent–quest.html)

주 수준에서의 상은 다음 범주로, 개별, 집단, 학급별로 시상된다.

① 금상: 최우수작–상품권과 증서

② 은상: 우수작–상품권과 증서

③ 동상: 증서

④ 장려상: 증서

심사위원들은 출품작의 기준이 충분한 수준에 이르지 못하면 어떤 상도 주지 않을 수 있다. 심사위원의 결정은 최종적이며 어떠한 대응도 개시되지 않는다. 각 학년 수준의 최상위 출품작은 충분이 높은 기준이라고 생각된다면 전국수학탐구대회에서 심사된다.

올해 시상식은 전국수학탐구대회 심사가 끝난 뒤에 열린다. 최우수작과 우수작 그리고 전국대회 최우수작은 2014년 10월 23일 목요일 빅토리아주 시상식에서 시상된다.

9. 시작을 위한 제언

① 수학탐구대회에 참가하는 학생의 특전을 논의한다.

② 선행 수학탐구대회와 관련 있는 다른 교사와 학교와의 접촉을 고려한다.

③ 다음 웹사이트에서 볼 수 있는 수학탐구대회 ppt 자료를 교직원 관리팀에게 보여준다.
(www.mav.vic.edu/activities/student.activities/maths–talent–quest.html)

④ 수학탐구대회 진행과정을 학교 수준이나 가르치는 팀 수준의 관심 있는 교사들 팀으로 논의한다.

⑤ 수학교육과정에 수학탐구대회를 포함시킨다. (예: 교육과정 주안점, 학부모 포함, 대안적인 평가 기회)

⑥ 단위 학교의 수학탐구대회 책임자 임명

⑦ 조기에 학급 단위로 연구를 시작한다.

⑧ 관리팀을 모집하여 미래의 교실 활동을 위한 생각을 얻고 그들의 전문적인 학습의 일환으로 학교와 주 단위의 심사를 돕게 한다.

⑨ 수학탐구대회에 하나의 전체 학년을 포함시킬 것을 고려하고 일부 학급 시간을 프로젝트 과제에 할당한다.

⑩ 학급 교사들은 학생들에게 프로젝트 과제 준비를 위한 생각과 영감을 제공할 수 있다. 그

러나 교사 주도적인 교실 활동에 대한 학생 반응으로 구성된 수학탐구대회 출품작은 심사위원들에게 높이 평가받지 못한다. 학생들은 그 영역의 형식적인 교실 수업에 따른 특별한 주제의 그들 자신만의 독자적인 탐구를 수행하도록 권장되어야 한다.

⑪ 학교를 통틀어 학생과 교사간의 의견 조율(브레인스토밍)을 주도한다.

⑫ 여러 장소를 소풍가는 것도 실용적인 프로젝트 과제를 위한 가치 있는 생각을 떠올리게 할 수 있다.－건물 터, 동물원, 박물관, 연방정부 광장, 시청, 미술관, 지방정부나 산업체 모두 수학탐구대회 생각을 생성하는 좋은 원천이 된다.

⑬ 취미나 스포츠에서의 수학 내용의 탐구는 또한 권장된다.

⑭ 동시에 고려해야 할 것은 출품작의 수학 내용, 독창성과 표현에 주어져야 한다.

10. 출품작 심사 및 주 대회 심사기준

수학탐구대회 출품작은 세 단계로 심사된다:

(1) 학교 심사

수학탐구대회 학교 책임자는 학교 내에서 주 심사위원회로 보낼 출품작을 심사하고 선정할 교사 집단을 모집할 필요가 있다. 각 학년 수준별로 주 심사기준에 잘 맞는 최대 8개의 출품작이 선정되어 주 대회에 보내진다. (www.mav.vic.edu/activities/student.activities/maths－talent－quest.html)

(2) 주 심사

2014년 8월 14~18일 La Trobe University, Kingsbury Drive, Bundura 에 있는 수학탐구대회 주 심사위원회에서 심사한다. 여러 학교 선생님들과 다른 초대된 빅토리아주 수학회 사람들이 심사를 수행한다.

(3) 전국심사

2014년 9월 15~19일 Brunswick의 빅토리아주 수학회에서 심사한다. 전국 수준의 출품작은 주 조직이나 빅토리아주 수학회에서 선정된다. 각 광역시 학교는 최소 두 시간 심사를 제공하는 것은 의무적이다. 어떤 학급 교사도 심사할 수 있지만, 그들은 그들 자시의 학교는 심사할 수 없다.

(4) 주 대회 심사 기준

주 대회 심사 집행 규정은 빅토리아주 수학회 웹사이트에서 찾을 수 있다. 각 출품작의 평가 동안에 심사위원은 주 대회 심사 집행 규정의 기준에 따라 점수화한다. 학생 작품을 평가할 때 이 문서를 참조한다. 각 학생은 그들이 수학탐구 대회 프로젝트 과제를 시작하기 전에 이 평가 기준 복사본을 가지고 있어야 한다.

11. 전국수학탐구대회

전국수학탐구대회 심사에 의해 종합된 다음 기록은 몇 가지 위의 사항을 부연하고 있다. 표현이나 멀티미디어 전문 지식이 아니라 수학이 심사 결정의 기초를 형성한다. 모든 출품작은 다음 [표 6]의 각 기준의 증거 제시를 위하여 심사위원회에 의해 조사된다.

이용된 자료와 제공된 도움에 대한 감사의 말은 포함되어야 한다.

| 표 6 |　연구 과제 심사 기준

출품작의 학년 수준에 대한 주제의 적절성	영재 학생들에 의한 더 발전된 주제의 탐구에 대한 참작은 가능하다.
수학 내용	출품작은 광범위한 수학 개념이나 하나의 특정한 수학 개념을 깊게 입증해야 한다.
수학 과정	학생이 어떻게 수학을 보증하는 지에 대한 증거가 포함되어야 한다. 그 프로젝트 과제가 어떻게 발전되었는지를 보여주기 위하여 원 자료나 시제품의 예시가 포함되어야 한다.
연구 작품의 통합된 부분으로서의 프로젝트 과제	아동들로부터의 답이나 연구 작품의 수집은 아니다. 학급 전체 출품작에서, 예시 작품의 어떠한 수집도 종합적인 이해와 수반된 과정을 입증하기 위하여 어떤 방식으로 통합되어야 한다.
학습 경험의 맥락	그 프로젝트 과제의 생각이 어떻게 발생하였으며 그것이 발전된 맥락과 결과는 최초의 문제에 대한 답이 되었는지의 여부에 관한 정보를 포함하는 것은 매우 유용하다. 이것은 개별 학생, 소집단, 학급 전체 프로젝트 과제에 대하여도 잘 적용될 수 있다.
수학 프로젝트 과제의 소유권	수학 개념과 과정이 학생 자신에 의해 생성되었음을 분명하게 입증될 수 있다면 그것은 높이 평가된다.

제05장

캐나다/미국 수학 캠프

1. 캐나다/미국 수학 캠프란 무엇인가?

캐나다/미국 수학 캠프는 고등학교 수학 영재들을 위한 5주간의 여름 방학 캠프로, 수준 높은 수학적 생각들의 아름다움과 새로운 사고방식을 경험하도록 구안된 것이다. 단지 여름 캠프라기보다는, 수학 캠프는 역동적인 공동체로 학습에 대한 공통적인 사랑과 수학에 대한 열정을 공유하는 다양한 사람들로 구성되어있다. 수학 캠프에서 학생들은 그들이 공부하려고 선택한 분야에서 그들을 도와줄 문제해결 기능을 구축하는 동안 학부와 심지어 대학원 수준의 주제를 탐구할 수도 있다. 2015년 수학 캠프는 Tacoma, WA에 있는 the University of Puget Sound에서 7월 5일부터 8월 9일까지 열렸다.

2. 왜 수학 캠프에 오는가?

수학 캠프는 매력적이고, 깊이 있고, 어렵고, 재미있고, 신비하고 추상적이고, 상호관련성이 있으며 가끔씩은 유용한 수학을 체험할 기회를 제공한다. 수학과 과학에서의 가능한 직업을 위하여 그리고 수학 경쟁을 위하여 혹은 자기 자신을 위한 수학 지식과 기능 그리고 자신감을 가질 수 있다. 자신의 교육 목표를 설정하고 추구할 필요가 있다. 학급을 선정하고, 프로젝트 과제를 수행하여 자신이 배우고 싶은 것을 배울 수 있다. 국제적으로 잘 알려진 연구자로부터 그들의 연구의 시작점에 있는 대학원생들에 이르기까지, 모두 그들의 지식과 열정을 수학캠프 참석자와 나누고 싶어 하는 그들의 주제와 과목에 관한 열정으로 가득 찬 수학자들과 함께 공부할 수 있다. 전 세계로부터 온 학생들과 친구가 되고, 수학이 멋진 과목이라고 생각하는 사람들과 함께 하는 것이 얼마나 재미난 일인지를 발견할 수 있다.

3. 수학 캠프 교육과정

다양한 선택. 수학 캠프 교육 과정은 학생들에게 도전적이고 흥미로운 환경에서 수학의 고급 특별 주제로 공부할 기회를 제공한다. 하루 종일, 모든 종류의 주제와 서로 다른 많은 형식으로 초급에서 고급에 이르기까지 모든 수준의 활동이 존재한다. 순수수학과 응용수학의 폭넓은 다양한 주제들로부터 여러분의 흥미를 제공하는 것을 공부하면 된다. 수학 캠프에서 교육 과정 주제를 많이 배울 수 있다.

며칠에서부터 5주에 이르기까지 전임교수가 제공하는 과정을 수강할 수 있다. 구어 회화, 강연, 세미나, 문제해결 분과 활동, 수학 경시 대회, 수학 체험 활동, 개별 프로젝트 과제, 개별 과제, 협동 과제, 교수와 함께 하는 과제 등 다양한 선택적인 활동에 제공된다.

선택은 자유이다. 수학 캠프는 짜여진 교육과정이나 필수 요소들을 포함하는 것도 아니다. 전임교수는 그들이 가장 열정적인 것을 가르치게 권장하고, 학생들은 흥미로운 것을 선택하여 배우도록 한다. 여러분은 교육과정 상담자의 도움을 받아, 여러분 자신의 흥미와 목표를 반영한 연구 프로그램을 설계할 수 있다. 여러분은 원하는 학급을 선택하여 들을 수 있으며, 심지어 하루에 참여하는 수업의 수마저도 자유롭게 정할 수 있다. 나머지 시간은 학습한 것을 복습하는 데 쓸 수도 있고, 교수진 중의 한 분과 이야기를 나누거나, 문제를 해결하거나, 휴식을 취할 수도 있다. 많은 학생들에게, 그들 자신의 교육에 책임을 지게 하는 자유는 그들이 가장 가치 있게 생각하는 수학 캠프의 측면들 중의 하나이다.

4. 주제는 흥미로운 것으로!

교육과정 제공은 학생과 전임 교수의 흥미에 따라, 해마다 다르다. 주제는 흥미로울 뿐 아니라 접근 가능하도록 선택된다. 많은 주제들이 추상적인 사고를 할 수 있는 것 이상의 형식적인 선행 조건을 필요로 하는 것은 아니라 할지라도, 대학원 과정 이전에는 전적으로 취급되지 않는 것들이다. 많은 학생들이 캠프에 오기 전에는 많은 우리 수업을 들어본 적도 없었다는 것이 특별한 일이 아니다.

가르친 몇 가지 주제:

Discrete Mathematics

- Combinatorics(enumerative, algebraic, geometric)
- Generating functions and partitions
- Graph theory
- Ramsey theory
- Probability
- Finite geometries
- Polyhedron
- Combinatorial Game Theory

Algebra and Number Theory

- Linear algebra
- Groups, rings, and fields
- Primes and factorization algorithms
- Congruences and quadratic reciprocity
- Galois theory
- Algebraic number theory
- Analytic number theory
- Fermat's Last Theorem for polynomials
- p−adic numbers
- Geometry of numbers

Geometry and Topology

- Euclidean and non−Euclidean (hyperbolic, spherical, projective, inversive) geometries
- Geometric transformations
- Algebraic geometry

- Point–set topology
- Combinatorial topology
- Knot theory
- The Brouwer Fixed–Point Theorem

Calculus and Analysis

- Topics in calculus
- Fourier analysis
- Complex analysis
- Real analysis
- Dynamical systems

Set Theory, Logic, and Foundations

- Cardinals and ordinals
- Gödel's Incompleteness Theorem
- The Banach–Tarski Paradox
- Model Theory
- Category Theory

Computer Science

- Theoretical CS
- Complexity theory
- Information Theory
- Cryptography
- Algorithms

Connections to Other Fields

- Relativity and quantum mechanics
- Neural networks

- Mathematical biology
- Game theory
- Voting theory
- Bayesian statistics

Discussions

- Philosophy of Mathematics
- Math Education
- How to Give a Math Talk
- College And Beyond

Problem Solving

- Proof methods
- Elementary and advanced techniques
- Contest problems of various levels of difficulty
- Relays and team competitions

5. 수학 캠프 일정 세부 사항

먼저, 5주간의 수업 "계획서"가 필요하다. 왜냐하면 5주 계획은 캠프 전체 투표에 의해 결정되기 때문이다! 캠프 참가자들이 반드시 참여하고 싶은 수업이 있다. 복잡한 계획서를 잘 읽어보면 동시에 제공되는 4개의 수업(가끔은 더 많은 수업)이 있는데 그 중에서 가장 흥미로운 수업을 선택하면 된다. 각 수업은 그 난이도 단계를 "매운맛 하나"(누구나 할 수 있음)에서 "매운맛 4개"(매우 고급)에 이르기까지 "매운맛 등급"으로 나타낸다. "매운맛 하나" 수업이 "매운맛 넷" 수업보다 덜 흥미롭지는 않다. 그들은 다소 편안한 수준으로 활동하며 수학적인 경험이 다소 덜하다는 의미이다. 많은 다른 수준들의 수업을 선택함으로써 매우 편안하게 또는 경험을 다양하게 얻을 수 있다. 자신의 배경과 흥미를 잘 충족시키는 과정을 선택하기 위해 과정 상담자의 도움을 받을 수 있다.

6. 수학 캠프에서의 집단 연구

현대의 수학 연구는 더 많은 협동의 방향으로 꾸준히 옮아가고 있다. 진부한 수학자는 외로이 떠오를 영감을 기다리고 있지만, 사실 짝과 소집단 연구 팀이 표준이 되어가고 있다. 독일의 Oberwolfach 연구소에서 짝 연구 프로그램이 연합 체류를 지원함으로써 협동을 지원하는 여러 확립된 모델들 중의 하나이다.

수학 캠프에서 그들은 Oberwolfach 방식의 짝 연구 프로그램을 새로운 상황, 즉 수학에 재능이 있는 고등학교 학생들을 위한 국가적으로 인정받은 5주간의 여름 프로그램으로 수행해왔다.

국립과학재단의 지원을 받아, 그들은 수학 협동자들의 짝을 지어 수학 캠프에 참가하도록 하였다. 이러한 참석자들은 그들의 체류 기간 동안 학생들에게 가시적인 새로운 수학의 산출을 목적으로, 동료에게 과정을 지도할 뿐 아니라, 연구를 수행한다. 그들은 수업의 안팎에서 캠프 참가자와 연구 방문자들 간의 수학적 상호작용을 권장한다.

이 새로운 프로그램을 통하여 매 여름마다 100명의 고등학교 학생들이 연구 발전에 정진하도록 한다. 소집단의 학생들은 동료 과정에서 새로운 수학을 체계적으로 소개받는다.

수학 캠프에서의 짝 연구는 방문 연구자들에게는 독특한 멘토링 경험을 제공한다. 더욱 중요한 것은, 수학 캠프에서의 학생들은 수학 연구 수행 실습으로의 조기 창을 얻게 된다. 수리 과학에서의 일생으로 가는 파이프라인은 가끔 재능 있는 학생들을 잃게 되는 이유는 그들 자신이 창의적이고, 기여할 수 있는 수학자로 생각하지 못하기 때문이다. 짝 연구는 재능 있는 10대들에게 연구란 무엇과 같은 지를 보여줄 뿐 아니라 일상의 보상과 도전을 동시에 보여줄 수 있는 역할 모델을 도입한다.

7. 연구 동료 팀과의 만남

Emily Peters and Noah Snyder(2010). 주제: operator algebras, quantum groups.

Noah Snyder는 다음과 같이 적고 있다.

수학 캠프에서의 우리들의 주간 활동 중에, 우리는 5이하의 지수를 가진 subfactors를 분류하는 장기 연구 프로젝트를 수행하였으며, Jones index theorem 버전의 증명을 통하여 학생들이 연구하는 the Temperley－Lieb algebra 수업과 결합하여 가르치기도 하였다. 그 주에 우리는 진전을 이룰 수 있었으며, 그것이 바로 우리들의 연구 프로그램에서 실질적이 돌파구로 이어졌다. 더욱이, 우리 수업은 우리 학생들을 우리가 연구하고 있는 주제로 입문시켜, 우리들의 최근 연구 논문의 주요한 결과의 설명으로 결론을 맺었다.

우리들의 수업 뿐 아니라 연구가 모두 subfactors의 연구와 관련된 것이었다. Factors는 체의 비가환적인 유사물로 생각할 수 있는 어떤 operator algebras이다. 이처럼 factors를 포함시키는 이론은 Galois 이론의 비가환적인 유사물로, 군의 역할을 수행하는 2차원 평면 대수학이다. subfactors 이론은 Jones's celebrated index theorem 때문에 80년대에 시작하여 큰 관심을 불러일으켰으며, knot theory, quantum groups, statistical mechanics, and quantum field theory 등과 관련성이 높다. index theorem은 4이하의 모든 가능한 지수의 목록을 제공하며, 결국 4이하의 지수의 subfactors를 분류하는 주요한 단계가 된다. 2차원 평면 대수학의 현대적인 언어를 이용하면, index theorem의 주요한 내용을 고급의 고등학교 학생들이 이해할 수 있는 용어로 진술하고 증명하는 것이 가능하다.

8. 수학자: 연구 동료와 짝을 지어 수학 캠프에 참여하는데 흥미로워 하는가?

그들은 다음 준거를 충족시키는 협동자들을 찾고 있다:

① 연구 측면이 고등학교 학생들에게도 수용가능하다.

② 고등학교 학생들과 편안하게 어울리며 연구 과정에서 공개적이고 사람들이 몰래 들여다볼 수 있게 하는 "어항 연구"를 기꺼이 시도하려고 한다.

③ 학생들에게도 적합하고 결합 연구와도 느슨하게 관련된 어떤 수학에 관하여 하루에 한 시간씩 3~5일간의 토론회와 단기 강연에도 흥미를 가진다.

④ 학생들을 찾아내어 자신의 흥미와 관심에 관여하도록 적극적으로 시도한다.

9. 문제 해결

문제해결과 경쟁 형식의 수학은 수학 캠프에서 흥미로운 역할을 수행한다: 그것은 하나의 수학적 경험이 되거나, 주요한 수학의 주안점이 되거나, 아무런 역할도 못하는 수도 있다. 모든 과목에 대하여, 목적은 문제해결 원천과 활동들이 학생들에게 유용하도록 하는 것이며 학생들이 그들에게 가장 흥미로운 것들을 선택하도록 하는 것이다. 매주 2개의 경시대회를 제안하며 대중적인 "그 날의 문제"대회도 제안한다. 매일 두 개의 문제해결 수업이 있는데 하나는 초급/중급 수준이며, 다른 하나는 올림피아드 수준이다. 학생들뿐 아니라 직원들 중에서, IMO 메달을 받은 사람들을 찾을 수 있으며, 평생 문제 해결 대회에도 참석해보지 못한 사람들도 볼 수 있다. 물론, 수학 캠프 도서관에는 문제해결에 관한 많은 서적을 볼 수 있다.(물론 문제에 관하여 여러분과 이야기를 나누고 싶어 하는 사람들도 있다.)

팀 문제해결은 캠프 도중 매주 수요일 저녁에 열리는 올림피아드 방식의 경시대회이다. 캠프 참가자들은 캠프에 앞서서 참가하여 두 가지 유형의 팀 중에 선택할 수 있다.

중핵 팀은 이기기 위한 경쟁을 한다! 팀 구성원들은 캠프 도중 중도하차하지 않도록 권장된다. 왜냐하면, 그들은 그들의 팀을 그만두게 할 수도 있기 때문이다. 팀 구성원들은 이리 저리 옮겨 다닐 수도 없으며, 팀이 합병할 수도 없다.

원숙 팀은 비록 문제는 동일하다 하더라도 그저 재미로 해결한다. 팀 구성원들은 죄 의식 없이 한 주나 여러 주 빠질 수도 있다. 직원의 허락 하에, 팀은 너무 많은 구성원들을 잃었을 경우에는 병합할 수도 있다.

5주간의 결과가 합산되어, 우승 팀은 마지막 회의에서 상을 받는다.

구내 캠퍼스 릴레이

"릴레이"는 수학 캠프에서의 재미있고, 가벼운 토요일 오후 활동이며, 대부분이 참여한다. 햇살이 비추는 야외에서 수학 문제를 재빨리 해결하는 기회이다. 캠프 참가자들은 5~7인의 팀을 구성하여 "원숙 팀"이나 "중핵 팀"을 구성하여 한 시간에 문제를 해결한다. 이 때 문제는 논리 문제, 게임, '전통적인' 경시대회 문제 등이며, 상은 캔디가 될 수도 있다.

문제해결 수업은 매일 초심자용과 고급자 용(올림피아드) 두 가지가 있다. 수학 캠프의 지난 번 문제해결 강사는 Dorin Andrica(Chairman, Department of Geometry, Babes–Bolyai University in Romania; Member of the National Council for the Romanian Mathematical Olympiad)과 Bogdan Enescu(IMO 금메달 수상자 1978, 동메달 수상자 1977, 1979; Coach of the Romanian IMO team, 1989–present) 등이 포함되었다.

10. 프로젝트 과제

프로젝트란 무엇인가? 수학 캠프에서 어떤 프로젝트를 맡게 되면, 어떤 주제를 매우 깊이 학습할 기회를 얻게 된다. 프로젝트는 수학의 한 분야를 세밀하게 연구하는 것이거나, 어떤 흥미로운 현상을 모의 실험하는 컴퓨터 프로그램을 만들거나, 원천적인 연구 문제일 수도 있다. 연구 실천을 어떻게 마무리하든, 그 자료를 매우 깊이 이해하고 진척시키게 된다.

망원경 프로젝트

모두가 캠프에서 어떤 프로젝트를 수행하는 것은 아니다. 그들은 많은 노력을 기울이며 어떤 학생들은 지속적으로 수업을 듣는 데 주안점을 두는 것을 선호한다. 그러나 많은 사람들은 그들의 프로젝트가 그들이 한 것들 중 최고의 보상이었다고 말하면서 캠프에서 걸어 나온다.

프로젝트 선정: 수학 캠프에서의 프로젝트는 매우 다른 방법으로 구성된다. 가끔 어떤 학생은 직원 구성원에게 어떤 프로젝트를 제안하여, 그들은 바로 그 프로젝트를 시작한다. 가끔 어떤 수업은 자연스럽게 더 깊이 있는 프로젝트로 진입하기도 한다. 덧붙여, 캠프 2주차에 모든 직원은 그들이 운영하고 싶은 프로젝트에 대한 설명을 공개한다. 그 다음에 우리는 학생들을 초대하여 상담자들과 이야기를 나누어 각 프로젝트를 발견하고 그들이 하고 싶은 프로젝트를 결정한다. 가끔 흥미를 가진 집단의 학생들이 바로 거기서 결성되어 함께 그 다음 3~4주에 걸쳐 그들은 이러한 주제들을 상담자의 지도를 받는다.

수학 캠프 전담 교수와 함께 세밀하게 연구한다: 어떤 프로젝트를 맡으면, 직원 구성원이 안내자로 활동한다. 그 직원과 얼마나 긴밀하게 연구하느냐 하는 것은 참석자의 책임이다. 그러나 전적으로 참석자는 수학을 마주하고 토론하며, 자신의 부분적인 결과를 보여주고, 도움과 제안이 필요할 때 받는다.

프로젝트 동료 짝에게 자신의 결과를 입증해보여라! 캠프의 끝에서 프로젝트를 수행한 많은 사람들이 그들의 연구를 제시한다. 이것은 보통 포스터 세션에서 이루어진다. 각 프로젝트에서 누군가가 그 연구를 논의하고, 컴퓨터 프로그램을 작동시키고, 입증해보이기 위하여 모인다. 모든 캠프 관계자들이 지난 몇 주간에 수행된 멋진 업적을 보러 모인다!

- 2014년 선정된 프로젝트:

a teaching project

- Billiard－ball geometry
- Information theory and psychology
- Periodicity of Fibonacci numbers mod n
- Knight tours on an m－by－n chessboard
- Non－convex polyhedra
- Cellular automata
- Cops and robbers on a graph
- Constructing the regular 17－gon
- Admissible covers of algebraic curves
- Mathematical Finance
- Algorithmic composition of music
- Intelligent ways of searching the web
- Probability in sports
- The elasticity equation of string
- Digital signal processing
- Light paths in universes with alternate physics

제06장

이집트 시각 장애 학생을 위한 도형 교육 사례

본 연구의 목적은 초등학교 4학년 시각 장애 학생들이 도형 작도 학습을 돕는 것이다. 어떤 특수한 기하학 도구가 이집트 재료로 만들어져 시각 장애 학생들의 기하 작도학습을 돕는다. 이 도구의 효과성은 4학년 5명의 시각 장애 학생들을 대상으로 시범 적용된 뒤에 측정되었다. 본 연구의 몇 가지 시사점이 포함되어 있다(Abdelrahman, 2016).

1. 연구의 필요성

이집트에서의 시각 장애 학생에 대한 도형 지도는 다음과 같은 문제점을 가지고 있다.

① 그들은 도형 작도를 공부하지 않는다.

② 그들을 위한 특별한 기하학적인 도구가 없다.

③ 그들은 테일러 판을 이용하여 간단한 기하학적 모양을 작도하는 방법만 공부한다. 이 판은 학생들이 선분 그리기 오류($L = 5cm$ 대신 $L = 4cm$를 유발시킨다. 왜냐하면, 그 구멍들 사이의 길이를 세는 대신 구멍의 수를 세기 때문이다.

이러한 문제점을 해결할 필요성으로 인하여 연구자는 이집트에서 쉽게 구할 수 있는 재료들을 이용하여 시각 장애 학생들을 위한 기하학적 도구를 만들려고 하였다. 이 도구는 다음과 같은 준거를 만족하여야 한다. 저렴하고, 안전하고, 이용하기 쉬워야 한다.

2. 연구 문제

이집트의 시각 장애 학생들은 도형 작도를 공부하지 않았다. 그러나 이러한 학생들은 보통의 학생들과 같이 언제나 모든 것을 하고 싶어 한다. 그러한 이유로, 본 연구는 이러한 학생들이 특수한 기하학적 도구로 도형 작도를 학습하는 것을 도우려고 하였다.

3. 연구의 목적

① 시각 장애 학생들을 위한 특수한 기하학적 도구 만들기

② 어떤 도형의 작도에서 시각 장애학생들에 관한 이 도구들의 효과 측정

4. 연구 대상

이집트 학교의 4학년 한 학급 5인 학생

5. 연구의 제한점

① 4학년 시각 장애 학생 표본

② 4학년 수학 교육과정의 도형 작도 수업: 이 수업은 선분의 길이측정, 선분의 길이 추측, 주어진 길이의 선분 그리기, 각의 측정, 각의 크기 추측, 정사각형 작도, 직사각형 작도, 두 변의 길이와 사잇각의 크기가 주어진 삼각형 작도 등에 관한 것이다.

6. 연구 절차

① 도형 작도 수업과 그 목적을 결정하기 위하여 초등학교 단계에서 정상적인 학생들의 수학

교과서 분석

② 이 분야의 선행 연구 분석

③ 초등학교 단계에서 시각 장애 학생들의 도형 지도에 관한 이론적인 연구 분석

④ 이러한 수업 활동을 위하여 시각 장애 학생들을 위한 환경적인 소재를 이용한 특수한 기하학적인 도구 제작

⑤ 이러한 도구들이 그 목적을 달성하는 지를 입증하기 위한 한 명의 시각 장애 학생을 대상으로 하는 새로운 기하학적인 도구에 대한 예비 실험 연구의 실행

⑥ 도형 작도에 관한 검사지 개발

⑦ 초등학교 단계의 4학년 시각 장애 학생 한 반(5명) 선정

⑧ 사전 검사로 연구 표본에 대한 검사 시행

⑨ 시각 장애 학생들은 제안된 기하학적인 도구들을 이용한 도형 작도 수업을 시행함.

⑩ 사후 검사로 연구 표본에 대한 검사 시행

⑪ 결과 분석 및 권고

7. 연구 결과

모든 기하학적 도형 작도 수업에서 시각 장애 학생들에 대한 이러한 도구들의 효과성을 입증함.

제2부 | 수학 영재 지도 사례

제01장

수 감각 기르기

수 감각이란 수와 친숙하며 수를 능숙하게 다루는 능력을 말한다. 어떤 사람이 수 감각을 가지고 있다고 말할 때 그 사람이 수관계에 대한 인식을 포함하는 다양한 능력과 이해력, 다양한 방법으로 수를 표현하는 능력, 연산의 효과에 대한 지식, 실생활의 수세기와 측정 상황에서 수를 해석하고, 사용하는 능력을 가지고 있다는 것을 나타낸다. 그런 사람들은 정확하게 연산의 결과를 예상하고, 일관성 있게 적절한 측정 단위를 선정한다. 이와 같이 수에 대한 "친숙함"은 계산 알고리즘과 수에 대한 사실을 단순하게 암기하는 능력 이상의 것이다. 그것은 수를 유연하게 사용하는 능력, 주어진 상황에서 수에 대한 적절한 표상을 선정하는 능력, 연산이 정확하게 실행되었는지를 확인하는 능력을 나타낸다. 수 감각을 가지고 있는 학생은 수관계를 이해할 수 있을 뿐 아니라 수를 가지고 연산을 하는 효과에 대해서도 이해한다.

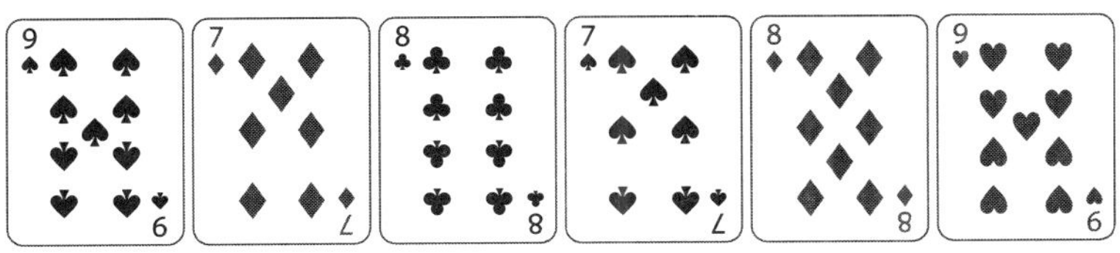

1. 탐구 개요 및 배경

① 수 감각을 길러요: 0부터 9까지의 수

0부터 9까지의 수를 만들기 위하여 3, 4, 5 등의 수를 각각 4번씩 사용하되 이들 사이에 적절한 사칙연산 기호를 넣어서 만들 수 있도록 함으로써 수를 다양하게 활용할 수 있는 사고의 유연성을 기른다.

② 아무 수나 4개를 택하여 어떤 수가 되게 적절한 사칙연산기호나 수학적인 개념 등을 이용하도록 함으로써 수 감각을 기르도록 한다. 수 감각이란 수와 친숙하며 수를 능숙하게 다루는 능력을 말한다.

③ 자신의 몸무게를 생각해보자.

자신의 몸무게, 키 등의 비밀스런 수치를 생각하게 하고 그들과 관련된 사칙연산 알고리즘을 만들어 항상 성립하는 식을 만듦으로써 수학적인 알고리즘의 위력을 실감할 수 있도록 한다.

④ 가우스의 생각 이해하기

⑤ 홀수의 합 구하기

⑥ 열린 문제 해결과 문제 만들기

준비물

· 조별 준비물: 1조당 1세트 퀴즈네르 색 막대

2. 준비 활동: 0부터 9까지의 수

(1) 3을 이용하여 0부터 9까지의 수 만들기

선생님: 3을 네 번 사용하고, +, −, ×, ÷ 등의 기호를 써서 0부터 9까지의 수를 만들어 보아요.

정 민: 괄호는 사용해도 되나요?

선생님: 사용해도 좋아요.

〈예〉 $0 = 3-3+3-3$

$1 = 3\div3+3-3$

〈문제〉 $2 = 3\div3+3\div3$, $(3\times3-3)\div3$

$3 = (3-3)\times3+3$, $3\times3-3-3$

$4 = (3\times3+3)\div3$

$5 = 3+((3+3)\div 3)$, $(3+3)\div 3+3$

$6 = 3-3+3+3$, $(3+3)\div 3\times 3$

$7 = 3\div 3+3+3$

$8 = 33\div 3-3$, $3\times 3-3\div 3$

$9 = 3\times 3+3-3$, $3\times 3\times 3\div 3$

(2) 4를 이용하여 0부터 9까지의 수 만들기

선생님: 4를 네 번 사용하고, +, −, ×, ÷ 등의 기호를 써서 0부터 9까지의 수를 만들어 보아요.

정 민: 괄호는 사용해도 되나요?

선생님: 사용해도 좋아요.

현 주: 선생님, 답은 한 가지 뿐인가요?

선생님: 여러 가지 답이 있을 수 있어요.

〈예〉 $0 = 4-4+4-4$

$1 = 4\div 4+4-4$

〈문제〉 $2 = 4\div 4+4\div 4$

$3 = (4+4+4)\div 4$

$4 = (4-4)\times 4+4$

$5 = (4\times 4+4)\div 4$

$6 = (4+4)\div 4+4$

$7 = 4+4-4\div 4$

$8 = 4+4+4-4$, $4\times 4-4-4$, $(4+4)\times 4\div 4$

$9 = 4+4+4\div 4$

(3) 5를 이용하여 0부터 9까지의 수 만들기

선생님: 5를 네 번 사용하고, +, −, ×, ÷ 등의 기호를 써서 0부터 9까지의 수를 만들어 보

아요.

정 민: 괄호는 사용해도 되나요?

선생님: 사용해도 좋아요.

승 희: 8을 만들기가 어려워요.

선생님: 8은 5!을 이용해 보아요. 5! = 5×4×3×2×1을 말해요.

〈예〉 0 = 5 − 5 + 5 − 5

1 = 5 ÷ 5 + 5 − 5

〈문제〉 2 = 5 ÷ 5 + 5 ÷ 5

3 = (5 + 5 + 5) ÷ 5

4 = (5×5 − 5) ÷ 5

5 = (5 − 5)×5 + 5

6 = (5×5 + 5) ÷ 5

7 = (5 + 5) ÷ 5 + 5

8 = 5! ÷ (5 + 5 + 5)

9 = 5 + 5 − (5 ÷ 5)

(4) 6을 이용하여 0부터 9까지의 수 만들기

선생님: 6을 네 번 사용하고, +, −, ×, ÷ 등의 기호를 써서 0부터 9까지의 수를 만들어 보아요.

정 민: 9를 만들기가 어려워요.

선생님: 9는 6을 5번 사용하여 만들어 보아요!

〈문제〉 0 = 6 ÷ 6 − 6 ÷ 6, 6 − 6 + 6 − 6

1 = 6 ÷ 6 + 6 − 6

2 = 6 ÷ 6 + 6 ÷ 6

3 = (6 + 6 + 6) ÷ 6

4 = 6 − (6 + 6) ÷ 6

$5 = (6\times6-6)\div6$

$6 = (6-6)\times6+6$

$7 = (6\times6+6)\div6$

$8 = (6+6)\div6+6$

$9 = 6\times6\div(6+6)+6$

3. 탐구 활동: 아무 수나 말해보아요

(1) 6, 3, 3, 2로 24 만들기

선생님: 종수, 아무 수나 하나 말해보아요.

종　수: 24

선생님: 민희, 아무 수나 4개 말해보아요.

민　희: 6, 3, 3, 2

선생님: 이제 여러분은 민희가 말한 4개의 숫자들 사이에 적절한 연산 기호를 넣어 24를 만들어 보아요.

민　수: 선생님, 2^3은 얼마입니까?

선생님: 2^3은 2를 세 번 곱한 것으로 2를 밑이라고 하고 3을 지수라고 해요.

$$2^3 = 2\times2\times2 = 8$$

민　수: 그렇다면, $3^3 = 3\times3\times3 = 27$이겠군요.

선생님: 그래, 맞아요.

〈예〉 ① $6\times(3+3-2) = 6\times4 = 24$

② $(6-2)\times(3+3) = 4\times6 = 24$

〈문제〉 ③ $2^3\times(6-3) = 24$

④ $3^3-6\div2 = 24$

⑤ $2\times(3+3+6) = 24$

⑥ $6\times3+2\times3 = 24$

⑦ $3\times3\times2+6 = 24$

⑧ $(6-2)!-3+3 = 24$

⑨ $3!\times(2+3)-6 = 24$

⑩ $3!\times2+6+3! = 24$

(2) 3, 9, 8, 4, 6, 10, 1, 2로 74 만들기

선생님: 철희, 아무 수나 하나 말해보아요.

철 희: 74

선생님: 영주, 아무 수나 8개의 수를 말해보아요.

영 주: 3, 9, 8, 4, 6, 10, 1, 2

선생님: 이제 여러분은 영주가 말한 8개의 숫자들 사이에 적절한 연산 기호를 넣어 철희가 말한 수 74를 만들어 보아요.

민 수: 선생님, 꼭 다음 문제처럼 숫자의 순서가 같은 것만 만들어야 하나요?

선생님: 처음에는 그렇게 하고, 그 다음에는 자기 마음대로 순서를 바꾸어도 좋고, 괄호를 사용하거나 여러 가지 자신만의 방법으로 최소한 5가지 이상의 방법으로 해봐요.

〈문제〉 ① $3+9\times8+4+6-10-2+1 = 74$

② $10\times8-6+\{(1+2)-3\}\times4\times9 = 74$

③ $3\times9+8\times4+6+10+1-2 = 74$

④ $10\times6+3+9+8-4-2\times1 = 74$

⑤ $3\times\sqrt{9}\times8+4+6-10+2\times1 = 74$

(3) 3, 3, 3, 3, 2, 9, 5, 1 로 104 만들기

선생님: 정한, 아무 수나 하나 말해보아요.

정 한: 104

선생님: 현지, 아무 수나 8개의 수를 말해보아요.

현　지: 3, 3, 3, 3, 2, 9, 5, 1

선생님: 이제 여러분은 현지가 말한 8개의 숫자들 사이에 적절한 연산 기호를 넣어 정한이가 말한 수 104를 만들어 보아요.

민　수: 선생님, 꼭 다음 문제처럼 숫자의 순서가 같은 것만 만들어야 하나요?

선생님: 처음에는 그렇게 하고, 그 다음에는 자기 마음대로 순서를 바꾸어도 좋고, 괄호를 사용하거나 여러 가지 자신만의 방법으로 최소한 5가지 이상의 방법으로 해봐요. 다음과 같은 계승, 거듭제곱 등의 개념을 이용해도 좋아요.

$$3! = 3\times2\times1 = 6$$
$$5^3 = 5\times5\times5$$

〈문제〉 ① $9!\div5!\div3!\div3!+(3\times3!)+2\times1 = 104$

② $(9\times3+3\times5+3\times3+1)\times2 = 104$

③ $3\times3\times3\times3+(9\times5+1)\div2 = 104$

④ $(3^3+3^3)\times2-9+5\times1 = 104$

⑤ $3^3\times3+9+3\times5-(2-1) = 104$

⑥ $(3\times3\times3+3)\times2+9\times5-1 = 104$

(4) 2, 4, 4, 7, 6, 3, 1, 4로 27 만들기

선생님: 종수, 아무 수나 하나 말해보아요.

종　수: 27

선생님: 민희, 아무 수나 8개의 수를 말해보아요.

민　희: 2, 4, 4, 7, 6, 3, 1, 4

선생님: 이제 여러분은 민희가 말한 8개의 숫자들 사이에 적절한 연산 기호를 넣어 27을 만들어 보아요.

민　수: 선생님, 꼭 다음 문제처럼 숫자의 순서가 같은 것만 만들어야 하나요?

선생님: 처음에는 그렇게 하고, 그 다음에는 자기 마음대로 순서를 바꾸어도 좋고, 괄호를 사

용하거나 여러 가지 자신만의 방법으로 최소한 5가지 이상의 방법으로 해봐요.

민 주: $\sqrt{4}$ 는 얼마죠?

선생님: $\sqrt{4} = 2$, 즉 제곱해서 4가 되는 수 중에서 양수, 즉 4의 양의 제곱근이라고 해요.

〈예〉 $4+6+3+7+(4\div2)+4+1 = 24$

〈문제〉 ① $(4\times4-7)\times\{6+1-(4+2)\}\times3 = 27$

② $4+4+7+6+3+1+4-2 = 27$

③ $2\times\sqrt{4\times4}+7+6+(4+3-1) = 27$

④ $7!\div4!\div3!-4!-6+4!-2!\div1! = 27$

⑤ $2\times4+4+7+6+4+1-3 = 27$

⑥ $4\times7-4\div4+6-3-2-1 = 27$

⑦ $(2+4)\times4+7-6-3+1+4 = 27$

4. 심화 활동

(1) 몸무게가 얼마?

선생님: 종수, 자신의 몸무게를 생각해보아요.

종 수: 생각했어요. (40)

선생님: 그 수를 6배하고 24를 더해 보아요.

종 수: 응, ($40\times6+24 = 264$) 계산했어요.

선생님: 계산한 수를 다시 6으로 나누어 보아요.

종 수: 응, ($264\div6 = 44$) 계산했어요.

선생님: 계산한 수에서 종수의 몸무게를 빼어요.

종 수: 응, ($44-40 = 4$) 계산했어요.

선생님: 답이 4이지?

종 수: (깜짝 놀라며) 선생님은 제 몸무게를 어떻게 아셔요?

선생님: 몰라도 종수가 계산한 결과는 4인줄을 알지.

종 수: 선생님, 어떻게 아셨어요?

선생님: 24를 6으로 나누면 4가 되니까 그렇지.

〈문제〉 위의 대화에서 종수의 몸무게가 얼마인지 몰라도 종수가 계산한 결과는 4인줄을 확실히 알 수 있다는 선생님의 말씀의 근거를 밝혀보자.

$$\frac{x\times6+24}{6}-x=4$$

(2) 키가 얼마?

선생님: 종수, 자신의 키를 생각해보아요.

종 수: 생각했어요. (150)

선생님: 그 수를 4배하고 20을 더해 보아요.

종 수: 응, (150×4+20 = 620) 계산했어요.

선생님: 계산한 수를 다시 4로 나누어 보아요.

종 수: 응, (620÷4 = 155) 계산했어요.

선생님: 계산한 수에서 종수의 키를 빼어요.

종 수: 응, (155－150 = 5) 계산했어요.

선생님: 답이 5이지?

종 수: (깜짝 놀라며) 선생님은 제 키를 어떻게 아셔요?

선생님: 몰라도 종수가 계산한 결과는 5인줄을 알지.

종 수: 선생님, 어떻게 아셨어요?

선생님: 20을 4로 나누면 5가 되니까 그렇지.

〈문제〉 위의 대화에서 종수의 키가 얼마인지 몰라도 종수가 계산한 결과는 5인즐을 확실히 알 수 있다는 선생님의 말씀의 근거를 밝혀보자.

$$(x\times4+20)\div4-x=5$$

(3) 기가 막히는 계산법

우와, 세상에 이런 계산 방법이! 직접 확인 해보세요.

① 당신의 휴대폰 번호 뒷 네자리에 2를 곱한다.

② 다시 더하기 5를 한다.

③ 다시 곱하기 50을 한다.

④ 다시 더하기 1767을 한다.

⑤ 그리고 당신의 태어난 년도를 뺀다.

⑥ 그러면 앞 네 자리는 당신의 휴대폰 번호이고,

⑦ 뒷 두 자리는 당신의 나이이다.

⑧ 소름끼친다.

기가 막히네요. 대체 무슨 원리죠? 안 믿고 해봤는데 진짜네요. 이상하네?

① 2XXXX

② 2XXXX+5

③ 100XXXX+250

④ 100XXXX+2017

⑤ 100XXXX+2017－출생연도

⑥ 100XXXX+나이

⑦ XXXX00+나이

⑧ XXXX나이

나이는 두 자리 수를 넘지 않는 것을 전제로 한다. 두 자리 수를 넘는 나이의 경우에는 문제가 된다.

5. 탐구 문제

선생님: 천재소년 가우스는 1부터 100까지의 수의 합을 쉽게 구하였다고 합니다. 그 방법을 알아봅시다.

종 수: 100까지는 너무 많아요.

선생님: 그럼 우선, 1부터 10까지의 수의 합을 다음과 같이 퀴즈네르의 색 막대를 이용하여 구해 보아요.

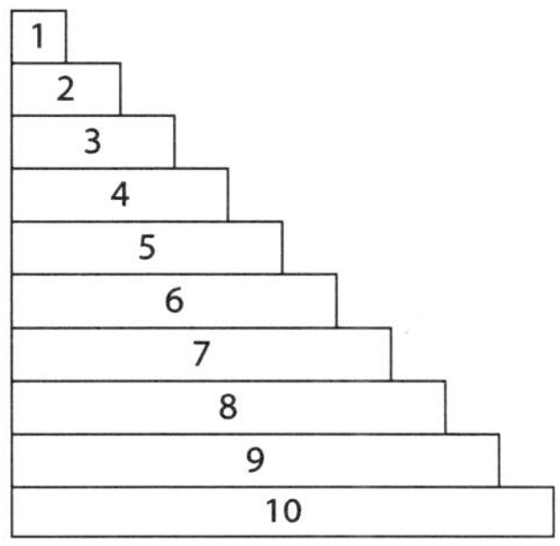

기본 문제 1 1부터 10까지의 합 구하기

① 위의 그림은 1부터 10까지의 합을 퀴즈네어 색 막대를 이용하여 나타낸 것이다. 이를 덧셈식으로 나타내어 보아요.

$$1+2+3+4+5+6+7+8+9+10$$

② 위의 그림을 180° 회전하여 그려보고 이 두 그림을 합쳐보아요. 그럼 어떤 도형이 만들어지나요?

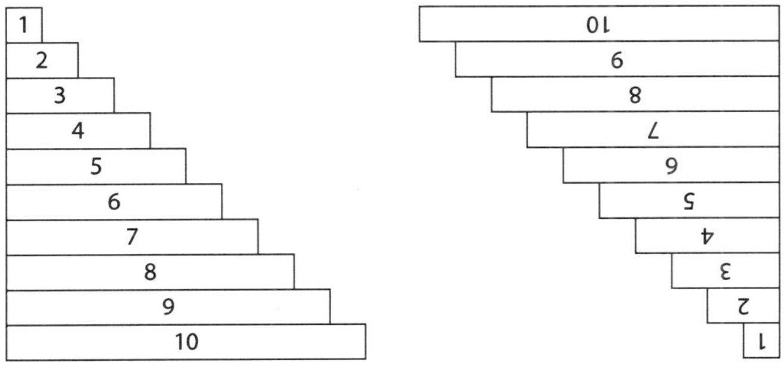

③ 1부터 10까지의 자연수의 합을 구해 보아요.

$$2\times(1+2+3+4+5+6+7+8+9+10)=10\times11$$
$$1+2+3+4+5+6+7+8+9+10=55$$

선생님: 천재소년 가우스는 1부터 100까지의 수의 합을 쉽게 구하였다고 합니다. 그 방법을 알아봅시다.

종 수: 이젠 할 수 있어요.

기본 문제 2 1부터 100가지의 합 구하기

④ 1+2+3+4+5+6+7+8+9+⋯+99+100을 구해봅시다.

$$1+2+3+4+5+6+7+8+9+\cdots+99+100=S$$
$$100+99+\cdots+9+8+7+6+5+4+3+2+1=S$$
$$101+101+\cdots+101=2S$$
$$101\times100=2S$$
$$S=5050$$

⑤ n이 자연수일 때, 다음 식을 간단히 해 보아요.

$$1+2+3+4+\cdots+(n-1)+n$$

$$1+2+3+4+5+6+7+8+9+\cdots+(n-1)+n=S$$
$$n+(n-1)+\cdots+9+8+7+6+5+4+3+2+1=S$$
$$(n+1)+(n+1)+\cdots+(n+1)=2S$$
$$(n+1)\times n=2S$$
$$S=\frac{n(n+1)}{2}$$

선생님: 다음 그림과 같이 구슬을 사각형 모양으로 배열한 수를 사각수라고 해요. 각 사각수에는 구슬이 몇 개씩 있는지 살펴보아요.

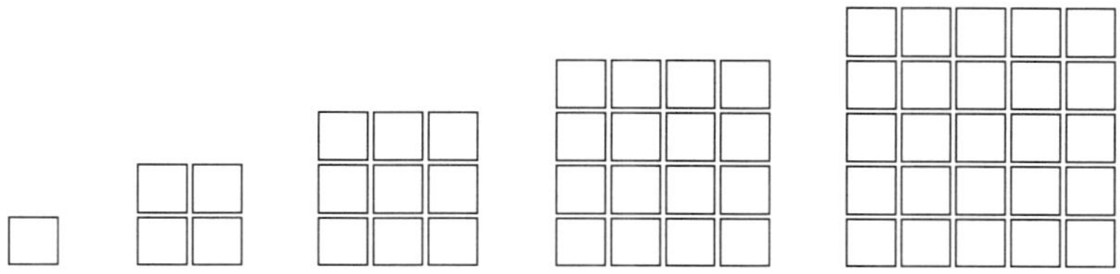

종 수: 1, 4, 9, 16, 25

기본 문제 3 사각수 이해하기

① 각 사각수를 다음과 같은 덧셈 식으로 나타낼 수 있음을 설명하시오.

$$1 = 1$$
$$1+3 = 4$$
$$1+3+5 = 9$$
$$1+3+5+7 = 16$$
$$1+3+5+7+9 = 25$$

② 여섯 번째 사각수는 얼마일까요?

답 36

③ 열 번째 사각수는 얼마일까요?

답 100

탐구 문제 1 홀수의 합 구하기

선생님: 1부터 99까지의 홀수의 합을 구해 봅시다.

종 수: 99까지는 너무 많아요.

선생님: 그럼 우선, 1부터 5번째 홀수까지의 수의 합을 구하는 방법을 설명해보아요.

$$1 = 1$$
$$1+3 = 4$$

$$1+3+5=9$$

$$1+3+5+7=16$$

$$1+3+5+7+9=25$$

탐구 문제 2 홀수의 합과 사각수 사이의 관계

① 위의 홀수의 합은 무엇이 되는가?

답 제곱수

② 여섯 번째 홀수까지의 합은 얼마일까요?

답 36

③ 열 번째 홀수까지의 합은 얼마일까요?

답 100

④ 99는 몇 번째 홀수일까요?

답 50번째

⑤ 1부터 99까지의 홀수의 합을 구해 봅시다.

답 2500

심화 문제 1 홀수의 합 구하는 공식 만들기

선생님: 천재소년 가우스는 1부터 100까지의 수의 합을 쉽게 구하였다고 합니다. 이젠, 그 방법을 이용하여 홀수의 합을 구하는 공식을 만들어봅시다.

종 수: 이젠 할 수 있어요.

① $1+3+5+7+9+11+\cdots+197+199=S$를 구해봅시다.

답 $1+3+5+7+9+11+\cdots+197+199=S$

$199+197+\cdots+11+9+7+5+3+1=S$

$200+200+\cdots+200=2S$

$$200\times100 = 2S$$
$$S = 10000$$

② n이 자연수일 때, 다음 식을 간단히 해 보아요.

$$1+3+5+7+\cdots+(2n-3)+(2n-1) = S$$

답 $1+3+5+7+\cdots+(2n-3)+(2n-1) = S$

$$(2n-1)+(2n-3)+\cdots+3+1 = S$$
$$2n+2n+\cdots+2n = 2S$$
$$2n\times n = 2S$$
$$S = n^2$$

6. 평가 기준과 문제 만들기

① 0부터 9까지의 수를 만들기 위하여 3, 4, 5 등의 수를 각각 4번씩 사용하되 이들 사이에 적절한 사칙연산 기호를 넣어서 만들 수 있는가?

② 아무 수나 4개 또는 8개를 택하여 어떤 수가 되게 적절한 사칙연산기호나 수학적인 개념 등을 이용하여 유연하게 잘 만들 수 있는가?

③ 자신의 몸무게나 키와 관련된 알고리즘을 만들 수 있는가?

④ 가우스의 생각을 잘 이해하는가?

⑤ 홀수의 합 구하는 아이디어를 잘 이해하는가?

다음 문제를 풀고 이와 유사한 문제를 만들어 보자.

〈문제 1〉 1부터 9까지의 수 사이에 적당한 사칙연산 기호를 넣어 숫자 100을 만드시오. 3가지 이상의 서로 다른 방법으로 구해보시오.

① $70+\frac{24}{6}+1+3+5+8+9 = 100$

② $4+5+9+13+\frac{72}{8}+60 = 100$

③ $0+1+2+3+4+5+6+7+8\times9 = 100$

④ $0-1+2+3+4\times5\times6-7-8-9 = 100$

⑤ $0+1\times2\times3+4+5+6+7+8\times9 = 100$

⑥ $7\times8\times2-9+3-6+4+1-5 = 100$

⑦ $50+\frac{48}{2}+1+3+6+7+9 = 100$

⑧ $30+\frac{84}{2}+1+5+6+7+9 = 100$

⑨ $7\times9\times2-8-6-5-4-3\div1-0 = 100$

⑩ $(0+1+2+3+4+5)\times6-7+8+9 = 100$

⑪ $98+46-30-17+5-2 = 100$

⑫ $90+8\div4+7+3-2+1+5-6 = 100$

⑬ $10\times8\div5\times7-9-3-6+4+2 = 100$

⑭ $50\times1+6\times7+8+2+3+4-9 = 100$

⑮ $(0+1+2+3+4)\times9+5+6+7-8 = 100$

⑯ $50\times2-1-6+7+9+3-4-8 = 100$

⑰ $90+2+8+6+7-5-4-3-1 = 100$

⑱ $70+24+6+8-9+5-3-1 = 100$

⑲ $56+24+7\times1\times0+3+8+9 = 100$

⑳ $\{2\times3\times4\times5\times6\div(8\times9)\}\times10 = 100$

㉑ $97+2+1^{134567} = 100$

㉒ $98+2+0^{134567} = 100$

㉓ $0+1\times2\times3\times4+5+6+7\times8+9 = 100$

㉔ $98-7+6+5-4+3-2+1-0 = 100$

㉕ $98+7-6-5+4+3-2+1+0 = 100$

㉖ $0+123-4-5-6-7+8-9 = 100$

㉗ $8\times7\div2+6\times9+3\times4+1+5 = 100$

㉘ $70+\frac{64}{8}-2+1+3+5+9 = 100$

㉙ $123+8-4-5-6-7-9+0 = 100$

㉚ $90+7-1+2-3-4-5+6+8 = 100$

㉛ 98 − 7 − 6 + 5 + 4 + 3 + 2 + 1 = 100

㉜ 765431 × 0 + 98 + 2 = 100

㉝ 90 + 1 + 2 + 3 + 4 + 5 − 6 + 8 − 7 = 100

㉞ 60 + 1 × 3 + 2 × 4 + 5 + 7 + 8 + 9 = 100

㉟ 60 + 3 + 2 × 4 + 5 × 1 + 7 + 8 + 9 = 100

㊱ 63 ÷ 7 × 9 + 4 + 5 + 8 + 2 ÷ 1 + 0 = 100

㊲ 70 + 1 + 2 + 6 + 8 + 3 + 5 + 9 − 4 = 100

〈문제 2〉 다음 그림을 보고 홀수의 합은 제곱수가 됨을 설명하시오.

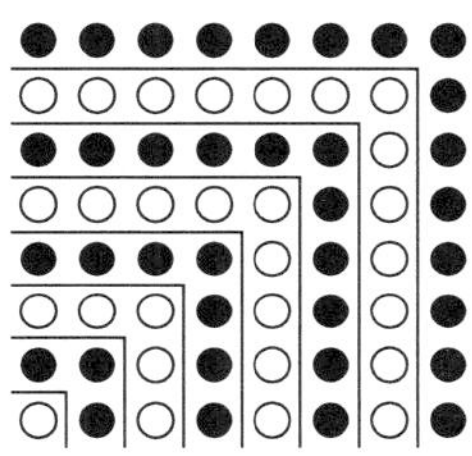

그림 1

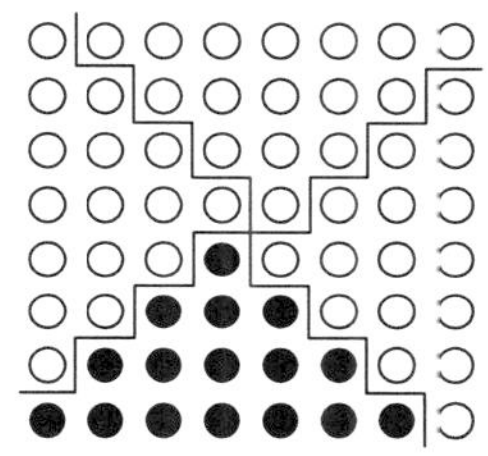

그림 2

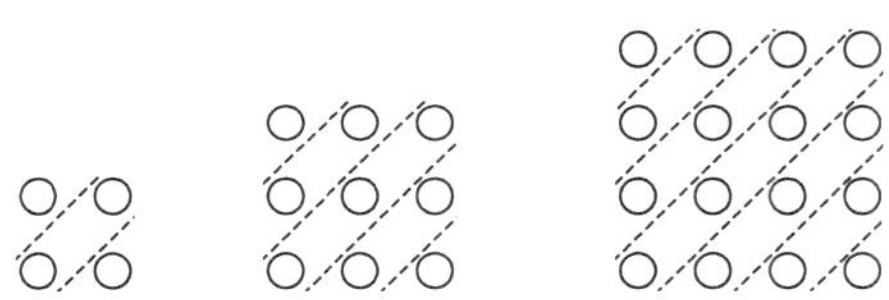

그림 3

〈문제 3〉 정육면체 만들기

다음 그림은 한 변의 길이가 1인 정육면체 네 개로 만든 입체 모형입니다. 이 입체모형 여러 개로 정육면체를 만들 수 있습니다. 이 때, 가장 작은 정육면체의 한 변의 길이는?

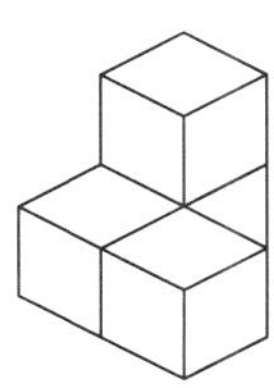

답 2

〈문제 4〉 경수는 인수에게 다음과 같은 암호편지를 보냈다.

8 (7) 1 (1) 14 8 (10) 14 (1) 13 7 (9) 13 6 (9) 11 14 (3) 7 (7) (3)

그랬더니 인수는 이 암호의 뜻은 "수학시간은 즐거워"라고 해석하였다. 그런 다음에 다음과 같은 암호 편지를 경수에게 보냈다. 그 의미는 무엇일까요? 그리고 그 이유는 무엇인지 설명하시오.

7 (4) 7 6 (1) (10) 14 (6) 7 (8) 14 7 (9) 13 2 (10) 11 7 (6) 1 (1) (10)

답 영재교육은 필요해

해설 자음은 다음과 같이 대응시킨다.

ㄱ	ㄴ	ㄷ	ㄹ	ㅁ	ㅂ	ㅅ	ㅇ	ㅈ	ㅊ	ㅋ	ㅌ	ㅍ	ㅎ
14	13	12	11	10	9	8	7	6	5	4	3	2	1

모음은 다음과 같이 대응시킨다.

ㅏ	ㅑ	ㅓ	ㅕ	ㅗ	ㅛ	ㅜ	ㅠ	ㅡ	ㅣ
(1)	(2)	(3)	(4)	(5)	(6)	(7)	(8)	(9)	(10)

〈문제 5〉 회중시계는 정시마다 시계추가 한 번(1시), 두 번(2시), …, 열두 번(12시), 30분마다 한 번씩 댕, 댕 하는 소리를 울린다. 시계추가 두 번 이상 울릴 때, 처음 추가 울리는 시간 1초, 다음 추까지 쉬는 시간 1초가 걸린다. 정훈이가 이 시계의 소리만으로 시각을 알려고 한다면, 처음의 추가 울리기 시작한 뒤 시각을 정확하게 알 수 있기까지 가장 오래 걸리는 시간은 몇 초일까요? 그 이유를 설명하시오.

답 3602초(또는 3602초+일순간)

해설 ① 추가 울린 소리가 하나일 경우, 1시, 1시 30분, 2시 30분, …, 12시 30분 등일 수 있다.

② 다음(약 30분 후), 추가 하나 울릴 경우, 그 시점은 1시(처음: 12시 30분)이거나 1시 30분(처음: 1시)일 수 있다.

③ 그 다음(처음부터 60분 후), 추가 또 하나 울릴 경우, 지금은 1시 30분(결국 처음: 12시 30분)으로 확정할 수 있다.

제**02**장

여러 가지 계산법과 마술카드의 원리

곱셈의 방법에도 여러 가지가 있다. 한 자리수의 곱셈은 구구단이라는 형식화된 공식을 이용할 수가 있다. 구구단을 맹목적으로 암기하여 계산하는 것의 폐해에 대해서는 많은 지적이 있을 수 있다. 다만, 그 원리를 알고 외워서 사용하는 것은 문제가 없다. 두 자리 수의 곱셈은 기본적으로 자리 값 개념의 이해 위에 배분법칙을 적용함으로써 구할 수 있다. 이를 위한 표준적인 알고리즘은 잘 알려진 세로 셈법이다. 하지만 이 밖에도 인도의 대각선법, 러시아 농부의 계산법, 이집트의 2배 법, 동남아시아의 손가락셈법 등 여러 가지 방법이 존재한다.

십진수는 0부터 9까지의 10개의 수, 5진수는 0부터 4까지의 5개의 수, 이진수는 0과 1 두 개의 수를 이용하여 각 자리마다 그 자리 값을 정하여 수를 나타내는 위치적 기수법이다. 이러한 개념을 이해할 수 있도록 이진수 블록을 이용한 수 나타내기 활동을 한다. 이러한 활동을 배경으로 이진수의 개념을 이해시키고 이진수를 십진수로, 십진수를 이진수로 나타내는 슬기로운 방법을 터득하게 한다. 이러한 탐구 과정을 거쳐 흥미로운 마술카드의 원리를 찾을 수 있도록 한다.

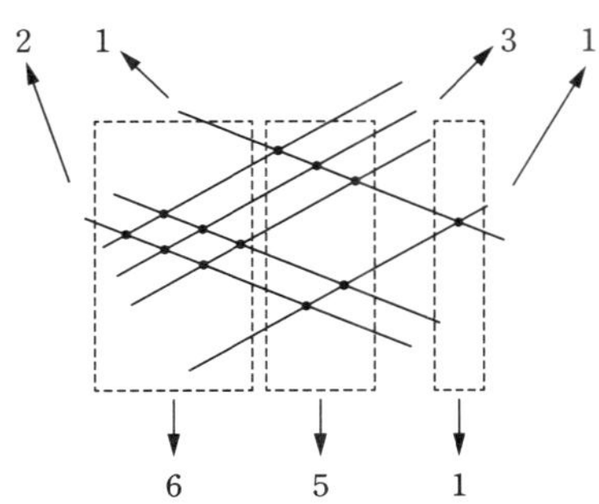

21 × 31 = 651

1. 탐구 개요 및 배경

① 인도의 대각선법, 러시아 농부의 계산법, 이집트의 2배 법, 동남아시아의 손가락셈법

② 십진수의 자리 값 개념을 이해한다.

$$\text{십진수 } 6743 = 6 \times 10^3 + 7 \times 10^2 + 4 \times 10^1 + 3 \times 1$$

③ 이진수의 자리 값 개념을 이해한다.

$$\text{이진수 } 10101 = 1 \times 2^4 + 0 \times 2^3 + 1 \times 2^2 + 0 \times 2^1 + 1 \times 1$$

④ 이진수를 십진수로, 십진수를 이진수로 바꾸는 방법을 생각해본다.

⑤ 1부터 63까지의 수를 각각 여섯 자리의 이진수로 바꾸어 놓은 [표 2]를 이용하여 마술카드가 어떻게 만들어졌는지를 설명하고 마술의 비밀, 즉 마술 카드의 원리를 밝힌다.

준비물

· 매쓰 링크 1조 별 한 세트
· 십진 블럭 1조 별 한 세트

2. 준비 활동

(1) 인도의 대각선법 원리를 설명하시오.

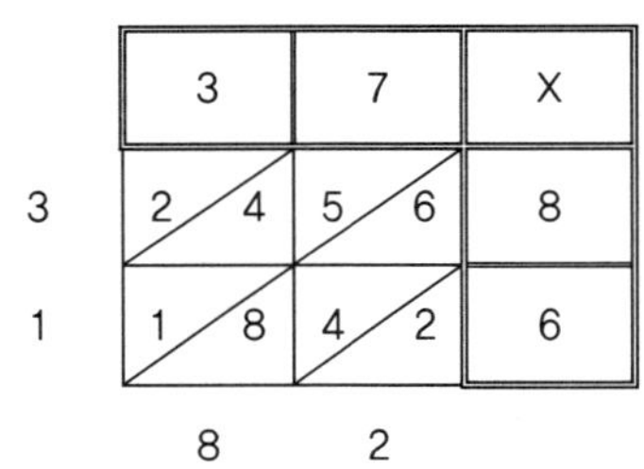

$$37 \times 86 = (30 + 7) \times (80 + 6) = 2000 + 400$$
$$+ 500 + 60$$
$$+ 100 + 80$$
$$+ 40 + 2$$
$$= 3182$$

(2) 러시아 농부의 계산 원리를 설명하시오.

37 × 86	
74 × 43	74
148 × 21	148
296 × 10	
592 × 5	592
1184 × 2	
2368 × 1	2368
	3182

해설 곱하는 수를 2씩 나누면서 곱해지는 수를 2배로 하고, 곱하는 수가 홀수이면 −1을 한 후 2로 나누어 1이 될 때까지 반복한다. 반복하는 과정에서 곱하는 수가 홀수일 때의 곱해지는 수의 합이 곧 답이다.

(3) 이집트인들의 2배법 원리를 설명하시오.

37 × 1 = 37	
37 × 2 = 74	74
37 × 4 = 148	148
37 × 8 = 296	
37 × 16 = 592	592
37 × 32 = 1184	
37 × 64 = 2368	2368
	3182

해설 곱하는 수 86을 2의 거듭제곱 꼴의 합으로 나타낼 수 있으므로, 즉 2진수로 나타낼 수 있으므로, 곱해지는 수 37을 계속하여 2배씩 곱하여 그 합이 86이 되는 경우의 합을 구하면 답이다. 즉, $86 = 64+16+4+2$

(4) 동남아시아의 손가락 셈법

손가락을 이용하여 5보다 큰 두 수의 곱 8×7을 다음과 같이 계산할 수 있다고 한다. 우선, 왼손으로 8을 세고, 오른손으로 7을 세면 다음 그림과 같이 펴진 손가락은 각각 3개와 2개가 되어 이들의 합에 10을 곱하여 50이 된다. 다음에는 접힌 손가락이 각각 2개와 3개가 되고 이들의 곱은 6이 된다. 따라서 56이 된다.

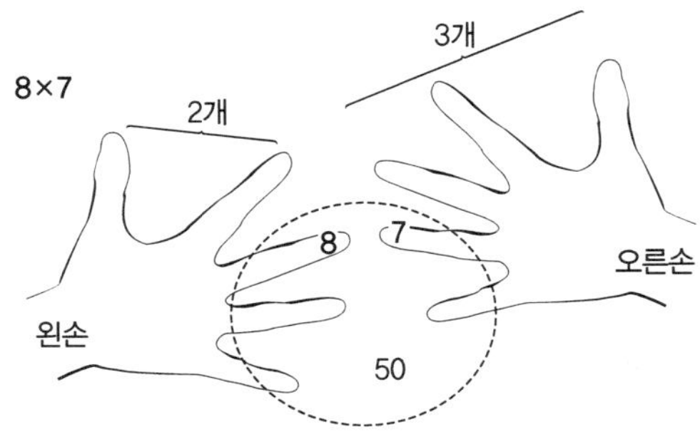

즉, 펴진 손가락의 합인 (3+2)에 10을 곱하고 접힌 손가락의 곱인 2×3인 6을 더하면 (3+2)×10+ 2×3=56이 나온다. 이와 같은 방법으로 다음을 구하여 보자.

① 7×6　　② 7×7　　③ 8×8　　④ 8×9

이제 그 원리를 생각해보자. $a>5$, $b>5$인 두 수의 곱 ab를 구해보자.

왼손과 오른손의 펴진 손가락은 각각 $a>5$, $b>5$이므로 이들의 합 $a+b-10$에 10을 곱하면 $10a+10b-100$이 된다. 다시 왼손과 오른손의 접힌 손가락은 각각 $10-a$, $10-b$이므로 이들의 곱은 $100-10a-10b+ab$가 된다. 이들의 합은 ab와 같음을 확인할 수 있다.

(5) 파푸아족의 수

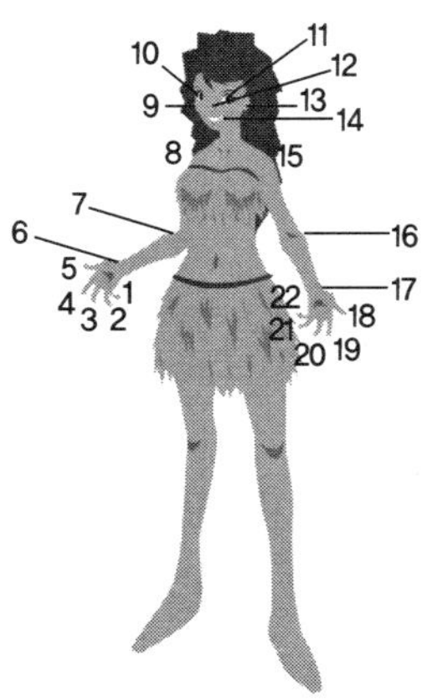

12. 코	11. 왼 눈
13. 입	10. 오른 눈
14. 왼 귀	9. 오른 귀
15. 왼 어깨	8. 오른 어깨
16. 왼 팔꿈치	7. 오른 팔꿈치
17. 왼 손목	6. 오른 손목
18. 왼 엄지손가락	5. 오른 엄지손가락
19. 왼 집게손가락	4. 오른 집게손가락
20. 왼 가운뎃손가락	3. 오른 가운뎃손가락
21. 왼 약손가락	2. 오른 약손가락
22. 왼 새끼손가락	1. 오른 새끼손가락

(6) 손가락으로 세는 관습

영국사람 메이슨(R. Mason)은 2차 대전 중에 있었던 일화에서 한국과 일본인은 손가락을 접으면서 세지만 중국과 영국인은 손가락을 먼저 접은 상태에서 펴면서 센다고 한다.

3. 탐구 활동

| 표 1 |　마술카드

1	3	5	7	2	3	6	7	4	5	6	7
9	11	13	15	10	11	14	15	12	13	14	15
17	19	21	23	18	19	22	23	20	21	22	23
25	27	29	31	26	27	30	31	28	29	30	31
33	35	37	39	34	35	38	39	36	37	38	39
41	43	45	47	42	43	46	47	44	45	46	47
49	51	53	55	50	51	54	55	52	53	54	55
57	59	61	63	58	59	62	63	60	61	62	63

8	9	10	11	16	17	18	19	32	33	34	35
12	13	14	15	20	21	22	23	36	37	38	39
24	25	26	27	24	25	26	27	40	41	42	43
28	29	30	31	28	29	30	31	44	45	46	47
40	41	42	43	48	49	50	51	48	49	50	51
44	45	46	47	52	53	54	55	52	53	54	55
56	57	58	59	56	57	58	59	56	57	58	59
60	61	62	63	60	61	62	63	60	61	62	63

(1) 마술 카드 게임을 실시한다.

정　훈 : 1부터 63까지의 수 중 아무 수나 하나 생각해봐.

정　한 : (26) 생각했어.

정　훈 : 그 수가 1로 시작하는 첫 번째 카드에 있니?

정　한 : 없어.

정　훈 : 2로 시작하는 두 번째 카드에는?

정　한 : 그래 있어.

정 훈 : 4로 시작하는 세 번째 카드에는?

정 한 : 없어.

정 훈 : 8로 시작하는 네 번째 카드에는?

정 한 : 그래 있어.

정 훈 : 16으로 시작하는 다섯 번째 카드에는?

정 한 : 그래 있어.

정 훈 : 32로 시작하는 여섯 번째 카드에는?

정 한 : 없어.

정 훈 : 그럼 그 수는 2+8+16 = 26이군.

정 한 : 맞아.

(2) 마술 카드 게임의 원리가 무엇일까를 생각해본다.

4. 심화 활동

| 표 2 | 십진수와 이진수

십진수		이진수	십진수		이진수	십진수		이진수	십진수		이진수
1	=	1	17	=	10001	33	=	100001	49	=	110001
2	=	10	18	=	10010	34	=	100010	50	=	110010
3	=	11	19	=	10011	35	=	100011	51	=	110011
4	=	100	20	=	10100	36	=	100100	52	=	110100
5	=	101	21	=	10101	37	=	100101	53	=	110101
6	=	110	22	=	10110	38	=	100110	54	=	110110
7	=	111	23	=	10111	39	=	100111	55	=	110111
8	=	1000	24	=	11000	40	=	101000	56	=	111000
9	=	1001	25	=	11001	41	=	101001	57	=	111001
10	=	1010	26	=	11010	42	=	101010	58	=	111010
11	=	1011	27	=	11011	43	=	101011	59	=	111011
12	=	1100	28	=	11100	44	=	101100	60	=	111100
13	=	1101	29	=	11101	45	=	101101	61	=	111101
14	=	1110	30	=	11110	46	=	101110	62	=	111110
15	=	1111	31	=	11111	47	=	101111	63	=	111111
16	=	10000	32	=	100000	48	=	110000			

(1) 다섯 장의 마술 카드를 만들어라.

1	3	5	7
9	11	13	15
17	19	21	23
25	27	29	31

2	3	6	7
10	11	14	15
18	19	22	23
26	27	30	31

4	5	6	7
12	13	14	15
20	21	22	23
28	29	30	31

8	9	10	11
12	13	14	15
24	25	26	27
28	29	30	31

16	17	18	19
20	21	22	23
24	25	26	27
28	29	30	31

(2) 일곱 장의 마술 카드를 만들어라.

1	3	5	7
9	11	13	15
17	19	21	23
25	27	29	31
33	35	37	39
41	43	45	47
49	51	53	55
57	59	61	63
65	67	69	71
73	75	77	79
81	83	85	87
89	91	93	95
97	99	101	103
105	107	109	111
113	115	117	119
121	123	125	127

2	3	6	7
10	11	14	15
18	19	22	23
26	27	30	31
34	35	38	39
42	43	46	47
50	51	54	55
58	59	62	63
66	67	70	71
74	75	78	79
82	83	86	87
90	91	94	95
98	99	102	103
106	107	110	111
114	115	118	119
122	123	126	127

4	5	6	7
12	13	14	15
20	21	22	23
28	29	30	31
36	37	38	39
44	45	46	47
52	53	54	55
60	61	62	63
68	69	70	71
76	77	78	79
84	85	86	87
92	93	94	95
100	101	102	103
108	109	110	111
116	117	118	119
124	125	126	127

8	9	10	11
12	13	14	15
24	25	26	27
28	29	30	31
40	41	42	43
44	45	46	47
56	57	58	59
60	61	62	63
72	73	74	75
76	77	78	79
88	89	90	91
92	93	94	95
104	105	106	107
108	109	110	111
120	121	122	123
124	125	126	127

16	17	18	19
20	21	22	23
24	25	26	27
28	29	30	31
48	49	50	51
52	53	54	55
56	57	58	59
60	61	62	63
80	81	82	83
84	85	86	87
88	89	90	91
92	93	94	95
112	113	114	115
116	117	118	119
120	121	122	123
124	125	126	127

32	33	34	35
36	37	38	39
40	41	42	43
44	45	46	47
48	49	50	51
52	53	54	55
56	57	58	59
60	61	62	63
96	97	98	99
100	101	102	103
104	105	106	107
108	109	110	111
112	113	114	115
116	117	118	119
120	121	122	123
124	125	126	127

64	65	66	67
68	69	70	71
72	73	74	75
76	77	78	79
80	81	82	83
84	85	86	87
88	89	90	91
92	93	94	95
96	97	98	99
100	101	102	103
104	105	106	107
108	109	110	111
112	113	114	115
116	117	118	119
120	121	122	123
124	125	126	127

5. 탐구 문제

수렵과 목축에 의존하던 원시 사회에서는 "하나, 둘, 많다"와 같이 큰 수가 필요하지도 않았을 것으로 볼 수 있다. 자연 상태의 나무 열매나 과일을 필요한 만큼 채취하여 먹고 살았을 것으로 볼 수 있다. 아주 간단한 수인 1, 2 등의 자연수라 하더라도 이러한 수 개념 자체는 일대일 대응이라는 수학적 아이디어가 내재되어 있어서 수학은 본질적으로 추상화된 개념들로 이루어져 있음을 알 수 있다. 똑같은 1이라 하더라도 그것이 말이나 소 등 동물이나 사과, 배 등 과일이라는 대상을 추상화해서 나타낸 것이다. 뿐만 아니라 그 단위만 하더라도 일, 십 백, 천, 기가, 테라 등 엄청나게 작은 양에서 많은 양에 이르기까지 다양하다.

점차 이러한 자연수 개념만으로는 곤란한 일이 발생할 수도 있었겠지만 사회가 농경사회로 발전하면서 더욱 더 양의 정수나 음의 정수 개념이 필요한 것으로 대두되었을 수 있다. 어느 해는 풍년이 들어 곡식이 남아돌지만, 어느 해는 흉작으로 인하여 부족한 쌀이나 과일을 어디서 더 충족해야 할 필요가 생겨 전쟁으로 뺏어오거나 빌려오는 일이 생겨났을 수 있다. 비로소 정수 개념으로의 확장이 필요하게 되었다.

언제나 전쟁이나 채무 관계를 만들지 않고도 나누어 갖자는 지혜에 의해 분수 개념이 생겨났을 수 있다. 드디어 유리수로 확장된 수체계의 범주에서 피타고라스학파는 온 세상을 해석하려 하였다. 실로 많은 정수론의 지식체계는 그들의 공이다. 완전수, 부족수, 과잉수, 친화수, 소인수분해 등 수많은 업적들이 누적되어온 것이다.

〈문제〉 로마, 이집트, 그리스, 마야의 수

① 다음과 같은 곱셈의 원리를 설명하고, 56×43을 이와 같은 방법으로 계산해보시오.

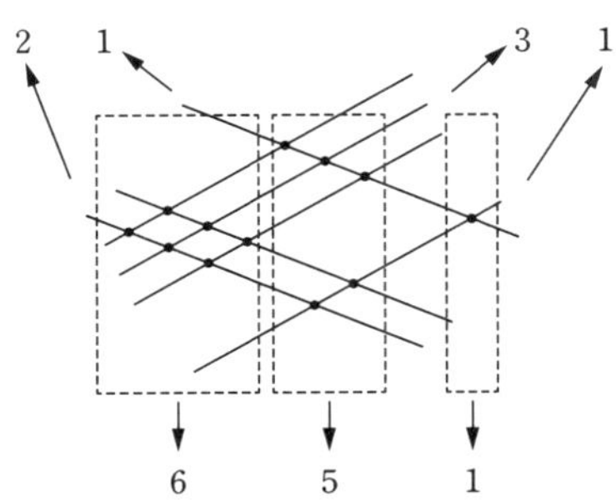

21 × 31 = 651

학생 탐구 사례

56×43

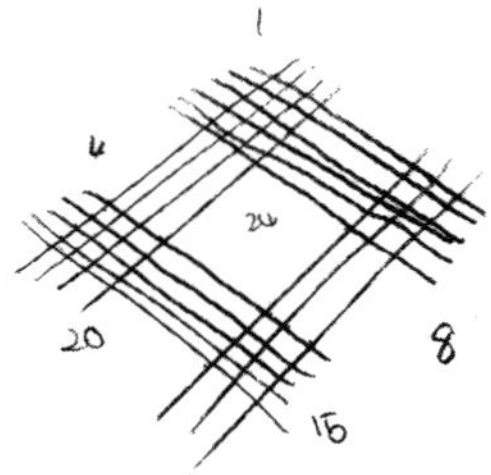

답 2408

② 인도의 대각선법, 러시아 농부의 계산법, 이집트의 2배법 등 다양한 문화권의 계산 방법을 비교하여 설명하시오.

③ 아라비아숫자, 로마 숫자, 이집트 숫자, 그리스 숫자, 마야 숫자

아라비아	로마	이집트	그리스	마야
1	I	I	A	•
2	II	II	B	••
3		III	Γ	
4	IV	IIII	Δ	••••
5	V		E	—
6	VI	III III	F	• —
7	VII		Z	
8		IIII IIII	H	••• —
9	IX	III III III	Θ	
10	X	∩	I	=
11	XI	∩I	IA	• =
12		∩II	IB	
13	XIII		IΓ	
14	XIV	∩IIII		•••• =
15	XV		IE	≡
16		∩III III		• ≡
17			IZ	•• ≡
18				
19	XIX	∩III III III	IΘ	•••• ≡
20	XX	∩∩	K	• 𝋠
21	XXI	∩∩I	KA	• •
22				• ••
23		∩∩III	KΓ	• •••
24				
25	XXV	∩∩IIIII		• —

이 표에서 아라비아 숫자가 첫째 줄에, 그 옆에 로마, 이집트, 그리스, 마야 숫자가 적혀있다.

(1) 숫자가 적힌 방법을 연구하여 빈 칸을 채우시오.

→ 20을 나타내는 마야 숫자는 줄 4개를 생각할지 모르지만 그들에게 이 표시는 0개의 1단위와 1개의 20단위

→ 1개의 1단위와 1개의 20단위

→ 2개의 1단위와 1개의 20단위

학생 탐구 사례

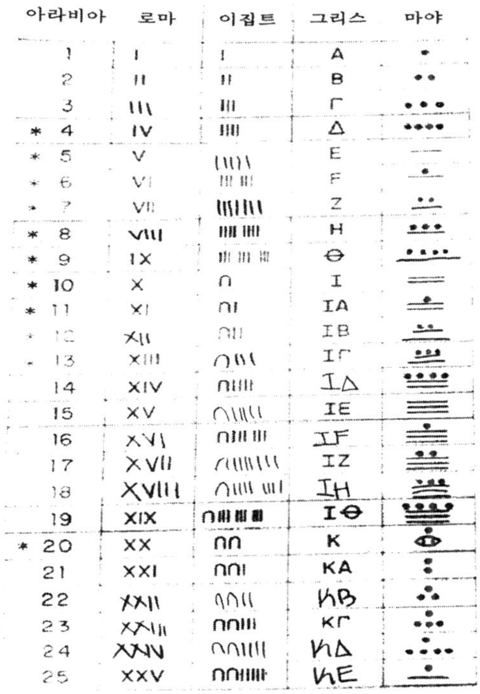

아라비아	로마	이집트	그리스	마야
1	I	|	A	
2	II	||	B	
3	III	|||	Γ	
* 4	IV	||||	Δ	
* 5	V	|||||	E	
* 6	VI	||||||	F	
* 7	VII	|||||||	Z	
* 8	VIII	||||||||	H	
* 9	IX	|||||||||	Θ	
* 10	X	∩	I	
* 11	XI	∩|	IA	
* 12	XII	∩||	IB	
* 13	XIII	∩|||	IΓ	
14	XIV	∩||||	IΔ	
15	XV	∩|||||	IE	
16	XVI	∩||||||	IF	
17	XVII	∩|||||||	IZ	
18	XVIII	∩||||||||	IH	
19	XIX	∩|||||||||	IΘ	
* 20	XX	∩∩	K	
21	XXI	∩∩|	KA	
22	XXII	∩∩||	KB	
23	XXIII	∩∩|||	KΓ	
24	XXIV	∩∩||||	KΔ	
25	XXV	∩∩|||||	KE	

6. 평가 기준과 문제 만들기

① 매쓰 링크 또는 단위 블록 세트를 이용하여 이진수 개념을 잘 표현하는가?

② 마술카드의 원리를 이해하는가?

③ 마술카드의 원리를 이용하여 스스로 다른 마술카드를 만들 수 있는가?

다음 문제를 풀고 이와 유사한 문제를 만들어 보자.

〈문제 1〉 1부터 31까지의 수를 이용하여 마술카드를 만드시오.

1	3	5	7
9	11	13	15
17	19	21	23
25	27	29	31

2	3	6	7
10	11	14	15
18	19	22	23
26	27	30	31

4	5	6	7
12	13	14	15
20	21	22	23
28	29	30	31

8	9	10	11
12	13	14	15
24	25	26	27
28	29	30	31

16	17	18	19
20	21	22	23
24	25	26	27
28	29	30	31

〈문제 2〉 다음은 눈송이 곡선을 만드는 과정이다. 처음의 삼각형의 한 변의 길이가 1일 때, 두 번 째 도형의 한 변의 길이는 $\frac{1}{3}$이다. 모두 이와 같은 방법으로 만들어갈 때 각 도형의 둘레의 길이를 구하여라.

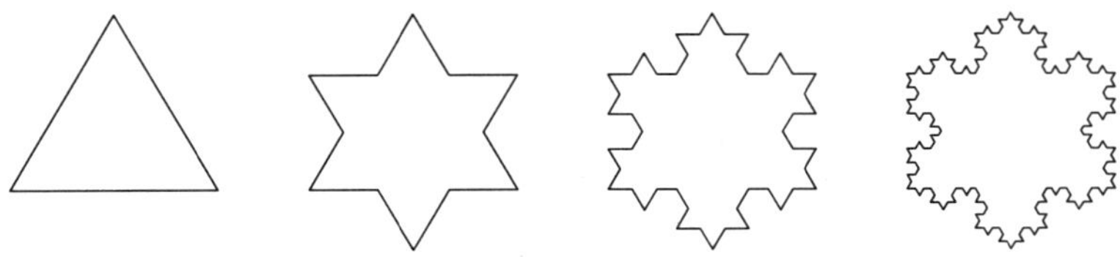

Stage 1 (가) Stage 2 (나) Stage 3 (다) Stage 4 (라)

답 (가) 3, (나) 4, (다) $\frac{16}{3}$, (라) $\frac{64}{4}$

〈문제 3〉 문자주사위

주사위 각 면에 문자가 쓰여 있습니다. 다음 그림은 하나의 주사위를 서로 다른 방향에서 본 모습입니다. P의 반대쪽에는 어떤 문자가 있을까요? 전개도를 그려보세요.

답 E (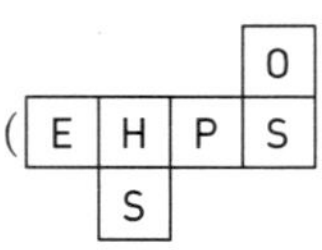)

〈문제 4〉 1에서 6까지의 수를 다음 동그라미 안에 써 넣되, 이웃하는 두 수의 차이의 총합이 가장 크게 되도록 할 경우 그 차이의 총합은 얼마일까요?

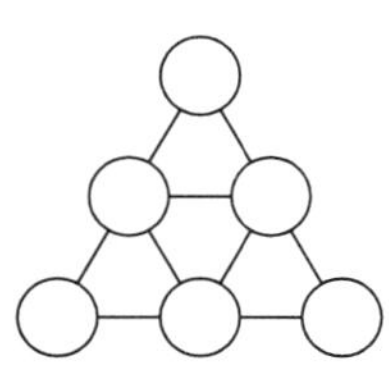

해설 6과 1은 두 변의 중앙에 놓여야 한다. 그 각각의 경우 5와 2는 다음과 같이 세 가지 방법으로 배열할 수 있다. 3과 4는 아무 데나 놓아도 좋다. 따라서 차이의 합은 26이다.

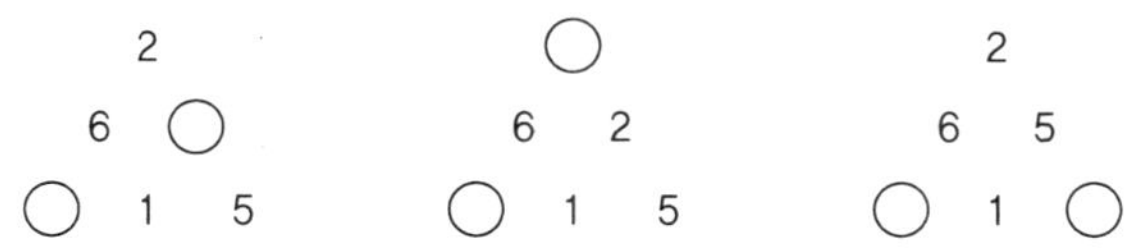

〈문제 5〉 72명의 학생이 수학여행을 가서 쉬는 시간에 아이스크림을 하나씩 먹기 위하여 단체로 주문을 하여 맛있게 먹었다. 그런데 영수증의 맨 앞자리와 뒷자리가 지워져 알 수 없게 되었다.

	6	7	9		원

① 지워진 숫자들은 어떤 수일까?

② 아이스크림 하나의 값은 얼마인가?

해설 ① 빈 칸의 수를 각각 x, y라 두면,

x	6	7	9	y	원

72개의 아이스크림을 샀으므로, 72로 나누어 떨어져야 한다. 따라서 8과 9의 약수여야 한다. 79y가 8의 약수이므로, 짝수 790, 792, 794, 796, 798 중 8의 약수는 792뿐이다.

x	6	7	9	2	원

이 9의 약수가 되기 위해서는 $x = 3$뿐이므로 36792원

② $36792 \div 72 = 511$원

제03장

식물의 성장과 토끼의 번식 규칙

12세기 말 이탈리아 수학자 레오나르도 피보나치(Leonard Fibonacci. 1170~1240)가 1202년 저술한 '산반서(*Liber Aabaci*, 영어로는 Book of the Abacus, Book of Calculating)'에는 여러 가지 재미난 문제가 많이 수록되어 있는데 그 중 하나가 토끼의 번식 문제였다. 그의 본명은 단지 레오나르도였으나, 피사의 사탑으로 유명한 피사 출신이라 Lepnardo of Pisa로 불리다가, 수학 책을 집필하면서부터 스스로 필명을 "Fibonacci"라고 하였다. 많은 저자들이 그렇게 한다: Mark Twain의 본명도 Samuel Clemens이다.

1. 탐구 개요 및 배경

① 식물의 성장 과정에도 어떤 규칙성이 있는가?

② 동물의 번식 과정에도 어떤 규칙성이 있는가?

③ 계단 오르기 운동에도 어떤 규칙성이 있을까?

④ 자연 현상에 존재하는 여러 가지 규칙성을 알아보자.

⑤ 이 책은 우리가 잘 알고 있는 0, 1, 2, 3, 4, 5, 6, 7, 8, 9를 이용하는 아라비아 숫자를 서구 문화에 도입하는 데 매우 큰 영향을 미쳤다. 젊은 시절 여행 중에 알게 된 아라비아 숫자가 당시 유럽에 널리 이용되던 로마 숫자보다 우월하다고 생각하였다.

"48이 XLVIII 보다 훨씬 낫다."

⑥ 1220년경 피보나치의 명성은 과학을 장려한 로마 황제 프리드리히 Ⅱ세의 주목을 받아 수학경시대회에 참가하기 위해 그의 왕궁을 방문하기도 하였다. 그 문제들 중 하나는 다음과 같다:

"어떤 유리수의 제곱에 5를 더하거나 빼어도 여전히 각각 서로 다른 두 유리수의 제곱이 되는 그 어떤 유리수를 구하여라."

계산기나 컴퓨터의 도움 없이 피보나치는 정답 $\frac{41}{12}$을 구하였다.

$$\left(\frac{41}{12}\right)^2+5=\left(\frac{49}{12}\right)^2,\ \left(\frac{41}{12}\right)^2-5=\left(\frac{31}{12}\right)^2$$

⑦ 1611년 독일의 천문학자 Johann Kepler는 피보나치의 책을 읽었는지는 알 수 없지만, "5:8은 8:13과, 8:13은 13:21과 거의 같다."고 하였다.

⑧ 그 이후 2세기 동안 많은 수학자들이 그 수열을 연구하여 공식과 기능을 유도하고 문제를 해결하였다. 1830년경 A. Braun은 솔방울의 포엽 배열에서 피보나치 수를 찾았으며, 10년 뒤 J.P.M. Binet는 일반항을 구하였으며, 1800년대 중반에 산반서의 개정판이 출판되었다. 그 다음에 프랑스 수학자 Lucas가 그 수열을 피보나치 수열이라 하였다.

⑨ 1920년 옥스퍼드대학교 식물학자 Church가 해바라기 씨앗의 나선에서 피보나치 수를 찾은 다음, 많은 식물학자들이 피보나치 수 찾기에 나섰다. 1930년대에는 음악의 작곡, 주식 시장에도, 1960년대에는 캘리포니아의 산타클라라 수학자들이 학회를 창설하였으며, 1984년에 처음으로 국제학술회의가 그리스에서, 1986년에는 산호세 주립대학교에서, 3차 회의는 이탈리아의 피사에서 열렸다.

2. 준비 활동

탐구 문제 1 어떤 식물의 줄기에서 가지가 매년 다음과 같은 규칙을 가지고 뻗어난다고 한다. 가지가 뻗어나는 규칙은 무엇일까?

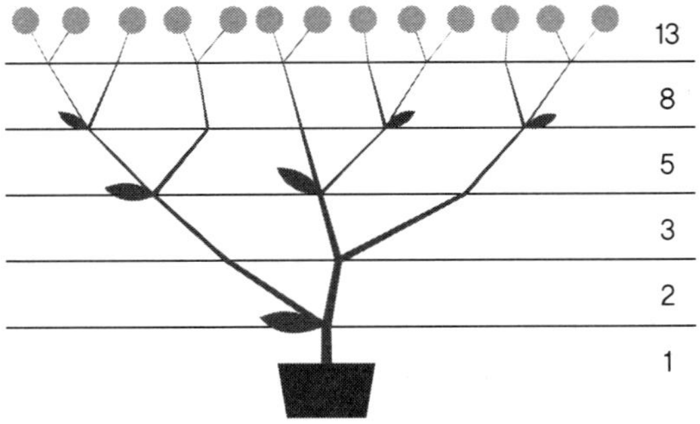

(규칙 1) 줄기의 개수가 그 다음 해 가지의 개수가 된다. (줄기에서 매년 가지가 뻗어난다.)

(규칙 2) 가지는 1년 후에 줄기가 되고 2년 후에 가지를 뻗어낸다.

① 1년 후에는 다음과 같다. 줄기와 가지는 각각 몇 개씩인가?

답 줄기 1, 가지 1

② 2년 후에는 다음과 같다. 줄기와 가지는 각각 몇 개씩인가?

답 줄기 2, 가지 1

③ 3년 후에는 다음과 같다. 줄기와 가지는 각각 몇 개씩인가?

답 줄기 3, 가지 2

④ 4년 후에는 다음과 같다. 줄기와 가지는 각각 몇 개씩인가?

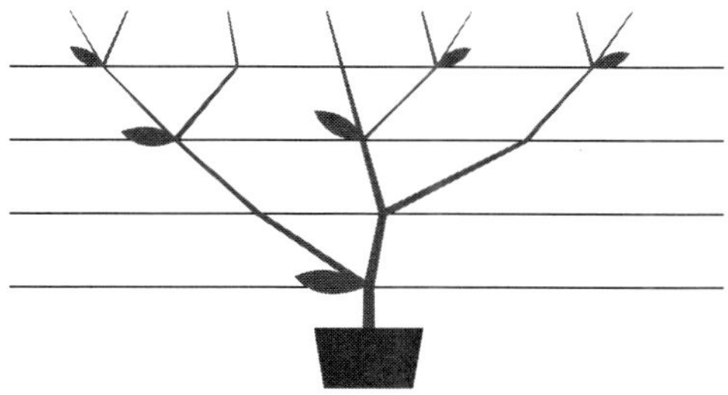

답 줄기 5, 가지 3

⑤ 5년 후에는 다음과 같다. 줄기와 가지는 각각 몇 개씩인가?

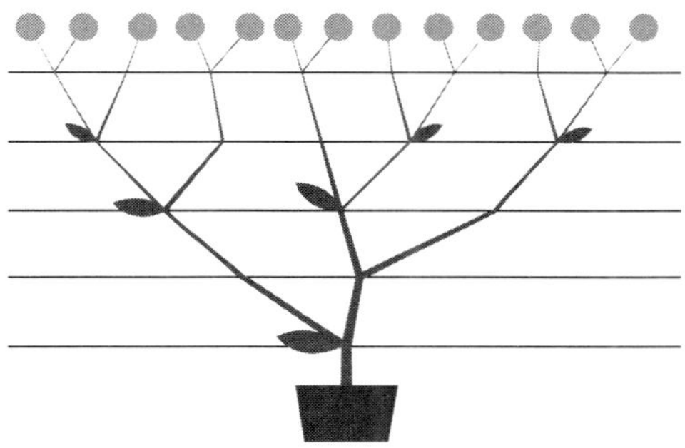

답 줄기 8, 가지 5

탐구 문제 2 토끼가 매월 다음과 같이 번식한다면 그 규칙성이 무엇인지 알아보자.

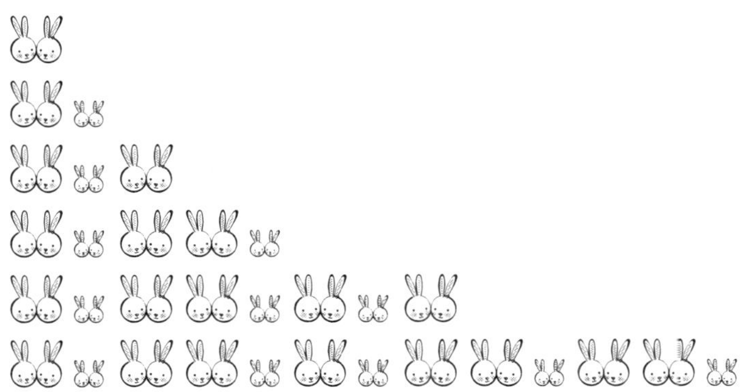

(규칙 1) 어미 토끼의 쌍의 개수가 다음 달의 새끼 토끼의 쌍의 개수가 된다. (어미 토끼가 다음 달에 새끼 토끼를 낳는다.)

(규칙 2) 새끼 토끼는 1개월 후에 어미 토끼가 되고 2개월 후부터 새끼 토끼를 낳는다.

① 1개월 후에는 다음과 같다. 어미 토끼와 새끼 토끼는 각각 몇 쌍인가?

답 어미 1, 새끼 1

② 2개월 후에는 다음과 같다. 어미 토끼와 새끼 토끼는 각각 몇 쌍인가?

답 어미 2, 새끼 1

③ 3개월 후에는 다음과 같다. 어미 토끼와 새끼 토끼는 각각 몇 쌍인가?

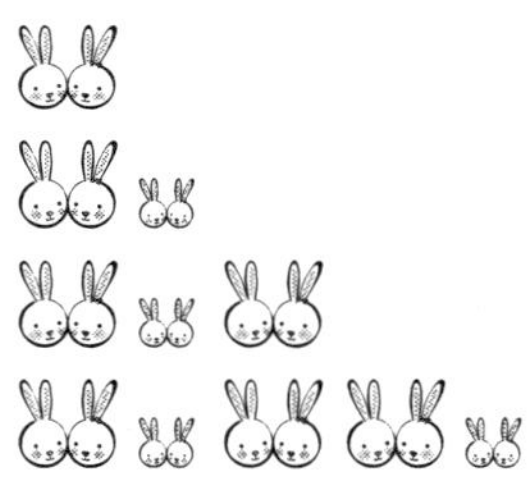

답 어미 3, 새끼 2

④ 4개월 후에는 다음과 같다. 어미 토끼와 새끼 토끼는 각각 몇 쌍인가?

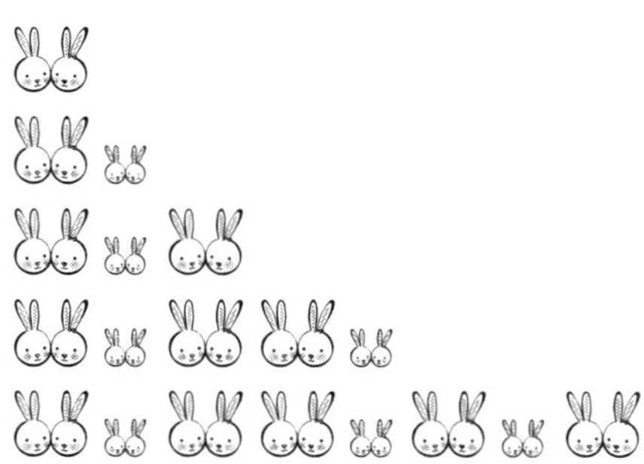

답 어미 5, 새끼 3

⑤ 5개월 후에는 다음과 같다. 어미 토끼와 새끼 토끼는 각각 몇 쌍인가?

답 어미 8, 새끼 5

3. 탐구 활동

탐구 문제 3 5개월 후의 토끼와 5년 뒤의 나무줄기 또는 가지를 서로 대응시킬 수 있는 규칙을 찾아보자.

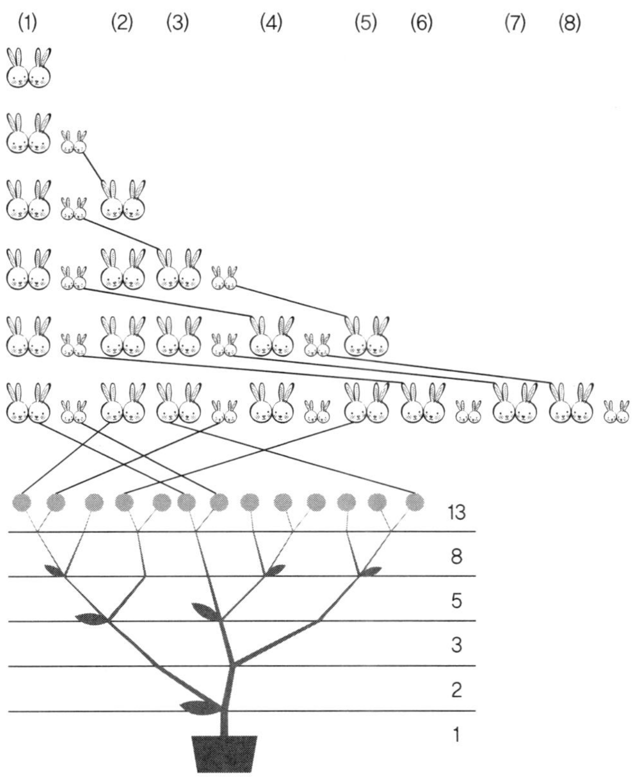

① 가지가 줄기가 된 것은 새끼가 어미가 된 것과 같다.

② 본 줄기는 나이가 가장 많은 토끼와 같다.

③ 어미 토끼들은 줄기와 대응시킬 수 있고 새끼 토끼는 가지와 대응시킬 수 있다.

④ 가지가 1년이 지나면 줄기가 되는 것처럼 새끼 토끼도 한 달이 지나면 어미 토끼가 된다.

⑤ 가지가 2년이 지나면 새로운 가지를 만드는 것처럼 새끼 토끼도 두 달이 지나면 새끼 토끼를 낳을 수 있다.

⑥ 처음부터 어미인 토끼는 가장 처음부터 줄기인 원줄기와 대응된다. 즉, 엄마 토끼는 줄기, 아기 토끼는 새로 나온 가지와 같다. 가지도 나중에 줄기가 되는 것처럼 아기 토끼도 나중엔 부모 토끼가 된다.

⑦ 가장 늦게 태어난 토끼는 가장 늦게 뻗은 가지와, 가장 빨리 태어난 토끼는 가장 빨리 뻗은 줄기와 대응되어야 한다.

4. 심화 활동

탐구 문제 4 식물의 성장 규칙을 다음과 같이 나타낼 수 있다. 줄기를 S, 가지를 b라 할 때 식물이 성장하는 규칙성을 알아보기 위해 다음과 같이 표를 만들 수 있다.

① 매년 나무줄기와 가짓수의 합을 구하는 규칙은 무엇일까?

답 $a_{n-1}+a_n = a_{n+1}$ $(n\geq 2)$,
$a_1 = 1,\ a_2 = 1$

② 10년 후의 나무줄기와 가짓수의 합은 얼마일까?

몇 년 후	S	S	b	S+b
1	Sb	1	1	2
2	SbS	2	1	3
3	SbSSb	3	2	5
4	SbSSbSbS	5	3	8
5	SbSSbSbSSbSSb	8	5	13
6	SbSSbSbSSbSSbSbSSbSbS	13	8	21
7		21	13	34

8		34	21	55
9		55	34	89
10		89	55	144

답 144

탐구 문제 5 토끼의 번식 규칙을 다음과 같이 나타낼 수 있다. 어미토끼 한 쌍을 R, 새끼 토끼 한 쌍을 r이라 할 때 토끼가 번식하는 규칙성을 알아보기 위해 다음과 같이 표를 만들 수 있다.

① 매월 토끼의 마릿수를 구하는 규칙은 무엇일까?

답 $a_{n-1}+a_n = a_{n+1}$ $(n\geq 2)$,
$a_1 = 1,\ a_2 = 1$

② 10개월 후의 토끼의 수는 얼마일까?

개월 후	R	R	r	R+r
1	Rr	1	1	2
2	RrR	2	1	3
3	RrRRr	3	2	5
4	RrRRrRrR	5	3	8
5	RrRRrRrRRrRRr	8	5	13
6	RrRRrRrRRrRRrRrRRrRrR	13	8	21
7		21	13	34
8		34	21	55
9		55	34	89
10		89	55	144

답 144

5. 탐구 문제

탐구 문제 1 한 번에 한 계단 또는 두 계단을 오를 수 있는 어린이가 다음과 같은 계단을 오를 수 있는 서로 다른 방법은 각각 몇 가지일까?

① 계단이 하나일 때

답 1

② 계단이 둘일 때

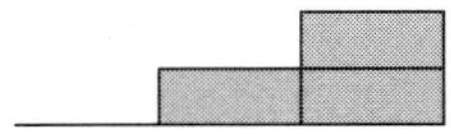

답 2

③ 계단이 셋일 때

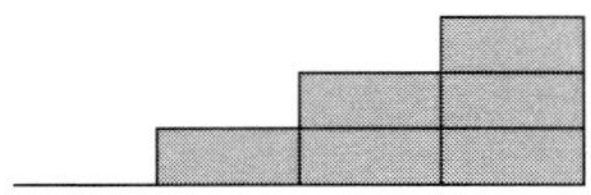

답 3

④ 계단이 넷일 때

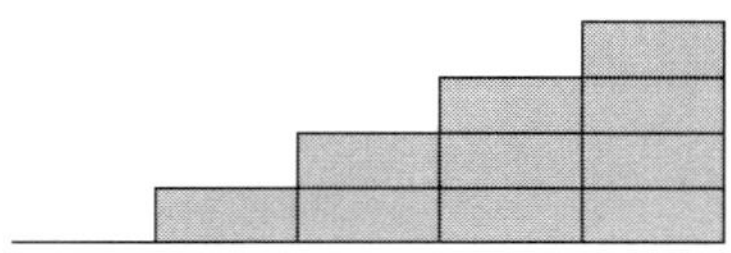

답 5

⑤ 계단이 다섯일 때

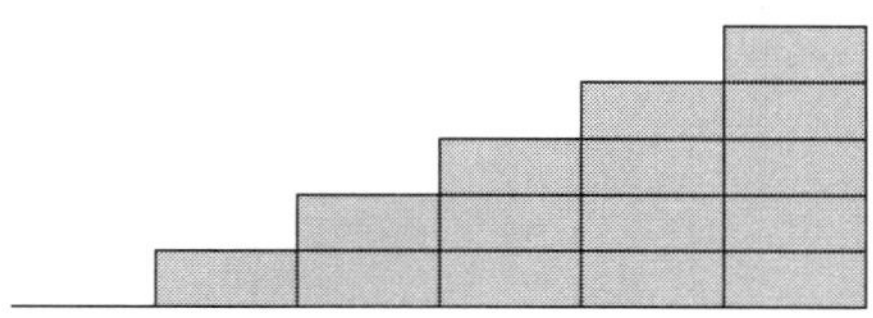

답 8

(규칙 1) 토끼 수열(피보나치 수열)과 같이 앞 수와 앞앞 수의 합을 구하면 그 다음 오를 수 있는 가짓수가 나온다. 저번과 저저번의 가능한 가지 수를 더하면 이번 가능한 가지 수가 나온다.

(규칙 2) 한 계단씩 가는 방법은 어미 토끼, 줄기, 두 계단씩 가는 방법은 새끼 토끼, 가지에

대응한다.

탐구 문제 2 국립공원 탐방 또는 등산 체험 보고서 해석하기

포트폴리오 해석	국립공원 탐방 또는 등산 체험 보고서 해석하기	학년 반 번호 이름:

1. 꽃잎의 개수 조사

꽃잎의 수	꽃의 종류
2	등대풀
3	물양귀비, 붓꽃, 아이리스, 백합화
5	무궁화, 나팔꽃, 동백, 패랭이꽃, 채송화, 애기미나리아재비, 야생장미
8	코스모스, 양귀비, 참제비고깔, 기생포
13	금잔화, 사네라리아
21	마거리트(구절초), 치커리, 샤스타데이지, 해바라기, 에스터
34	제충국, 데이지, 해국, 질경이
55	쑥부쟁이, 국화

화이트칼라 백합(1장)

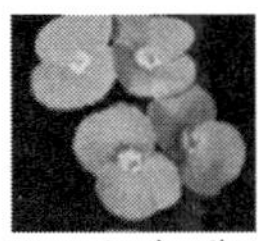
등대풀(2장)

붓꽃(3장)

동백(5장)

모란(9장)

금불초(13장)

치커리(2장)

데이지(13장)

2. 솔방울의 나선의 수 조사

3. 해바라기꽃 씨앗의 나선의 수 조사

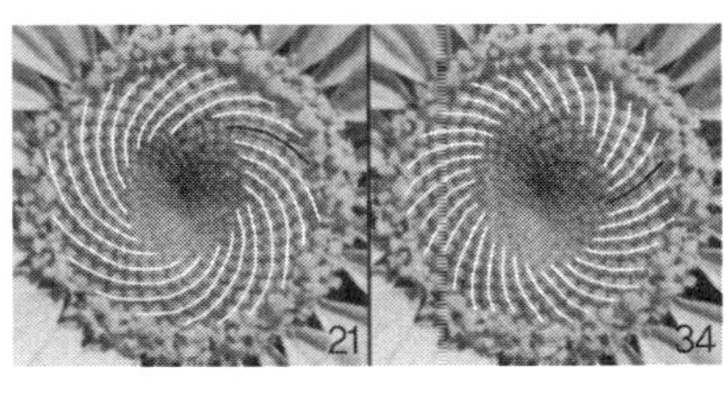

공원 탐방 또는 등산 체험 보고와 해석

철쭉 5개, 솔방울 나선 13개, 들꽃 5개, 씀바귀 21

1. 정말 재미있었고 또 나가서 수업하고 싶었다.
2. 꽃들이 별로 없어서 아쉬웠지만, 야외 활동을 하여 지루한 것이 없어서 정말 좋고 공기도 좋고 시설도 좋으니 정말 재미있고 좋았다.

6. 평가 기준과 문제 만들기

① 식물의 성장 규칙과 토끼의 번식 규칙을 잘 이해하는가?

② 식물의 성장 규칙, 토끼의 번식 규칙, 계단 오르기 규칙성의 관련성을 잘 이해하는가?

③ 등산 및 공원 체험 보고용 포트폴리오 작성과 해석을 잘 할 수 있는가?

다음 문제를 풀고 이와 유사한 문제를 만들어 보시오.

〈문제 1〉 한 걸음에 1계단 또는 2계단을 올라갈 수 있는 사람이 있을 때, 다음 물음에 답하시오.

① 다음 표와 같이 계단의 개수가 각각 1, 2, 3, 4, 5, 6, 7, 8, 9, 10, 12, 15일 때 그 계단을 올라갈 수 있는 서로 다른 방법의 수를 구하시오.

계단의 개수	1	2	3	4	5	6	7	8	9	10	…	12	…	15
서로 다른 방법	1	2	3								…		…	

② 이 문제를 풀기 위한 어떤 규칙성이 있다면 무엇인지 설명하시오.

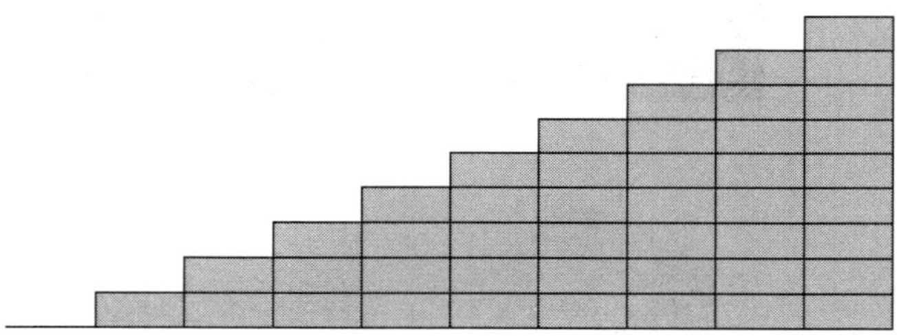

③ 15번째 계단까지 가는 서로 다른 방법의 수를 알려면 몇 번째 계단까지 가는 방법의 수를 알아야 할까요? 그 이유는 무엇일까요?

답

①

계단의 개수	1	2	3	4	5	6	7	8	9	10	…	12	…	15
서로 다른 방법	1	2	3	5	8	13	21	34	55	89	…	233	…	987

② 이웃하는 두 항의 합은 그 다음 항을 결정한다. (피보나치 수열의 규칙성)

③ 14번째 계단까지 가는 방법과 13번째 계단까지 가는 방법의 수를 알아야 하고 이들의 합이 곧 15번째 계단까지 가는 서로 다른 방법의 수이다. 그 이유는 이들 두 가지 각각의 경우에서 단번에 1계단 또는 2계단을 감으로써 15번째 계단까지 갈 수 있기 때문이다.

〈문제 2〉 아래에 있는 각각의 전개도를 접으면 주사위가 됩니다. 그런데 각 경우마다 세 개의 숫자가 빠져있습니다. 주사위에서 서로 마주보는 면에 있는 숫자들의 합이 7이 되도록 숫자를 써 넣으세요.

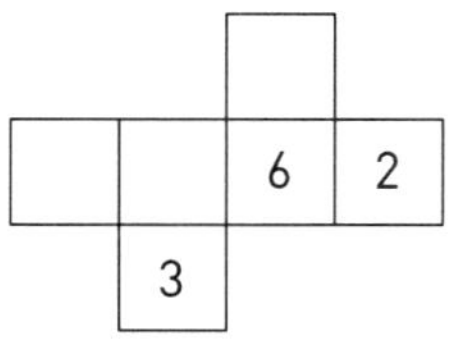

(a)

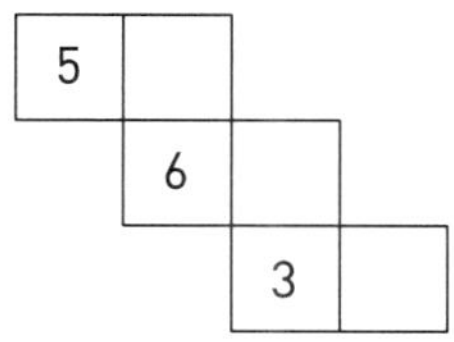

(b)

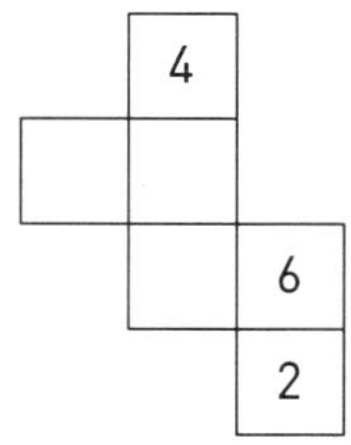

(c)

답

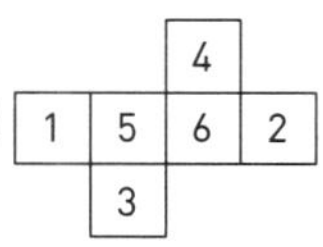

(a)

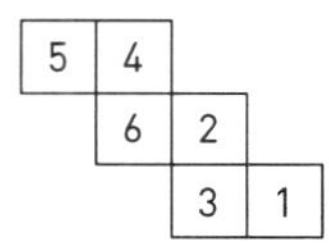

(b)

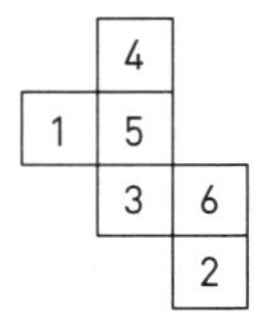

(c)

〈문제 3〉 주사위에는 마주보는 면의 두 수의 합이 7이 되도록 숫자가 쓰여 있습니다. 오른쪽의 주사위를 만들 수 있는 전개도는 어느 것일까요? (전개도를 직접 만들어 접어본다면 쉽지만 만들지 말고 그냥 답해보세요.)

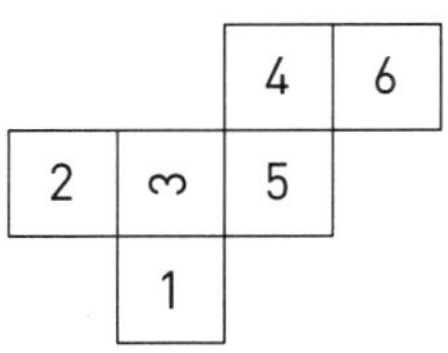

(1)

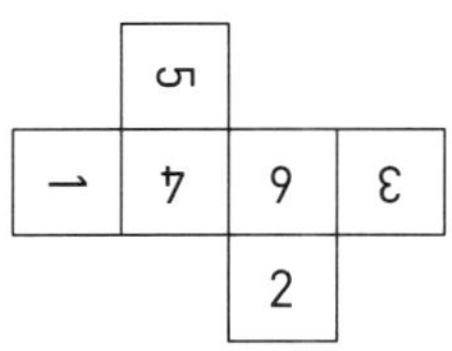

(2)

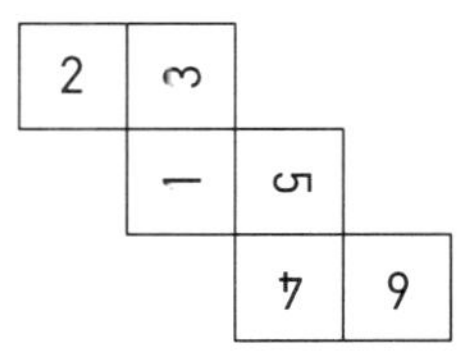

(3)

답 세 번째 (첫 번째는 3, 6이 틀림, 두 번째는 1이 거꾸로)

〈문제 4〉 다음 식에서 서로 다른 문자는 다른 숫자를 나타내고, 같은 문자는 같은 숫자를 나타낸다. 각 문자는 0 또는 1에서 9까지의 자연수를 나타낸다고 할 때, 알맞은 덧셈 식을 16개 찾으시오.

$$\begin{array}{r} \text{T E N} \\ +\ \text{T E N} \\ \hline \text{W I T} \end{array}$$

271+271 = 542	231+231 = 462	281+281 = 562	291+291 = 582
206+206 = 412	216+216 = 432	236+236 = 472	286+286 = 572
452+452 = 904	432+432 = 864	482+482 = 964	407+407 = 804
457+457 = 914	417+417 = 834	467+467 = 934	427+427 = 854

답 T는 짝수이고 100의 자리에서 자리올림이 없으므로 4 이하의 수이다. 그러므로, 2 또는 4이다.

1. 먼저 T = 2인 경우, N = 1 또는 6

(1) T = 2, N = 1인 경우 I는 짝수이다.

① I = 0인 경우 E = 5이고 W = 5가 되어 모순

② I = 2가 될 수 없다. (T = 2이므로)

③ I = 4인 경우 E = 7, W = 5 271+271=542

④ I = 6인 경우 E = 3, W = 4 또는 E = 8, W = 5 231+231 = 462, 281+281 = 562

⑤ I = 8인 경우 E = 9, W = 5 291+291 = 582

(2) T = 2, N = 6인 경우 I는 홀수이다.

① I = 1인 경우 E = 0이고 W = 4 206+206 = 412

② I = 3인 경우 E = 1이고 W = 4 216+216 = 432

③ I = 5일 수는 없다. (E = 2일 수 없기 때문)

④ I = 7인 경우 E = 3, W = 4 또는 E = 8, W = 5 236+236 = 472, 286+286 = 572

⑤ I = 9인 경우 E = 4, W = 4 모순

2. 다음으로 T = 4인 경우, N = 2 또는 7

(1) T = 4, N = 2인 경우 I는 짝수이다.

① I = 0인 경우 E = 5이고 W = 9 452+452 = 904

② I = 2가 될 수 없다. (N = 2이므로)

③ I = 4가 될 수 없다. (T = 4이므로)

④ I = 6인 경우 E = 3, W = 8 또는 E = 8, W = 9 432+432 = 864, 482+482 = 964

⑤ I = 8인 경우 E = 4 또는 E = 9이다. E = 4가 될 수 없고, E = 9인 경우 W = 9가 되어 모순

(2) T = 4, N = 7인 경우 I는 홀수이다.

① I = 1인 경우 E = 0, W = 8 또는 E = 5, W = 9 407+407 = 804, 457+457 = 914

② I = 3인 경우 E = 1, W = 8 또는 E = 6, W = 9 417+417 = 834, 467+467 = 934

③ I = 5인 경우 E = 2, W = 8 　　　　427+427 = 854

④ I = 7이 될 수 없다. (N = 7이므로)

⑤ I = 9인 경우 E = 4 또는 E = 9가 되어야 하는데 이는 모순

〈문제 5〉 다음은 가로와 세로의 길이가 1인 정사각형을 일곱 조각으로 자른 칠교판이다.

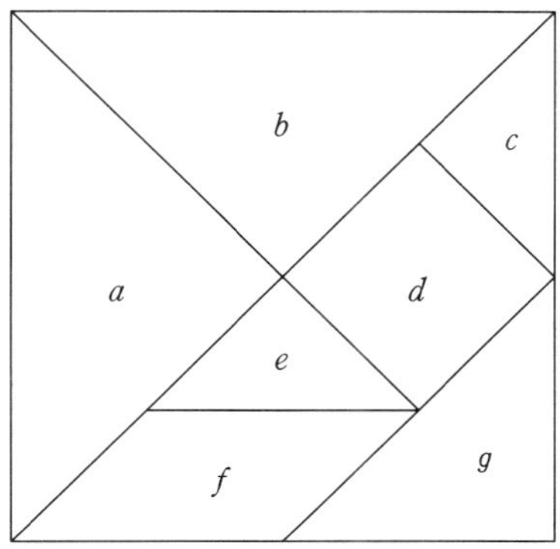

① 일곱 개의 도형 a, b, c, d, e, f, g의 크기를 각각 분수로 나타내어보시오.

② 서로 크기가 같은 도형을 찾아보시오.

제04장

14면체 주사위 목제주령구와 문제 만들기

안압지는 삼국을 통일한 신라 30대 문무왕 674년에 신라 왕궁 안에 만들어 놓은 연못이다. 목제 주령구는 안압지 서북쪽 호안 석축에서 동으로 165*cm* 되는 지점인 바닥 갯벌 층에서 출토된 주사위이다. 이는 잔치 때 흥을 돋우는 놀이구의 일종으로, 이것을 굴려 위로 향하는 면의 내용에 따라 행동을 하도록 되어 있다. 이 주사위에 얽힌 여러 가지 수학 개념들을 탐구하도록 한다.

1. 탐구 개요 및 배경

14면체 주사위는 한 변의 길이가 2.5*cm*인 정사각형이 6면, 2.5×0.8*cm*인 6각형이 8면으로 기하학적인 조화를 이루었으며 그 크기도 손에 알맞게 아담하며(높이 4.8*cm*), 재질은 참나무이다.

① 정다면체 주사위의 전개도를 그려봄으로써 본 주제의 탐구에 도움이 되는 정보를 미리 탐구하도록 한다.

② 정다면체의 종류와 그 특성들을 탐구한다.

③ 14면체 주사위의 특성과 제조 과정에 대하여 탐구한다.

④ 전개도를 이용하여 실제로 14면체 주사위를 만들어 본다.

⑤ 14면체 주사위에 새길 문제를 만들어 나만의 14면체 주사위를 만들어본다.

준비물

· 목제주령구, 가위, 스카치테이프, A4용지

2. 준비 활동

(1) 다음 정다면체의 전개도를 가능한 여러 가지 그려보자.

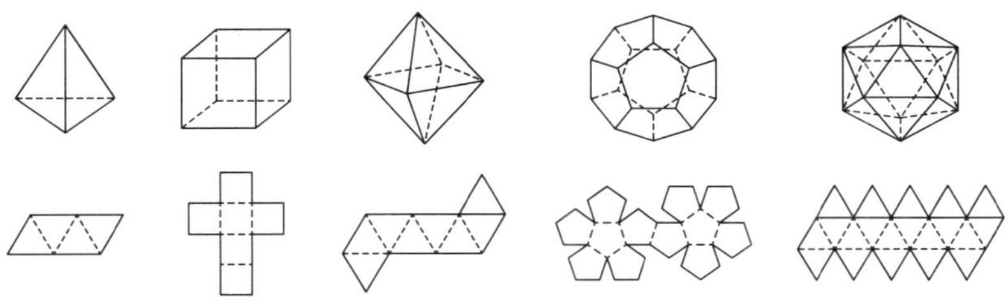

정사면체 정육면체 정팔면체 정십이면체 정이십면체

① 정사면체

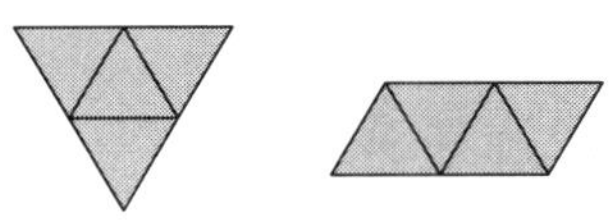

② 정육면체

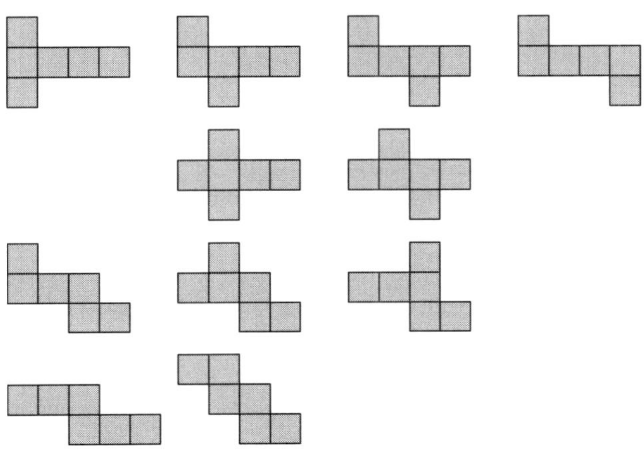

③ 정팔면체

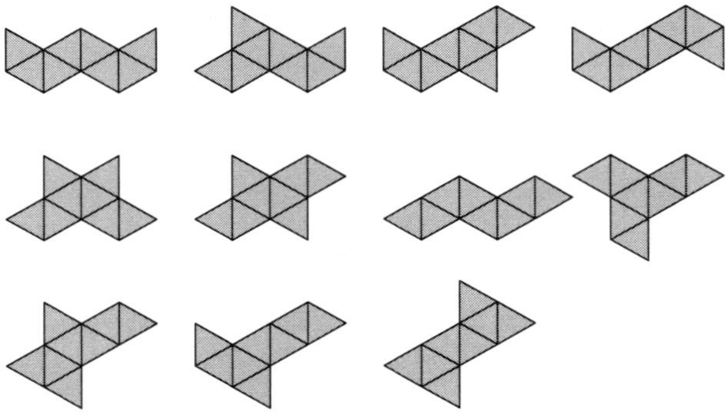

④ 정십이면체

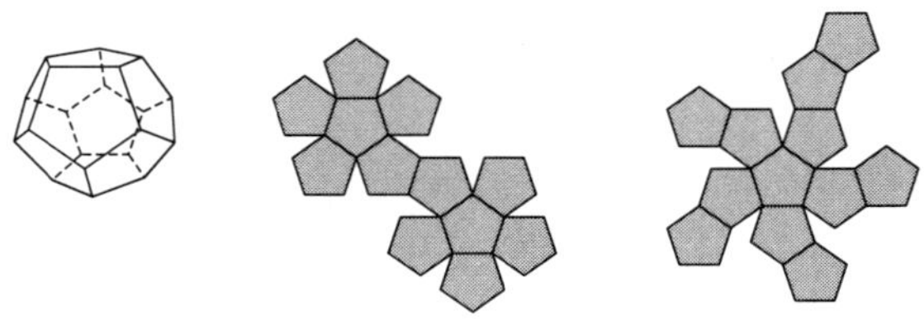

⑤ 정이십면체

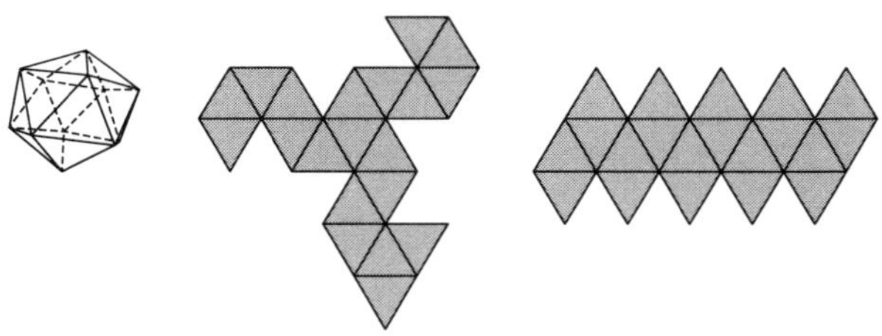

(2) 정다면체의 종류는 이와 같이 다섯 가지뿐이다. 그 이유를 알아보자.

정다면체란 정다각형면으로 만들어지고 모든 꼭짓점에 맞닿는 면의 개수가 같은 입체도형을 말한다. 따라서 다음 5가지밖에 없다.

풀이 (1) 정삼각형: 한 내각이 60°이므로 한 꼭짓점에 맞닿는 면이 3, 4, 5개까지 가능(6개는 평면)

(2) 정사각형: 한 내각이 90°이므로 한 꼭짓점에 맞닿는 면이 3개까지 가능(4개는 평면)

(3) 정오각형: 한 내각이 108°이므로 한 꼭짓점에 맞닿는 면이 3개까지 가능(4개는 평면 초과)

(4) 정육각형부터는 360° 초과로 불가

3. 탐구 활동

(1) 주사위를 굴려 다음 게임을 해보자.

1) 4각형면

①금성작무(禁聲作儛): 소리 없이 춤추기, dancing silently.

②유범공과(有犯空過): 덤벼드는 사람이 있어도 가만히 있기

③음진대소(飮盡大咲): 다 마시고 크게 웃기

④중인정비(衆人打鼻): 여러 사람이 코 때리기

⑤자창자음(自唱自飮): 스스로 노래 부르고 스스로 마시기

⑥삼잔일거(三盞一去): 술 석잔 한 번에 마시기

2) 육각형면

⑦곡비즉진(曲臂卽盡): 팔뚝을 구부려 다 마시기

⑧농면공과(弄面孔過): 얼굴을 간질여도 꼼짝 않기

⑨임의청가(任意請歌): 누구에게나 마음대로 노래 청하기

⑩월경일곡(月鏡一曲): 월경 한 곡조 부르기

⑪자창괴래만(自唱 (忄左) 來晩): 스스로 괴래만(노래 이름)을 부르기

⑫공영시과(空詠詩過): 시 한 수 읊기

⑬양잔즉방(兩盞則放): 술 두 잔이면 쏟아버리기

⑭추물막방(醜物莫放): 더러운 물건을 버리지 말기

(2) 한 변의 길이가 2.5*cm*인 정사각형이 6면, 2.5×0.8*cm*인 6각형이 8면으로 기하학적인 조화를 이루었으며 그 크기도 손에 알맞게 아담하며(높이 4.8*cm*), 재질은 참나무이다. 각 면의 넓이를 계산해보고 각 면이 나올 가능성이 같을지를 추측해보자.

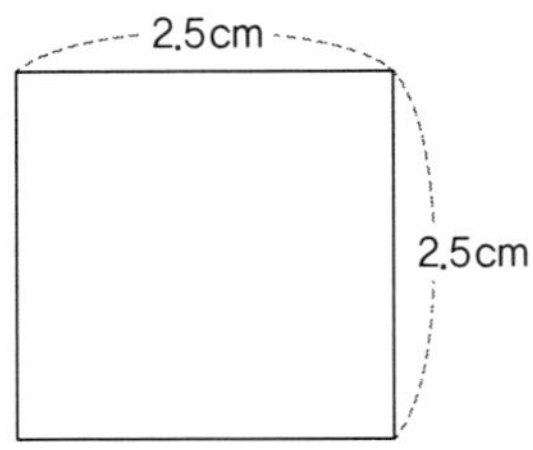

정사각형 모양의 면

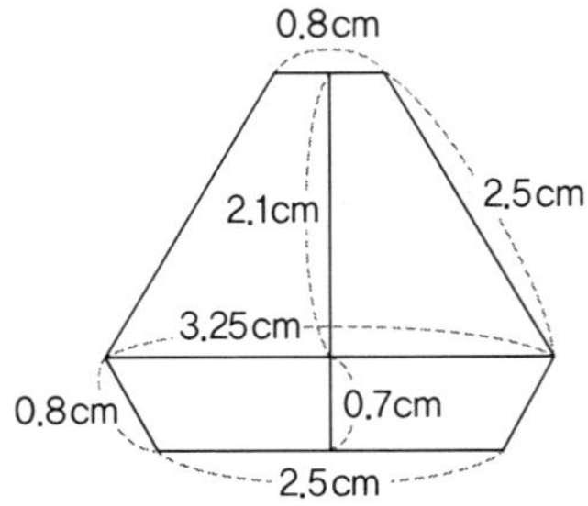

육각형 모양의 면

(3) 실험해보자.

	①	②	③	④	⑤	⑥	⑦	⑧	⑨	⑩	⑪	⑫	⑬	⑭	**합계**
학생 1	10	7	8	6	5	9	3	2	5	2	3	5	3	2	70
학생 2	5	5	5	5	8	4	5	5	5	5	4	5	3	6	70
학생 3	3	5	5	3	12	7	12	6	3	6	3	5	3	7	80
학생 4	5	5	14	6	10	4	1	5	1	8	2	4	3	1	69
학생 5	9	6	7	4	1	5	5	5	5	4	3	3	7	6	70
학생 6	5	9	5	6	9	8	3	3	5	3	3	6	4	2	71
학생 7	3	7	6	8	8	4	2	9	6	2	6	0	5	5	71
학생 8	11	11	4	4	3	8	3	2	5	2	0	7	7	6	73
학생 9	12	6	4	5	9	4	2	2	2	5	9	5	4	1	70
학생 10	10	5	7	4	7	6	1	2	4	7	6	1	5	5	70
학생 11	10	17	8	12	8	4	3	6	12	4	4	4	3	7	102
학생 12	9	11	4	4	6	8	2	2	4	10	3	2	4	1	70
학생 13	5	12	3	7	4	4	4	5	5	3	4	6	6	3	71
학생 14	6	7	4	5	5	4	8	1	10	8	5	6	6	7	82
학생 15	2	8	2	5	7	3	5	4	2	10	7	4	5	6	70
학생 16	4	7	5	4	7	6	2	3	4	2	4	8	8	6	70
학생 17	6	9	3	6	5	6	5	5	6	7	5	4	3	4	74
학생 18															
학생 19	5	4	6	5	6	7	3	6	3	4	5	4	5	5	68
학생 20	6	8	5	3	8	4	1	3	8	5	5	2	6	6	70
합계	126	149	105	102	128	105	70	76	95	97	81	81	90	86	1391
확률	0.0905	0.1071	0.0754	0.0733	0.0905	0.0754	0.0503	0.0546	0.0682	0.0697	0.0582	0.0582	0.0647	0.0618	0.0714

4. 심화 활동

⑴ 이 주사위는 어떻게 만들었을지에 대한 생각을 밝혀보자.

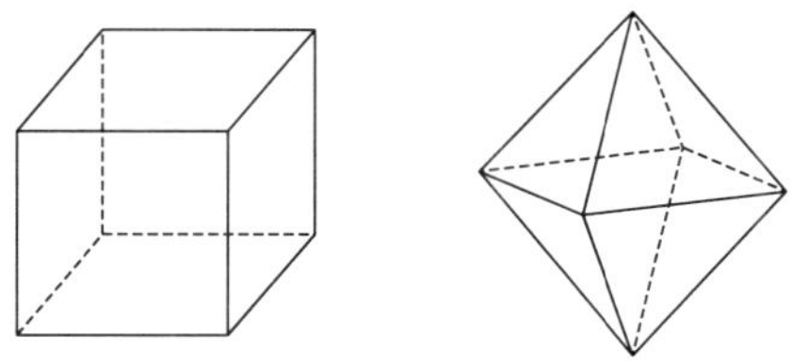

답 정육면체나 정8면체로부터 만들었다.

⑵ 전개도를 그려 이 목제주령구를 만들어보자.

5. 탐구 문제

14면체 주사위에 새길 문제를 만들어 나만의 14면체 주사위를 만들어보자.

1) 4각형면

① 금성작무 ⇨

② 유범공과 ⇨

③ 음진대소 ⇨

④ 중인정비 ⇨

⑤ 자창자음 ⇨ 주사위의 전개도

⑥ 삼잔일거 ⇨

2) 육각형면

⑦ 곡비즉진 ⇨

⑧ 농면공과 ⇨

⑨ 임의청가 ⇨

⑩ 월경일곡 ⇨

⑪ 자창괴래만 ⇨

⑫ 공영시과 ⇨

⑬ 양잔측방 ⇨

⑭ 추물막방 ⇨

사례 1

① 금성작무 ⇨ 이차방정식이 서로 다른 근 2개를 가질 때, 판별식 D는?

② 유범공과 ⇨ $\sin 180°$는?

③ 음진대소 ⇨ $\sin(\alpha\pm\beta)$는?

④ 중인정비 ⇨ $\cos(\alpha\pm\beta)$는?

⑤ 자창자음 ⇨ $y=x^2-30x+97$에서 축의 방정식과 꼭짓점은?

⑥ 삼잔일거 ⇨ $x^2-1\leq 0$에서 x의 범위는?

⑦ 곡비즉진 ⇨ $x^3-3x^2+3x-1=0$에서 x의 해는?

⑧ 농면공과 ⇨ $n=x^{30}$일 때, $x^{61}+x^{29}$을 n으로 나타내어라.

⑨ 임의청가 ⇨ 집합에서 $A-B$를 다른 방법으로 나타내시오.

⑩ 월경일곡 ⇨ $\sqrt{x^2-6x-7}$이 실수일 때, x의 최댓값은?

⑪ 자창괴래만 ⇨ $x^2y=8$일 때, $2x+y$의 최댓값은?

⑫ 공영시과 ⇨ $a+b$ $\square$ $2\sqrt{ab}$에서 $\square$에 들어갈 부등호는?

⑬ 양잔측방 ⇨ $\sqrt{ab}$ $\square$ $\dfrac{2ab}{a+b}$에서 $\square$에 들어갈 부등호는?

⑭ 추물막방 ⇨ ⑫와 ⑬에서 등호가 성립하기 위한 조건은?

사례 2

① 금성작무 ⇨ $24\times y=x^2$일 때 가장 작은 y값과 x값을 구하시오.

② 유범공과 ⇨ 오른쪽 도형의 이름은?

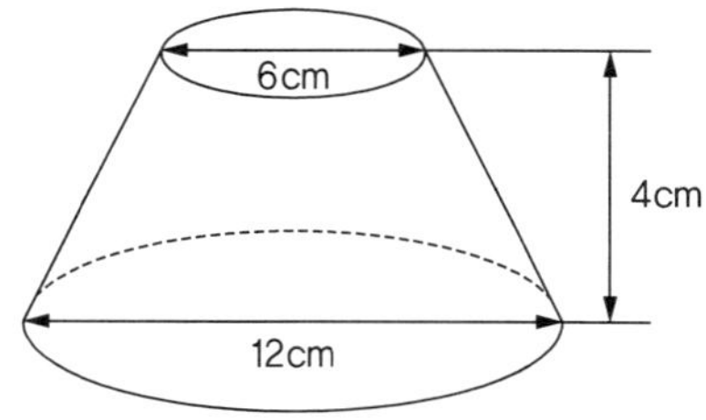

③ 음진대소 ⇨ 1, 2, 3, 4, 5, 6, 7, 8의 최소공배수는?

④ 중인정비 ⇨ 5, 9, 12, 17, 216, 112의 평균은(나누어떨어지지 않으면 반올림하여 자연수까지 나타냄)?

⑤ 자창자음 ⇨ 남학생 3명과 여학생 3명이 한 줄로 서려고 할 때 여학생 3명이 이웃하지 않는 경우는 몇 가지입니까?

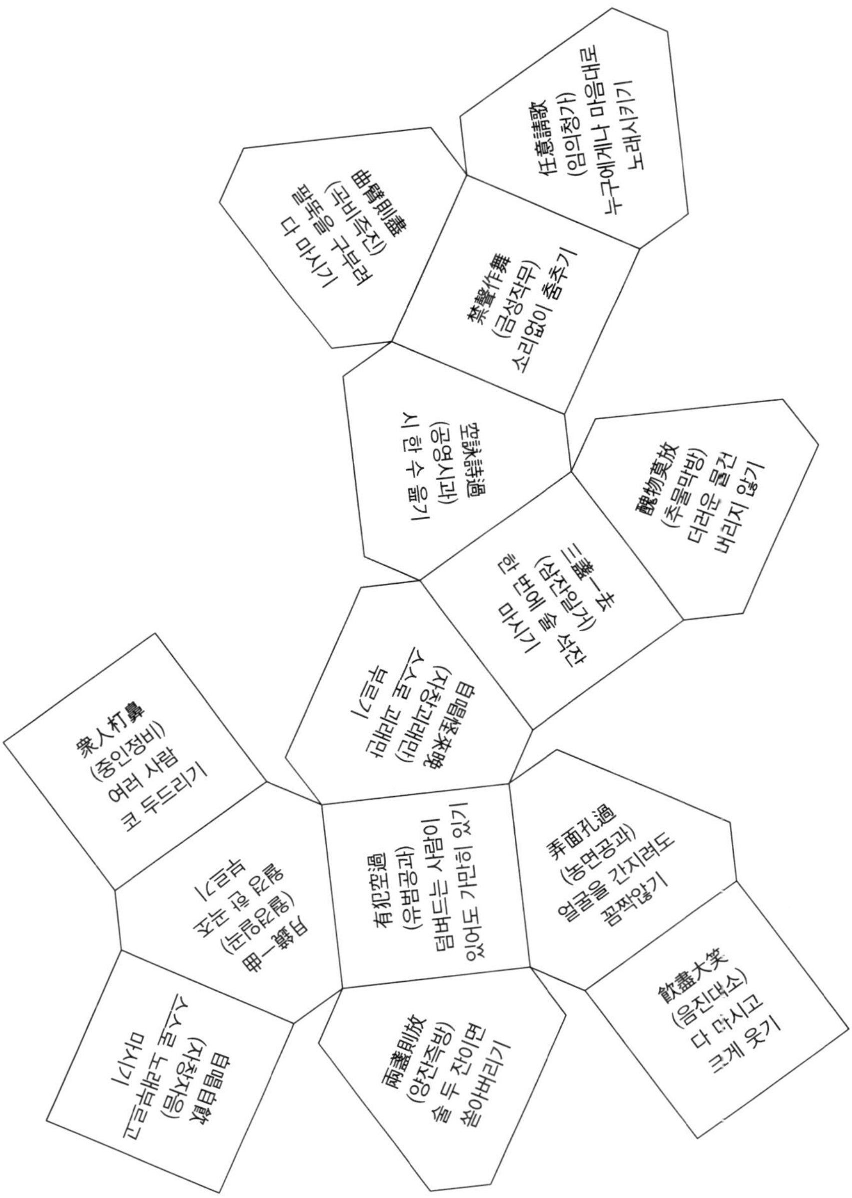

⑥ 삼잔일거 ⇨ 소인수분해의 뜻을 쓰세요.

⑦ 곡비즉진 ⇨ 2^{11}을 구하세요.

⑧ 농면공과 ⇨ $x \times y$가 120이고 그 두 수의 최소공배수가 30이면 최대공약수는?

⑨ 임의청가 ⇨ 1000의 약수의 개수는?

⑩ 월경일곡 ⇨ Korea를 5가지 서로 다른 색으로 한 알파벳씩 칠한다면 총 몇 가지인가요?

⑪ 자창괴래만 ⇨ 학교 전교생 중에 생일이 같은 사람이 4명 있다면 최소한 전교생은 몇 명인가요?

⑫ 공영시과 ⇨ $\left(-\frac{1}{3}\right)\times\left(-\frac{1}{3}\right)+\frac{1}{2}\times\frac{1}{3}-\frac{1}{4}$은?

⑬ 양잔즉방 ⇨ 피타고라스의 직각삼각형 정리를 푸시오.

⑭ 추물막방 ⇨ 수학자 7명을 쓰시오.

6. 평가 기준과 문제 만들기

① 정다면체의 전개도를 잘 그리는가?

② 정다면체가 5개뿐인 이유를 잘 아는가?

③ 14면체 주사위의 특성과 그 제조 과정에 대하여 깊이 있는 모색과 탐구를 하는가?

다음 문제를 풀고 이와 유사한 문제를 만들어 보자.

〈문제 1〉 정다면체의 종류 5가지를 들고, 정다면체가 이와 같이 다섯 가지뿐인 이유를 설명하시오.

〈문제 2〉 다음과 같은 정육면체가 있다. 다음 물음에 답하시오.

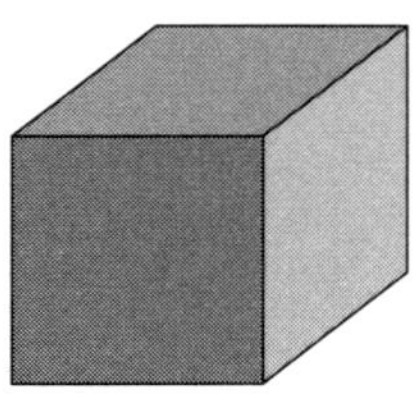

① 정육면체에서 이웃하는 두 면에 색을 다르게 칠하려면 최소한 몇 가지 색이 필요할까요?

답 3가지, 한 꼭짓점에 모이는 세 면의 색이 모두 달라야 하므로

② 네 가지 색 A, B, C, D 중에 세 가지만 사용하여 정육면체를 칠하는 방법은 몇 가지가 있을까요? (한 면은 한 가지 색으로 칠할 수 있고, 이웃하는 면은 반드시 다른 색으로 칠해야 합니다.) 그 이유는?

답 4가지(ABC, ABD, ACD, BCD)

③ 네 가지 색 A, B, C, D 모두 사용하여 정육면체를 칠하는 방법은 몇 가지가 있을까요? (한 면은 한 가지 색으로 칠할 수 있고, 이웃하는 면은 반드시 다른 색으로 칠해야 합니다.) 그 이유는?

답 6가지, 두 가지 색은 두 번씩, 두 가지 색은 마주보며 한 번씩

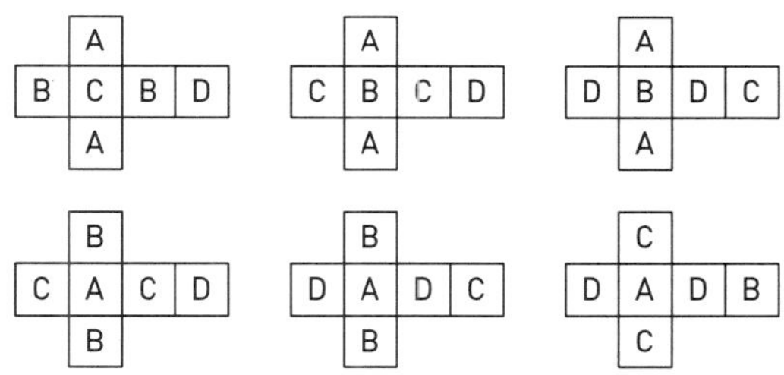

④ 하나의 정육면체를 똑같은 모양 두 개로 나누는 방법을 3가지 이상 나타내어 보세요.

답

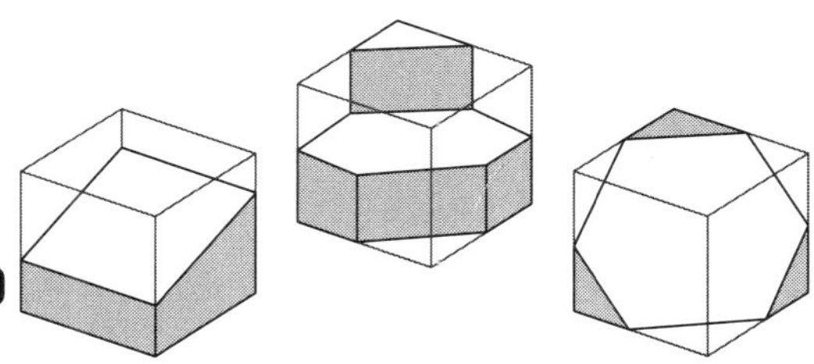

〈문제 3〉 정육면체 만들기

네 개의 정육면체로 (a)와 같은 모양 2개를 만들어보세요. 그것으로 (b)와 같은 가로세로 높이가 각각 2인 정육면체를 만들 수 있습니다. 이와 같이 정육면체 4개를 이어 붙여 정육면체 반쪽을 이루도록 만들 수 있는데, 위와 같은 모양이 두 개 더 있습니다. 그것을 찾아보세요.

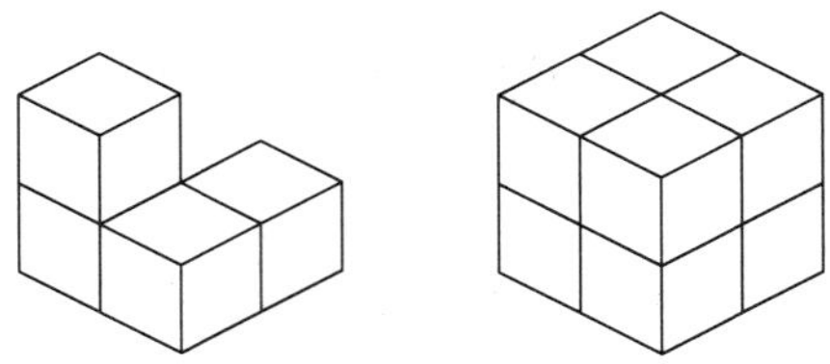

(a) (b)

답 4+4 2개 더, 7+1, 6+2, 5+3

〈문제 4〉 다음 그림은 가로, 세로 각각 7개의 점이 일정한 간격으로 찍혀 있는 7×7 점판입니다. 이 점판의 서로 다른 두 점을 연결하여 선분을 만들 때 그 길이가 서로 다른 것은 모두 몇 개일까요?

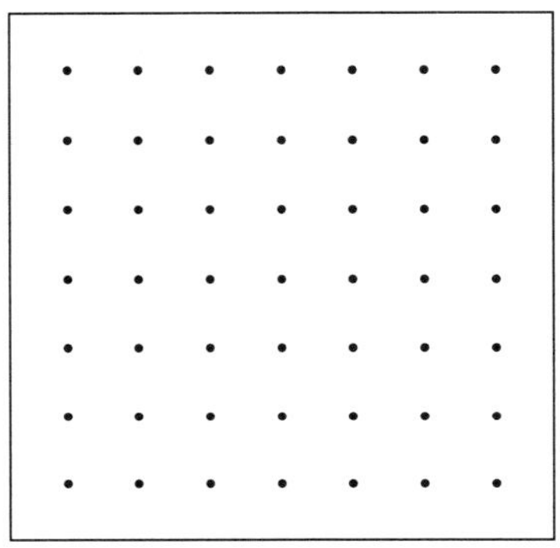

풀이 점 '가'에서 선분 '나다', '라마', '바사', '아자', '차카', '타파' 위의 각 격자점과 연결한 선분은 서로 길이가 다르다. 따라서, 2+3+4+5+6+7 = 27

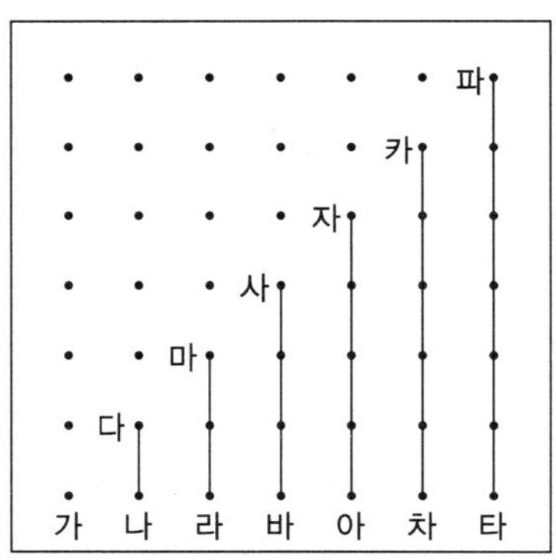

학생 탐구 사례

〈문제 1〉

정사면체, 정육면체, 정팔면체, 정십이면체, 정이십면체

한 꼭짓점에 모여야 하는 도형들의 각의 합은 360°이하이어야 하며 3개 이상이어야 한다. 그러기에 들어갈수 있는 도형은 삼각형, 사각형, 오각형이다. 삼각형은 3가지로 나누어 질 수 있다 3개일때, 4일때, 5개일때 (왜냐하면 삼각형의 한 각의 크기는 60°이며 360°가 되기 까지 5개가 가능하기 때문이다) 가 가능하다. 따라서 가능한 것은 이렇게 5가지 이다.

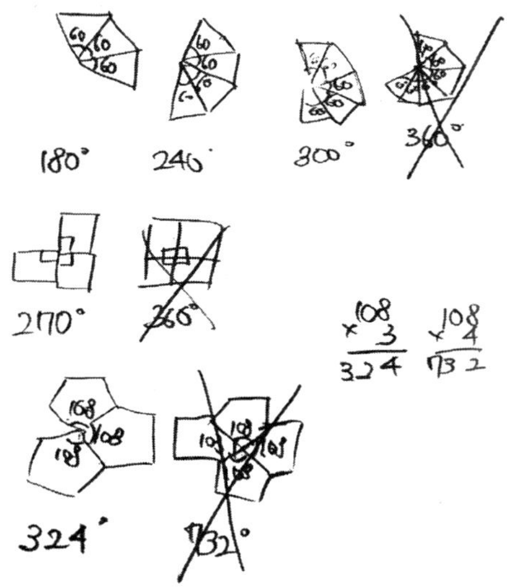

〈문제 2〉

(1) 정육면체에서 이웃하는 두 면에 색을 다르게 칠하려면 최소한 몇 가지 색이 필요할까요?

3가지 색

(2) 네 가지 색 A, B, C, D 중에 세 가지만 사용하여 정육면체를 칠하는 방법은 몇 가지가 있을까요? (한 면은 한 가지 색으로 칠할 수 있고, 이웃하는 면은 반드시 다른 색으로 칠해야 합니다.) 그 이유는?

4가지 중 3가지를 고르면 $\frac{4\times3\times2}{1\times2\times3}=4$ 4가지

(3) 네 가지 색 A, B, C, D 모두 사용하여 정육면체를 칠하는 방법은 몇 가지가 있을까요? (한 면은 한 가지 색으로 칠할 수 있고, 이웃하는 면은 반드시 다른 색으로 칠해야 합니다.) 그 이유는?

6가지

(4) 하나의 정육면체를 똑같은 모양 두 개로 나누는 방법을 3가지 이상 나타내어 보세요.

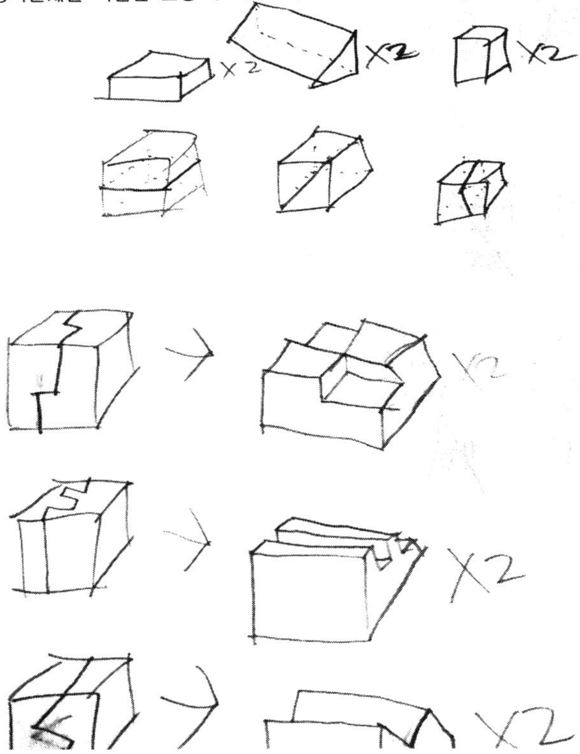

제05장

파스칼의 삼각형과 하노이 탑 문제

우리는 자연이나 사회적 현상에서 발생하는 규칙성을 파악하고 여러 가지 수학 개념들 간의 관계를 알아야 한다. 예를 들면, 하노이 탑 문제의 해결이나, 토끼의 번식 과정에서 피보나치수열의 개념을 이해한다거나 $4+5=9$의 덧셈식이 $9-5=4$라는 뺄셈식과 어떤 관계가 있는 지를 이해할 필요가 있다.

1								
1	1							
1	2	1						
1	3	3	1					
1	4	6	4	1				
1	5	10	10	5	1			
1	6	15	20	15	6	1		
1	7	21	35	35	21	7	1	
1	8	28	56	70	56	28	8	1

1 3 6 10

1. 탐구 개요 및 배경

일상생활이나 도형들이 증가하는 일정한 규칙성을 탐구해보고 이 규칙성을 어떠한 방식으로 나타낼 수 있는 지를 고민해본다. 유명한 수학자의 이름을 달고 있는 파스칼의 삼각형은 어떤 규칙성을 가지고 있는 지 탐구해보고, 또 이 파스칼의 삼각형이 가지고 있는 흥미로운 여러 가지 규칙성을 탐구함으로써, 유연하고 유창한 사고력을 기르는 계기로 삼는다. 뿐만 아니라 다른 사람들이 주로 제시하는 규칙성과는 다른 독특한 독창적인 사고 실험을 하는 계기로 삼는다.

① 여러 가지 도형의 패턴을 탐구한다.

② 파스칼의 삼각형은 어떤 경우에 만들어지는지 탐구한다.

③ 개방형 과제로서의 파스칼의 삼각형에 존재하는 여러 가지 규칙성을 탐구한다.

④ 하노이 탑 문제해결과정에서 여러 가지 문제해결 전략을 배운다.

⑤ 수학이란 자연 현상이나 사회적 현상 중에 발생하는 일정한 규칙성이나 패턴을 탐구하는 교과이다.

⑥ 수학의 특성을 잘 보여주는 하노이 탑 문제를 해결함에 있어서 여러 가지 문제해결 전략을 활용하는 기회를 갖게 한다.

준비물

· 개별 준비물: 하노이 탑 교구 1인당 1세트

2. 준비 활동

다음 도형들이 증가하는 규칙이 무엇인지를 찾아 빈 칸을 채우시오.

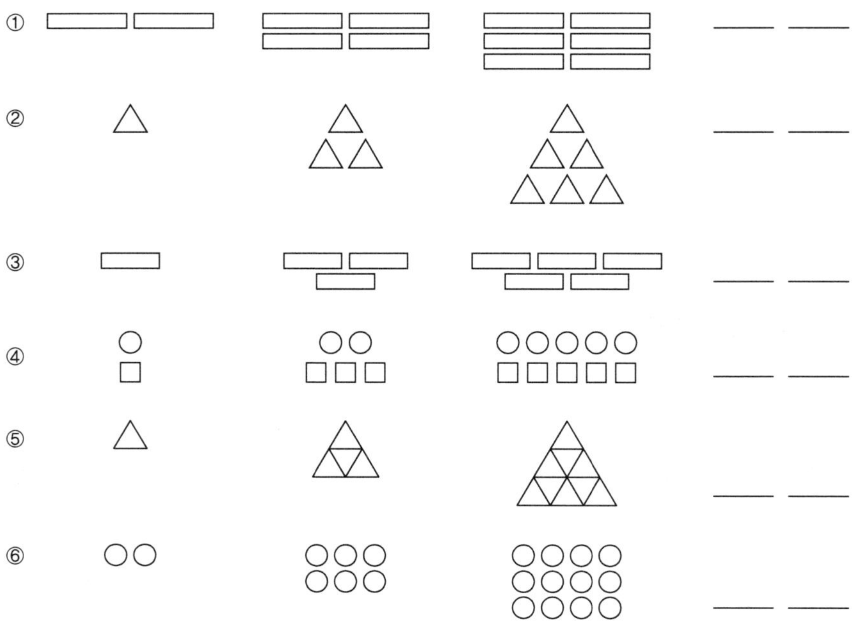

① 8, 10, 짝수, $a_n = 2n$

② 10, 15, 자연수의 합, $a_n = \frac{n(n+1)}{2}$

③ 7, 9, 홀수, $a_n = 2n-1$

④ 11, 14, 자연수와 홀수의 합, $a_n = n+(2n-1)$

⑤ 16, 25, 제곱수, $a_n = n^2$

⑥ 20, 30, 연속한 두 자연수의 곱, $a_n = n(n+1)$

3. 탐구 활동

다음 바둑판 모양의 길을 가는데 A에서 출발하여 오른쪽으로 가거나 아래쪽으로만 간다고 할 때 물음에 답하시오.

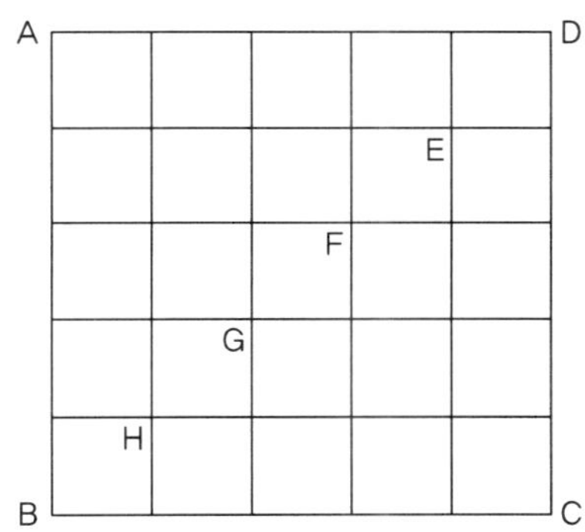

(1) A에서 B로 가는 최단경로의 수는 얼마인가?

답 1

(2) A에서 D로 가는 최단경로의 수는 얼마인가?

답 1

(3) A에서 E로 가는 최단경로의 수는 얼마인가?

답 5

(4) A에서 F로 가는 최단경로의 수는 얼마인가?

답 10

(5) A에서 G로 가는 최단경로의 수는 얼마인가?

답 10

(6) A에서 H로 가는 최단경로의 수는 얼마인가?

답 5

(7) A에서 C로 가는 최단경로의 수는 얼마인가?

답 252

(8) 파스칼의 삼각형이란 무엇인가?

답 (n줄 m칸) = ($n-1$줄 $m-1$칸)+($n-1$줄 m칸)이 이뤄지는 피라미드식 삼각형 형식의 수 배열,
${}_{n+1}C_r = {}_nC_{r-1} + {}_nC_r$,
위의 두 수를 합하면 아래 수가 된다. 양쪽 끝은 1이다. 이런 숫자가 있는 삼각형

4. 심화 활동

다음과 같은 수의 배열을 파스칼의 삼각형이라 한다. 이와 같은 배열이 계속된다고 할 때 가로줄, 세로줄, 대각선 등 다양한 방향으로의 수의 배열의 규칙성이 무엇인지를 가능한 많이 찾아보자.

```
1
1  1
1  2   1
1  3   3   1
1  4   6   4   1
1  5  10  10   5   1
1  6  15  20  15   6   1
1  7  21  35  35  21   7   1
1  8  28  56  70  56  28   8   1
1  9  36  84 126 126  84  36   9   1
1 10  45 120 210 252 210 120  45  10   1
–  –   –   –   –   –   –   –   –   –   –   –
```

⑴ 첫 번째 세로줄의 수들은 모두 1이다.

⑵ 가장 바깥쪽의 오른쪽 아래 방향의 대각선의 수들은 모두 1이다.

⑶ 왼쪽에서 두 번째 세로줄의 수들은 자연수이다.

⑷ 다음 그림을 참고로 어떤 규칙성을 찾아라.

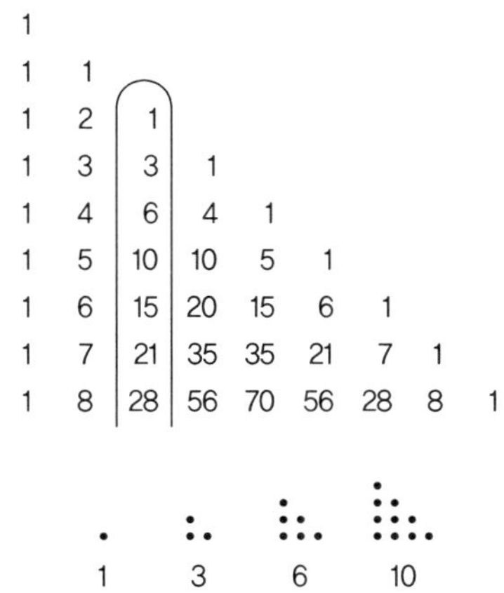

⑸ 다음 그림을 참고로 어떤 규칙성을 찾아라.

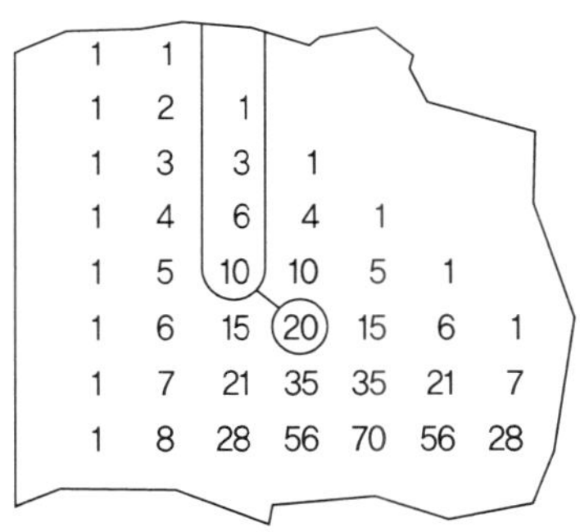

1+3+6+10 = 20

⑹ 다음 그림을 참고로 어떤 규칙성을 찾아라.

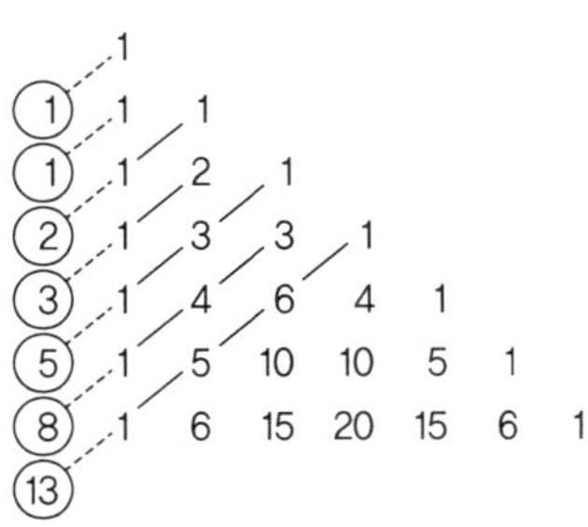

(7) 지금까지 자기가 발견한 규칙성을 다음과 같은 표로 작성하여라.

분류	번호	규칙성
세로줄	①	
	②	
	③	
	④	
	⑤	
	⑥	
	⑦	
가로줄	①	1 1 $= 11^1$
	②	1 2 1 $= 11^2$
	③	1 3 3 1 $= 11^3$
	④	1 4 6 4 1 $= 11^4$
	⑤	7행과 10행 $\frac{7}{1}\times\frac{6}{2}\times\frac{5}{3}\times\frac{4}{4}\times\frac{3}{5}\times\frac{2}{6}\times\frac{1}{7}$ 1 7 21 35 35 21 7 1
	⑥	10행 $\frac{10}{1}\times\frac{9}{2}\times\frac{8}{3}\times\frac{7}{4}\times\frac{6}{5}\times\frac{5}{6}\times\frac{4}{7}\times\frac{3}{8}\times\frac{2}{9}\times\frac{1}{10}$ 1 10 45 120 210 252 210 120 45 10 1
	⑦	
	⑧	
대각선	①	맨 왼쪽의 수에서 오른쪽 아래로 그린 대각선에 있는 수들의 합과 맨 마지막 수의 아래에 있는 수는 동일하다.
	②	
	③	
	④	
	⑤	

■ 세로줄

① 첫 번째 세로줄의 수들은 모두 1이다.

② 왼쪽에서 두 번째 세로줄의 수들은 자연수이다.

③ 두 번째 세로줄은 등차수열이며, 첫항은 1, 공차도 1이다.

④ 두 번째 세로줄의 (n번째 수)+(n+1번째 수)는 두 번째 세로줄의 (2n+1번째 수)와 일치한다.

⑤ 두 번째 세로줄부터 위에 있는 네 수의 합은 대각선의 수와 같다.

⑥ 위에서부터 n번째까지 더한 수의 합이 n번째 수의 남동쪽에 있는 수이다.

⑦ 어떤 수와 그 수의 왼쪽 수를 더하면 그 수의 아래쪽 수와 같다.

⑧ 모든 세로줄의 증가하는 수는 왼쪽 세로줄의 첫 번째 수를 제외한 수만큼씩 증가한다.

⑨ n번째 세로줄의 n번째 수는 $n-1$번째의 세로줄의 n+1번째 수보다 크다.

⑩ 왼쪽에서 세 번째 세로줄의 수들은 모두 삼각수이다.

⑪ 세 번째 세로줄은 자연수의 합이다.

⑫ 왼쪽부터 4번째 세로줄의 n번째 수는 (n의 제곱)+(그 줄의 $n-1$번째) 수이다.

⑬ 홀수 번째 수의 두 번째 수 곱하기 1, 곱하기 2, 곱하기 3, …한 것과 세 번째 수가 같다.

■ 가로줄

① 가로줄의 합은 2의 제곱수로 늘어난다.

② 모든 가로줄은 좌우 대칭형이다.

③ 가로줄의 숫자들을 반대로 써도 처음과 똑같다.

④ n번째 가로줄의 모든 수를 더하면 2의 ($n-1$)제곱이 된다.

⑤ 방향이 연속된 가로 수 2개를 더하면 가로 수 중 오른쪽에 있는 수 아래쪽 수와 같아진다.

⑥ 1로 시작해 1로 끝난다.

⑦ n번째 가로줄에 있는 수의 개수는 n개이다.

⑧ 각 가로줄은 가운데 수가 가장 크다.

⑨ n번째 가로줄의 각 수의 제곱의 합은 n번째 세로줄의 n번째 수와 같다.

⑩ $(x+y)^n$의 전개식의 계수들의 배열과 같다.

⑪ 가로 11번째 줄에서 왼쪽부터 순서대로 각 2개씩의 합은 11의 배수이다.

■ 대각선

① 가장 바깥쪽의 오른쪽 아래 방향의 대각선의 수들은 모두 1이다.

② 왼쪽 대각선상의 수들의 합은, 뒤의 수와 자신을 더하면, 그 다음 수가 나오는 피보나치 수열이다.

③ 세 번째 대각선부터 모두 계차수열이다.

④ 두 번째 대각선의 이웃하는 두 항의 수의 곱을 2로 나누면 첫 번째 항의 아래쪽 수가 된다.

⑤ 4번째 대각선을 살펴보면 1, 4, 10, 20, 35, 56, …의 차이의 차이가 3, 4, 5, 6, …으로 1씩 늘어난다.

⑥ 세로줄과 대각선의 숫자 배열이 같다.

⑦ 어떤 대각선이든 1로 시작한다.

⑧ 북동쪽에서 남서쪽으로 대각선을 그으면 1로 끝난다.

⑨ 어느 한 대각선 줄에 있는 수들 중에서 이웃한 수의 차를 배열하면 그 대각선 줄의 바로 우상 쪽에 위치한 대각선 줄의 수들과 같아진다.

⑩ n번째 대각선의 수들은 $n-1$번째 대각선의 수들만큼씩 늘어난다.

⑪ 가장 바깥쪽에서 세 번째의 오른쪽 대각선에 있는 수들 중 바로 옆의 두 수의 합은 제곱수이다.

⑫ n번째 줄의 n번째 수를 연결하면 중심 항이 된다.

⑬ 가장 바깥쪽의 1에서 왼쪽 아래 방향의 대각선에 위치한 수들을 모두 더해 세로로 나열하고 두 개의 숫자를 더하면 그 밑의 숫자가 나온다.

5. 탐구 문제: 하노이 탑 문제

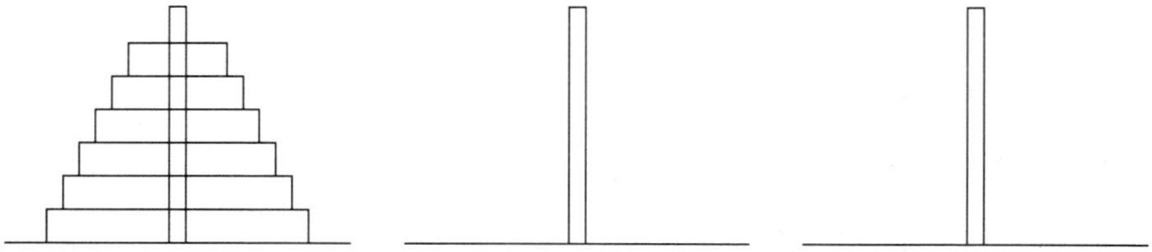

하노이 탑

위 그림과 같이 세 개의 나무 막대기와 그 막대기에 꼭 맞게 끼울 수 있도록 가운데에 구멍이

나 있는 n개의 서로 다른 크기의 원판으로 이루어진 장난감이 있다. 처음에는 한 막대기에 모든 원판이 걸려있되, 가장 작은 원판이 제일 위에 걸려 있고 아래로 갈수록 점점 큰 원판들이 걸려 있다.

(규칙 1) 한 번에 한 개의 원판을 한 막대기에서 다른 막대기로 옮길 수 있다.

(규칙 2) 작은 원판 위에는 큰 원판을 걸 수 없다.

목표: 이러한 규칙에 따라 처음의 막대기 위에 있는 모든 원판을 다른 막대기에 옮겨 걸어야 한다.

(1) n이 1일 때는 몇 회의 시행을 해야 할까?

답 1

(2) n이 2일 때는 몇 회의 시행을 해야 할까?

답 3

(3) n이 3일 때는 몇 회의 시행을 해야 할까?

답 7

(4) n이 4일 때는 몇 회의 시행을 해야 할까?

답 15

(5) n이 5일 때는 몇 회의 시행을 해야 할까?

답 31

(5) n이 6일 때는 몇 회의 시행을 해야 할까?

답 63

(6) n이 7일 때는 몇 회의 시행을 해야 할까?

답 127

(7) 어떤 규칙성을 발견할 수 있는가?

답 $f(n) = 2^n - 1$

(8) 이 규칙성을 증명할 수 있는가?

(9) 원판이 64개이면 몇 번 만에 옮길 수 있는가?

6. 평가 기준과 문제 만들기

① 여러 가지 도형의 패턴을 잘 이해하는지를 살핀다.

② 파스칼의 삼각형에 존재하는 여러 가지 규칙성을 몇 개 정도(10개 이상) 찾아내는지 살펴본다.

③ 독창적인 규칙을 찾는 지 살펴본다.

④ 하노이 탑 문제해결 전략 3가지(문제를 단순화하기, 규칙성 찾기, 거꾸로 풀기)를 잘 활용하는지 살핀다.

다음 문제를 풀고 이와 유사한 문제를 만들어 보시오.

〈문제 1〉 다음은 어떤 규칙에 따라 수를 나열한 것이다.

① 밑줄 친 부분에 들어갈 수를 구하여라.

② 삼각형 모양으로 배열되어 있는 모든 수의 합과 ①에서의 밑줄 친 부분의 모든 수의 합의 차이는 얼마인가? 그 이유는?

1											
1	1										
1	2	1									
1	3	3	1								
1	4	6	4	1							
1	5	10	10	5	1						
1	6	15	20	15	6	1					
1	7	21	35	35	21	7	1				
1	8	28	56	70	56	28	8	1			
1	9	36	84	126	126	84	36	9	1		
1	10	45	120	210	252	210	120	45	10	1	
_	_	_	_	_	_	_	_	_	_	_	_

답 ① 1 11 55 165 330 462 462 330 165 55 11 1

② 1

〈문제 2〉 다음 글자의 배열은 다음과 같은 규칙에 따라 배열한 것이다.

(규칙 1) 첫 번째 줄에 어떤 순서로 배열된 가 나 다 등에서부터 시작한다.

(규칙 2) 각 줄에 배열된 가 나 다 등의 글자를 보고 이웃하는 글자가 서로 다를 경우에는 나머지 글자를 그 줄 아래 두 글자 사이에 적는다.

(규칙 3) 각 줄에 배열된 가 나 다 등의 글자를 보고 이웃하는 글자가 서로 같을 경우에는 그 글자를 그 줄 아래 두 글자 사이에 적는다.

(규칙 4) 단 하나의 글자가 남을 때까지 계속한다.

```
1   다 나 다 다 나 가 다 가 다 나 나 가
2    가 가 다 가 다 나 나 나 가 나 다
3     가 나 나 나 가 나 나 다 다 가
4      다 나 나 다 다 나 가 다 나
5       가 나 가 다 가 다 나 가
6        다 다 나 나 나 가 다
7         다 가 나 나 다 나
8          나 다 나 가 가
9           가 가 다 가
10           가 나 나
11            다 나
12             가
```

이러한 규칙에 따라 배열할 때, 다음 물음에 답하시오.

① 1번 줄에서 2번과 3번 줄의 글자를 적는 중간 단계를 거치지 않고 4번 줄의 글자를 알아내는 방법을 설명하시오.

답 1번 줄의 이웃하는 4개의 글자 중 바깥 쪽 두 글자에 대하여, 주어진 규칙에 따라 4번 줄에 글자를 적는다.

② ①의 방법에 의해 중간 단계를 거치지 않고 아래쪽 줄의 글자를 알아낼 수 있는 줄을 찾으시오.

답 1 → 4 → 7 → 10

2 → 5 → 8 → 11

3 → 6 → 9 → 12

〈문제 3〉 가장 짧은 거리

가로가 30*m*이고 세로와 높이가 각각 12*m*인 방이 있다. 그림과 같이 한 쪽 벽면에 바닥에서 1*m*되는 높이의 가운데인 A에 콘센트가 있다. A에서 반대쪽 벽에 천장에서 1*m* 아래의 가운데인 B지점에 전선을 연결하려고 한다. 안전을 위하여 전선은 벽을 따라가야 하고 방안을 가로질러서는 안 된다. 이 때 필요한 최소한의 전선의 길이는?

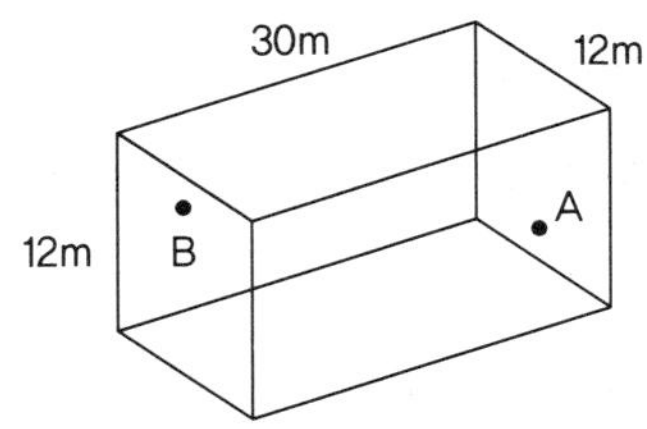

답 $40m$

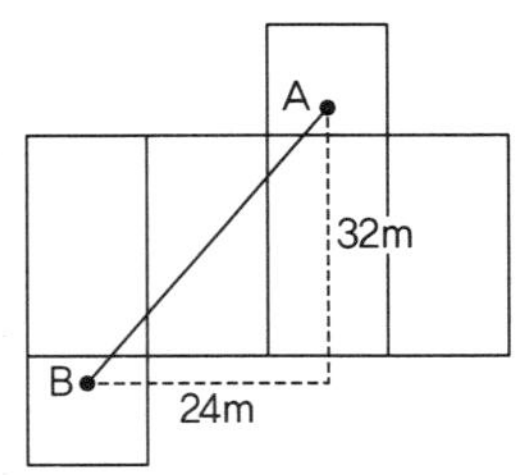

〈문제 4〉 다음 그림은 가로, 세로 각각 9개의 점이 각각 1*cm*의 일정한 간격으로 찍혀 있는 9×9 점판 위에 '수학'이라는 글자를 만든 것이다. '수학'이라는 글자에 노란색 물감을 칠하려고 할 때 그 넓이는 얼마일까?

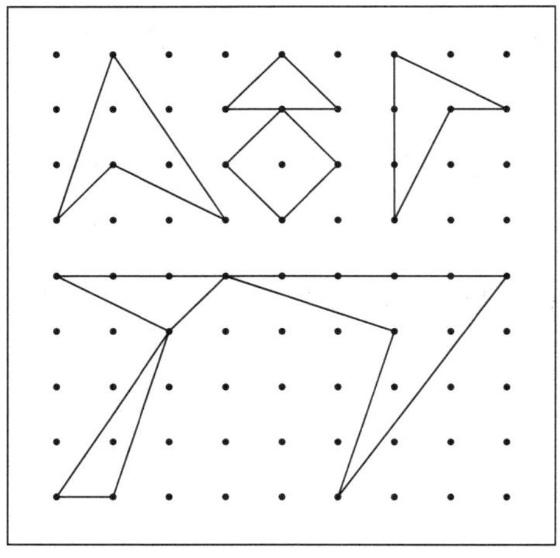

풀이 수: $1+2+\frac{3}{2}+\frac{3}{2}=6$

학: $1+2+2+(20-6-3-6)=10$

따라서, $16cm^2$

학생 탐구 사례

〈문제 1〉

[문항 7] 다음은 어떤 규칙에 따라 수를 나열한 것이다.
(1) 밑줄 친 부분에 들어갈 수를 구하여라. (2) 삼각형 모양으로 배열되어 있는 모든 수의 합과 (1)에서의 밑줄 친 부분의 모든 수의 합의 차이는 얼마인가? 그 이유는?

하키스틱의 원리로 인해 표시되어 있는 숫자들의 같은 곧은 모양으로 표시된 숫자 같다. 동일 같은 숫자끼리 지워나가다보면 14 남는다.

〈문제 2〉

(ㄷ) 각 줄에 배열된 가 나 다 등의 글자를 보고 이웃하는 글자가 서로 같을 경우에는 그 글자를 그 줄 아래 두 글자 사이에 적는다.
(ㄹ) 단 하나의 글자가 남을 때까지 계속한다.

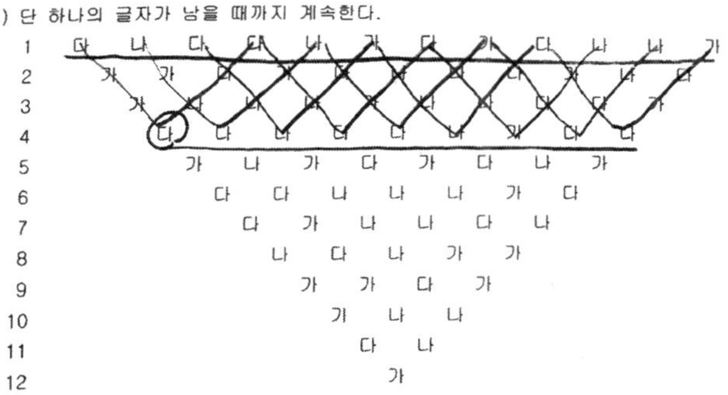

이러한 규칙에 따라 배열할 때, 다음 물음에 답하시오.
(1) 1번 줄에서 2번과 3번 줄의 글자를 적는 중간 단계를 거치지 않고 4번 줄의 글자를 알아내는 방법을 설명하시오. 위에 다시 그린 그림처럼 'V' 자를 그리면 원래 규칙이 보인다.
(2) (1)의 방법에 의해 중간 단계를 거치지 않고 아래쪽 줄의 글자를 알아낼 수 있는 줄을 찾으시오.

구하고 싶은 줄의 번호에 -3을 하고 그 줄에서 (1)의 방법을 사용해 구한다. 따라서 9번째 줄이다.

제06장

쪽매맞춤과 에셔의 그림

도형들로 평면이나 공간을 빈틈없이 채우는 것을 말한다. 우리말로는 '쪽매맞춤'이나 '쪽매붙임'이라 부른다. 도형을 겹치지 않으면서 평면 안에 꽉 채우는 것이 테셀레이션의 특징으로 보도블록이나 옷감, 벽지, 건물 벽 등 일상생활에서도 쉽게 찾아볼 수 있다.

테셀레이션에는 정규, 준정규, 비정규 테셀레이션, 허니콤(Honeycomb) 등이 있다. 정규 테셀레이션은 한 종류의 정다각형으로 만드는 테셀레이션을 말한다. 정규 테셀레이션이 가능한 정다각형으로는 정삼각형과 정사각형, 정육각형이 있다.

1. 탐구 개요 및 배경

① 정다각형을 이용한 테셀레이션 개념을 이해한다.

② 평행이동, 회전이동, 대칭이동 등의 개념을 이용한 흥미로운 테셀레이션을 탐구한다.

③ 에셔의 그림이나 흥미로운 디자인에서 테셀레이션 개념을 탐구한다.

④ 벽돌이나 타일 등 일상생활에서의 쪽매 맞춤 개념을 서로 이야기 하도록 한다.

⑤ 이러한 디자인이나 건축물 등의 기본적인 아이디어는 수학적인 평행이동, 회전이동, 대칭이동 등의 개념임을 이해하도록 한다.

⑥ 수학적인 흥미로운 패턴을 탐구함으로써 아름다운 예술작품을 완성할 수 있음을 이해시킨다.

준비물

· 개별 준비물: 색종이 1인당 한 묶음, 직사각형 모양의 작은 거울 각자 2개씩

2. 준비 활동

(1) 다음 그림에서 점대칭, 선대칭 도형을 각각 찾아보자.

①

②
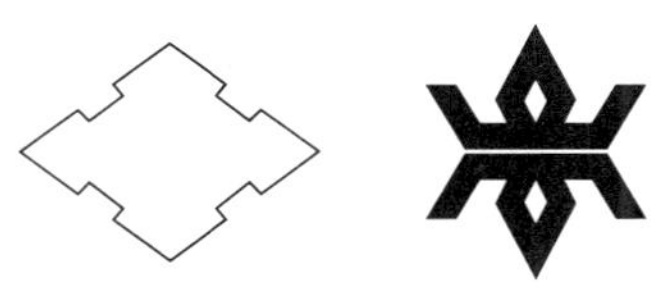

③
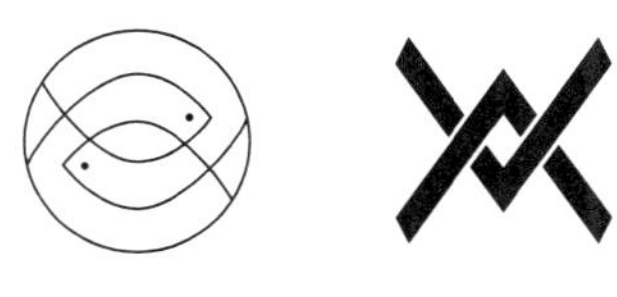

답 ① 선대칭, ② 선대칭, 점대칭, ③ 점대칭

(2) 정삼각형과 삼각형의 평행이동으로 다음 도형을 만드는 과정을 설명하고 일상생활에서 이러한 패턴을 찾아보자.

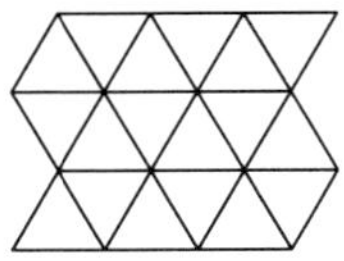

정삼각형 테셀레이션

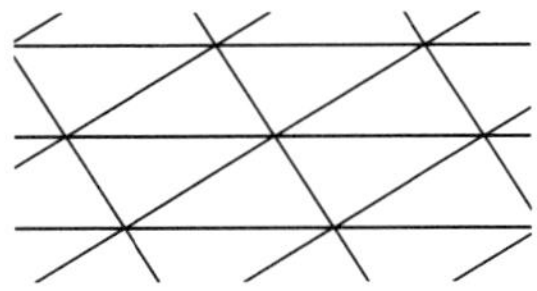

삼각형 테셀레이션

답 평행이동과 회전이동을 사용, 가로수 보호대

(3) 정사각형과 사각형의 평행이동으로 다음 도형을 만드는 과정을 설명하고 일상생활에서 이러한 패턴을 찾아보자.

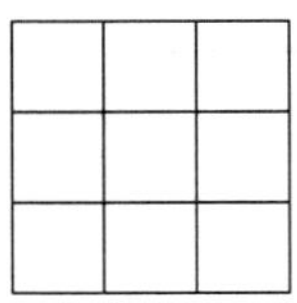

정사각형 테셀레이션

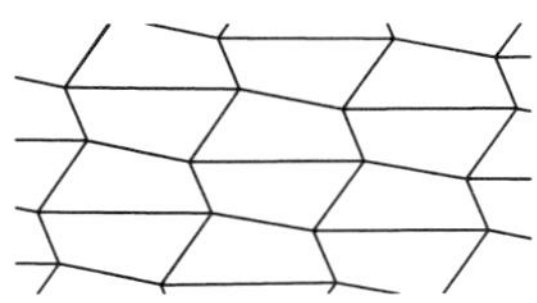

사각형 테셀레이션

답 평행이동과 회전이동을 사용, 벽지 또는 타일

(4) 단계 0의 초기도형 정사각형에서 시작하여 단계 1, 단계 2, 단계 3의 과정을 설명하여라. 또 단계 4의 도형이 만들어지는 과정을 설명하여라.

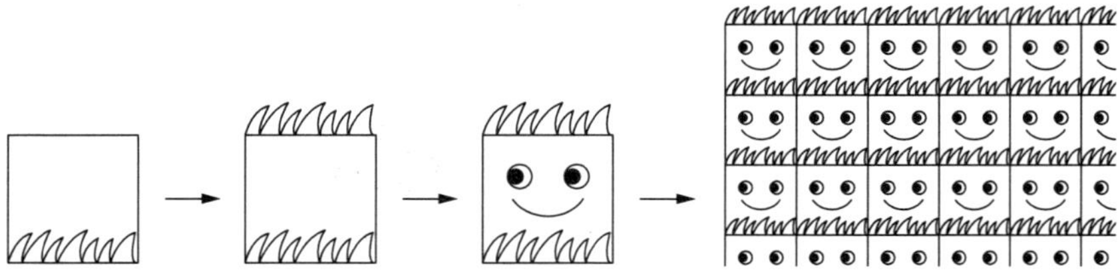

단계 1 단계 2 단계 3 단계 4

답 단계 1에서 2로 변할 때는 밑 부분을 잘라서 위에 붙였고, 단계 2에서 3으로 변할 때는 눈과 입이 생겼다. 단계 4에서는 밀기, 즉 평행이동을 이용해서 움직였다. 보도블럭

3. 탐구 활동

다음 새와 개 그림은 각각 정삼각형과 평행사변형을 이용하여 만든 것이다.

⑴ 다음 개 그림은 평행사변형 ㄱㄴㄷㄹ의 일부를 잘라낸 도형을 이용하여 ①과 ②의 두 과정을 거쳐 만든 것이다.

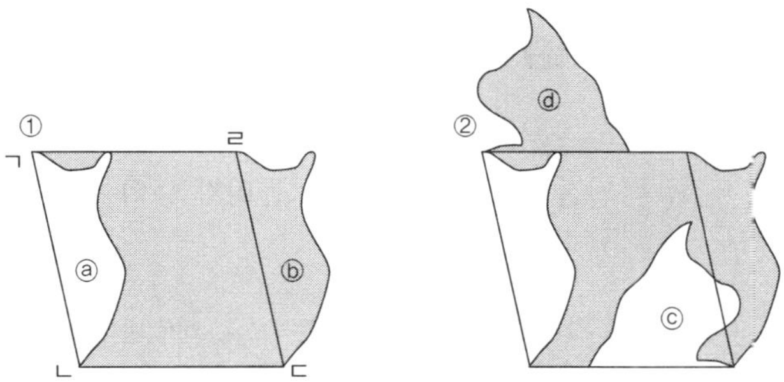

①의 과정을 ⓐ, ⓑ, 밀기, 뒤집기, 돌리기 등의 용어와 기호의 일부를 이용하여 설명하시오.

답 ⓐ를 잘라내어 $\overline{\text{ㄱㄴ}}$을 $\overline{\text{ㄹㄷ}}$에 맞대도록 ⓑ로 민다.

②의 과정을 ⓒ, ⓓ, 밀기, 뒤집기, 동리기 등의 용어와 기호의 일부를 이용하여 설명하시오.

답 ⓒ를 잘라내어 뒤집기 한 다음 ⓓ로 민다.

⑵ 다음 새 그림은 삼각형 ㄱㄴㄷ의 일부를 잘라낸 도형을 이용하여 만든 것이다.

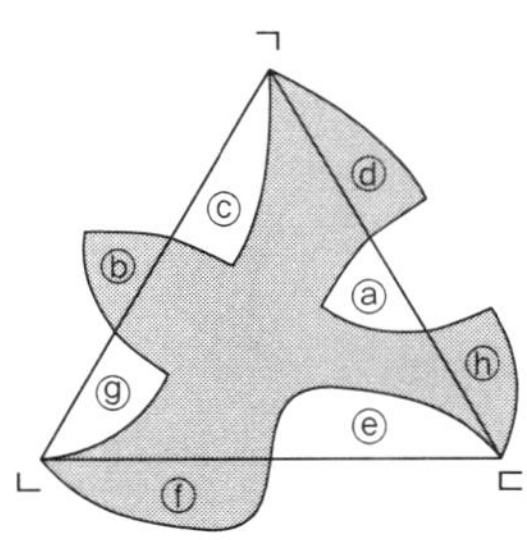

① ⓑ를 만든 과정을 ⓐ와 꼭짓점 ㄱ, 밀기, 뒤집기, 돌리기 등의 용어의 일부를 이용하여 설명하시오.

답 ⓐ를 잘라내어 꼭짓점 ㄱ을 중심으로 시계 방향으로 60°돌려 ⓑ에 붙인다.

② ⓓ를 만든 과정을 ⓒ와 꼭짓점 ㄱ, 밀기, 뒤집기, 돌리기 등의 용어의 일부를 이용하여 설명하시오.

답 ⓒ를 잘라내어 꼭짓점 ㄱ을 중심으로 시계 반대 방향으로 60°돌려 ⓓ에 붙인다.

③ ⓕ를 만든 과정을 ⓔ와 선분 ㄴㄷ, 밀기, 뒤집기, 돌리기 등의 용어의 일부를 이용하여 설명하시오.

답 ⓔ를 잘라내어 선분 $\overline{\text{ㄴㄷ}}$의 중점을 중심으로 180°돌려 ⓕ에 붙인다.

④ ⓗ를 만든 과정을 ⓖ와 꼭짓점 ㄱ, 밀기, 뒤집기, 돌리기 등의 용어의 일부를 이용하여 설명하시오.

답 ⓖ를 잘라내어 꼭짓점 ㄱ을 중심으로 시계 반대 방향으로 60°돌려 ⓗ에 붙인다.

(3) 다음 여섯 마리 새 그림을 이용하여 다음 정육각형을 가득 채울 수 있는 방법을 생각해보고, 다음 여섯 개의 정삼각형 안에 들어갈 새의 번호 ①, ②, ③, ④, ⑤, ⑥을 써 넣으시오.

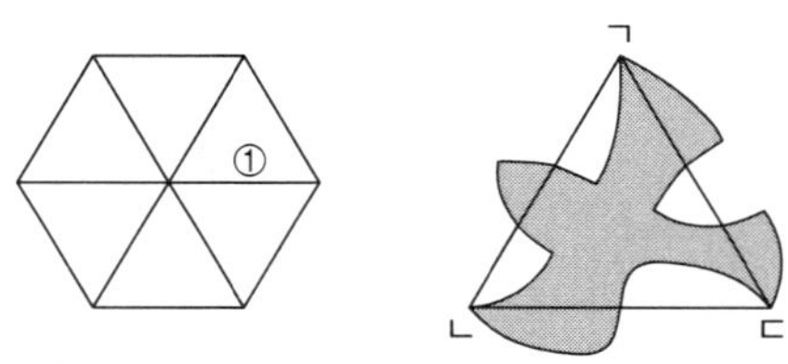

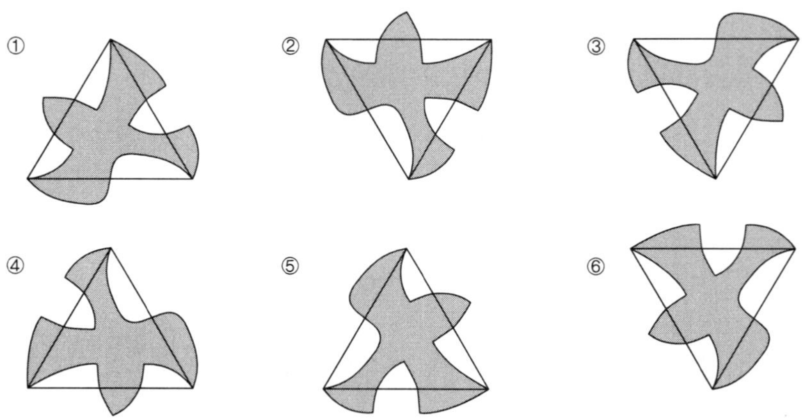

답 시계방향으로 ①③⑤⑥④②

4. 심화 활동

도형의 평행이동, 회전이동, 대칭이동 등의 개념을 이용하여 다음 도형들을 만드는 과정을 설명하여라.

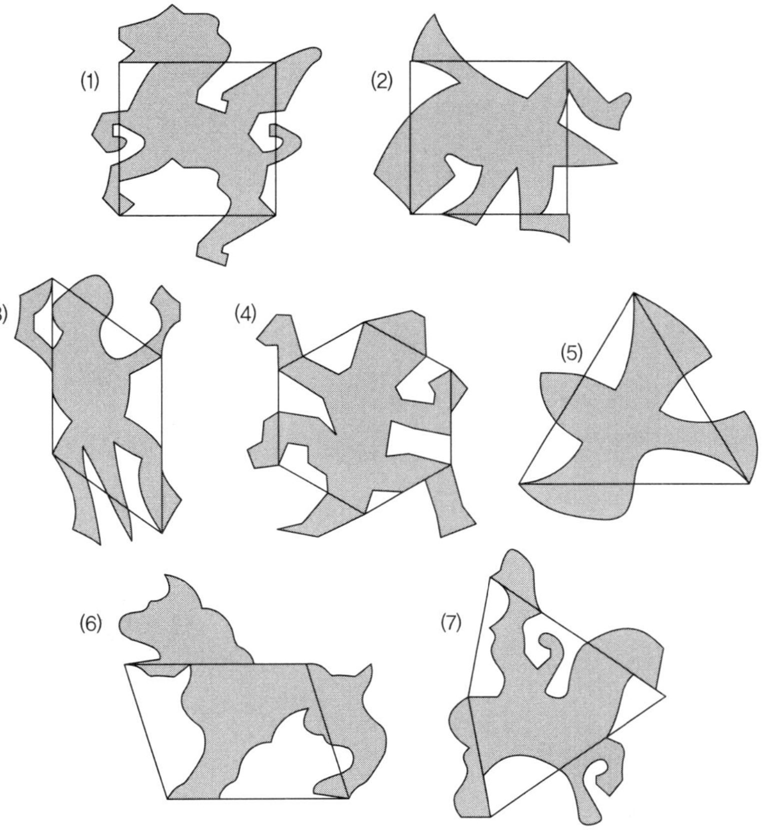

(1) 밀기: 말 머리는 아래에서 위로, 말 뒷다리는 위에서 아래로 밀고, 날개와 말 꼬리 바깥쪽 부분은 말 앞쪽에서 뒤쪽으로, 말 앞 다리 두 개는 뒤쪽에서 앞 쪽으로 민다.

(2) 시계 방향으로 90°돌리기: 도마뱀 머리, 왼쪽 앞발,

시계 반대 방향으로 90°돌리기: 꼬리, 오른쪽 앞다리, 뒷다리 둘 다

(3) 밀기: 오른쪽 뒷발은 왼쪽에서 오른쪽 아래로, 왼쪽 앞다리는 오른쪽에서 왼쪽 위로

돌리기: 머리, 꼬리, 오른쪽 앞다리, 왼쪽 뒷다리

(4) 시계 방향 120° 돌리기: 꼬리, 왼쪽 앞다리, 오른쪽 앞발

시계 반대 방향 120° 돌리기: 머리, 뒷다리 둘 다

(7) 돌리기: 말 엉덩이와 뒷다리, 말 앞다리

돌리기와 밀기: 말 머리와 사람 머리

위의 디자인을 활용하여 각자 흥미로운 테셀레이션 작품을 만들어 보자.

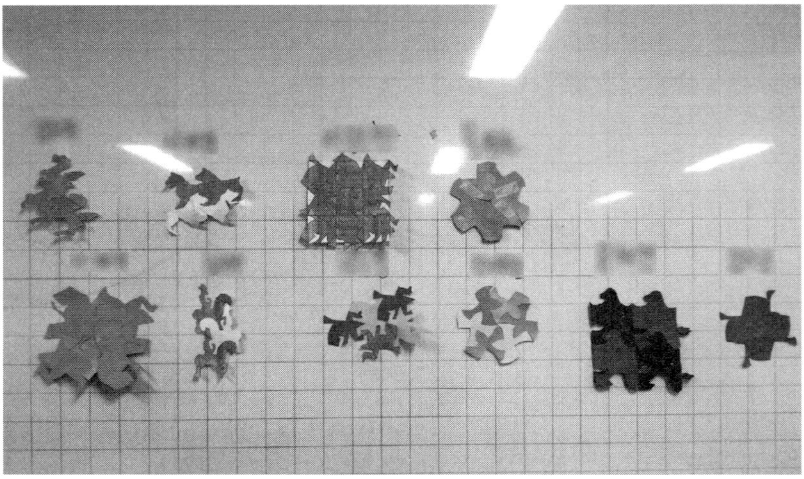

5. 탐구 문제

(1) 기본도형 A의 적당한 위치에 거울을 갖다 놓으면 다음의 12가지 도형을 만들 수 있는 것은 어느 것인 지 찾아 그 대칭축을 그려 넣어보자. 만들 수 없는 것이 있다면 왜 만들 수 없는

지를 설명해보자.

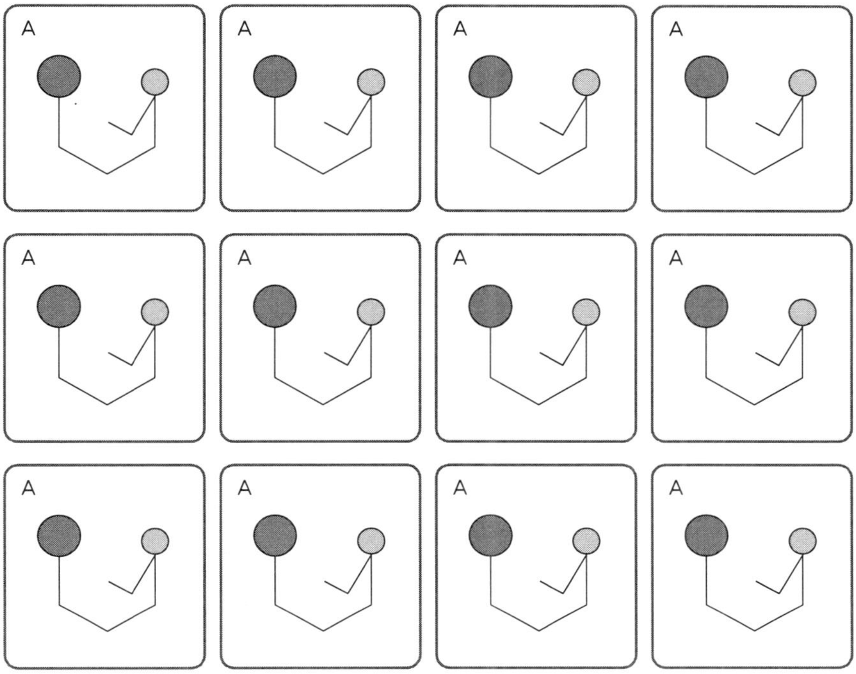

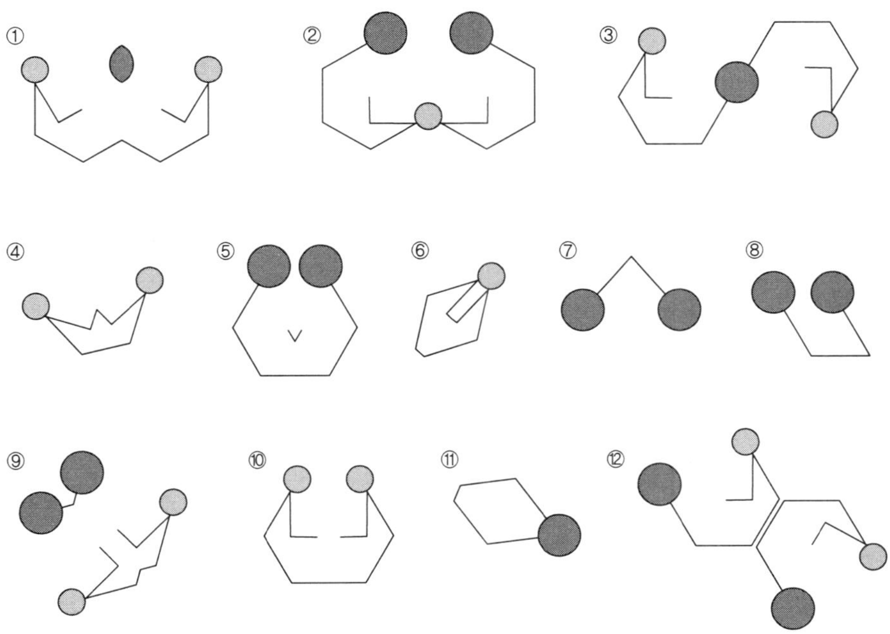

답 ③과 ⑧과 ⑫는 선대칭도형이 아니기 때문이다.

(2) 다음 첫 번째 그림의 점선에 두 개의 거울을 경첩처럼 만들어 갖다놓으면 주어진 선분이 거울 속에 비쳐 정삼각형을 이룬다. 그 이유를 말해보자. 아울러 나머지 그림에서도 그 결과를 예측해보고 그 이유를 설명하여라.

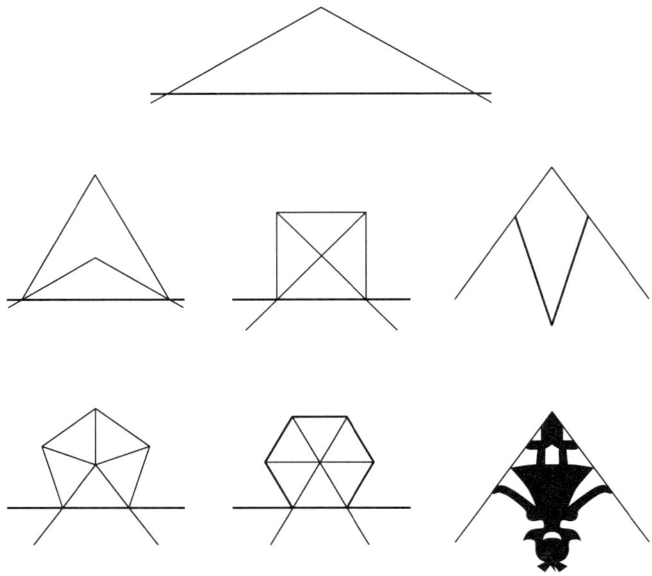

(3) 자신만의 독특한 디자인을 이용하여 흥미로운 만화경 그림을 완성하여 보자.

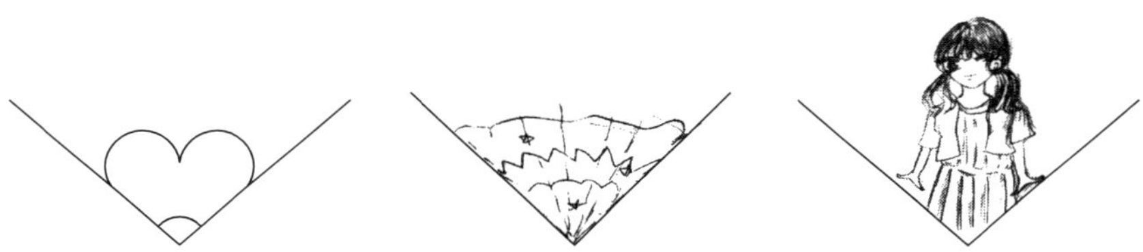

(4) 다음과 같은 문제해결 전략을 이용하여 풀 수 있는 유사한 문제를 하나씩 만들어 보시오.

〈문제 1〉 그림이나 도표 그리기

6*cm*, 9*cm*, 11*cm* 길이의 세 막대를 이용하여 14*cm* 길이를 잴 수 있는가?

답 $9+11-6=14$

〈문제 2〉 규칙성 찾기

① 다음 암호문을 해독하여라.

9　5－14－10－15－25　18－1－9－14－25　4－1－25－19

답 I enjoy rainy days.

② 다음과 같은 ◇ 연산규칙은?

$2\diamond 4 = 8 \quad 5\diamond 3 = 13 \quad 3\diamond 5 = 11 \quad 9\diamond 7 = 25$

답 $a\diamond b = a+b+a$

〈문제 3〉 조직화된 목록 만들기

세 개의 화살이 다음과 같은 과녁의 3점, 4점, 9점 중 어느 하나에 반드시 적중한다고 할 때, 서로 다른 총점의 경우의 수는?

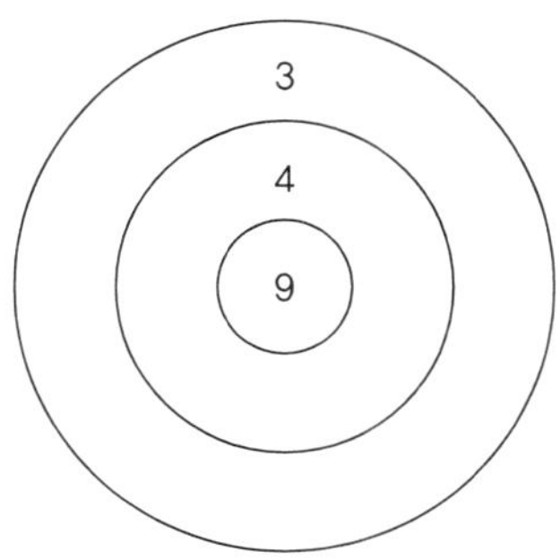

답

셋 다 9점인 경우	둘이 9점인 경우	하나가 9점인 경우	9점이 없는 경우
$9+9+9 = 27$	$9+9+4 = 22$	$9+4+4 = 17$	$4+4+4 = 12$
	$9+9+3 = 21$	$9+4+3 = 16$	$4+4+3 = 11$
		$9+3+3 = 15$	$4+3+3 = 10$
			$3+3+3 = 9$

〈문제 4〉 표 만들기

두 개의 주사위 위에 적절한 수를 써넣어 두 주사위의 눈의 합이 1에서 12까지의 수가 나올 확률이 같도록 하려면 어떻게 해야 할까?

+	0	1	2	3	4	5
1	1	2	3	4	5	6
1	1	2	3	4	5	6
1	1	2	3	4	5	6
7	7	8	9	10	11	12
7	7	8	9	10	11	12
7	7	8	9	10	11	12

+	1	2	3	4	5	6
0	1	2	3	4	5	6
0	1	2	3	4	5	6
0	1	2	3	4	5	6
6	7	8	9	10	11	12
6	7	8	9	10	11	12
6	7	8	9	10	11	12

…

〈문제 5〉 문제를 단순화하기

어떤 주택가 대로변에 150개의 주택의 번지가 1번지에서 150번지까지 연속적으로 주어져 있다. 번지수에 숫자 7이 적어도 하나 포함된 번지수는 모두 몇 개인가?

답 100의 자리에 7이 있는 번지 0,
10의 자리에 7이 있는 번지 10,
1의 자리에 7이 있는 번지 15,
$10+15-1=24$

〈문제 6〉 시행착오

다음 그림과 같은 도형을 4개의 합동인 도형으로 분할하여라.

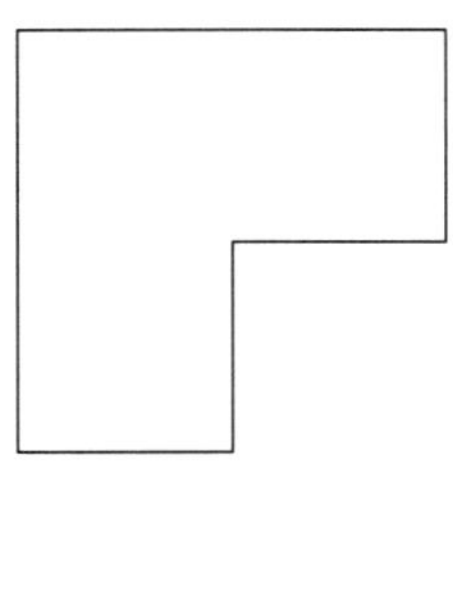

답

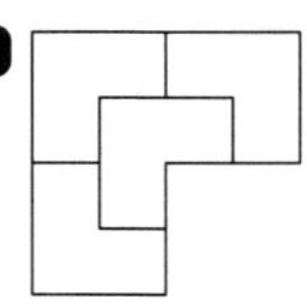

〈문제 7〉 실험하기

다음 그림과 같이 이쑤시개가 배열되어 있다. 여기서 이쑤시개 3개만을 옮겨 정사각형 5개를 만들어라.

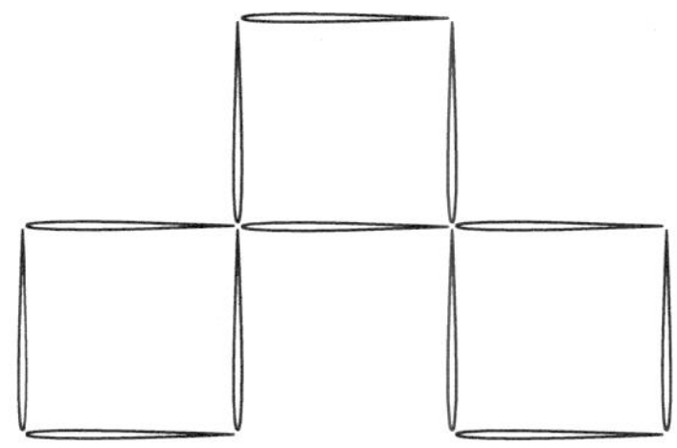

답

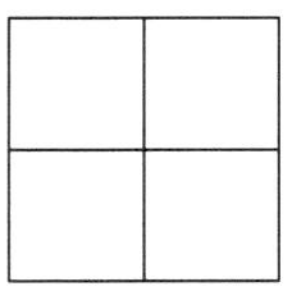

〈문제 8〉 문제의 실연

30명의 학생을 대상으로 차례로 1번에서 30번까지 번호를 붙여 짝수번호의 학생은 일으켜 세운다. 그래도 앉아있는 학생을 대상으로 다시 1번부터 번호를 붙여 역시 짝수번호의 학생은 일으켜 세운다. 두 번째의 짝수 번호 일으켜세우기가 끝나도 여전히 앉아 있는 학생은 몇 명일까?

답 8명

〈문제 9〉 거꾸로 풀기

갑이 을과 병에게 그들이 각자 가지고 있는 액수의 돈을 주었다. 그 다음에는 을이 병과 갑에게 그들이 각자 가지고 있는 액수의 돈을 주었다. 마지막으로 병이 갑과 을에게 그들 각자가 가지고 있는 액수의 돈을 주었다. 그랬더니 갑, 을, 병 각자는 모두 24000원의 돈을 가지게 되었다. 이들은 처음에 얼마씩의 돈을 가지고 있었는가?

① 갑이 을과 병에게 그들 각자가 가지고 있는 액수의 돈을 주었다.

② 을이 병과 갑에게 그들 각자가 가지고 있는 액수의 돈을 주었다.

③ 병이 갑과 을에게 그들 각자가 가지고 있는 액수의 돈을 주었다.

④ 갑, 을, 병 모두 24000원씩 가지게 되었다.

답

	갑	을	병
④ 갑, 을, 병 모두 24000원	24000	24000	24000
③ 병이 갑과 을에게	12000	12000	48000
② 을이 병과 갑에게	6000	42000	24000
① 갑이 을과 병에게	39000	21000	12000

〈문제 10〉 식 세우기

사과 두 개는 바나나 한 개와 밤 한 개의 무게의 합과 같고, 바나나 한 개는 밤 아홉 개의 무게와 같다. 사과 한 개의 무게는 밤 몇 개의 무게와 같은가?

답 사과를 a, 바나나를 b, 밤을 c라고 하자.

$2a = b+c$, $b = 9c$이므로 $2a = 9c+c = 10c$

$a = 5c$

〈문제 11〉 연역적 추론의 이용

다음과 같은 전개도를 이용하여 만들 수 있는 주사위는?

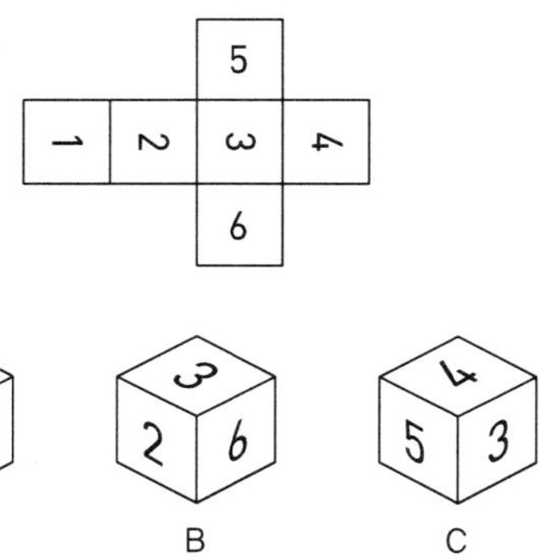

답 A는 1과 3의 위치와 2와 3의 숫자 방향이 맞지 않아서 안 되고,

C는 5와 3, 5와 4의 숫자 방향이 맞지 않아서 안 되고,

B는 모두 옳다.

〈문제 12〉 고정관념 바꾸기

다음 그림과 같이 주어진 9개의 점을 모두 지나는 선분 4개를 그리되 종이에서 연필을 떼지 말고 그려보아라.

답

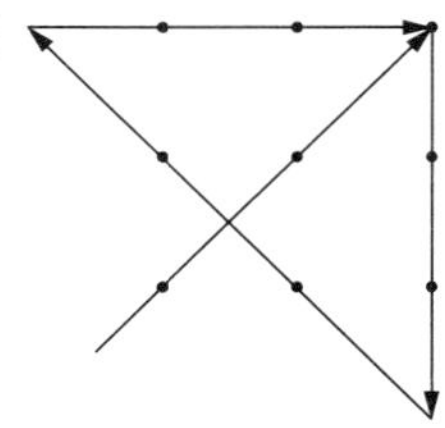

〈문제 13〉 다음 그림과 같이 좌표평면 위에 반지름이 10인 원 위의 어떤 점 Q에서 x축, y축에 내린 수선의 발을 각각 P, R이라 할 때, 직사각형 OPQR에서의 선분 PR의 길이는?

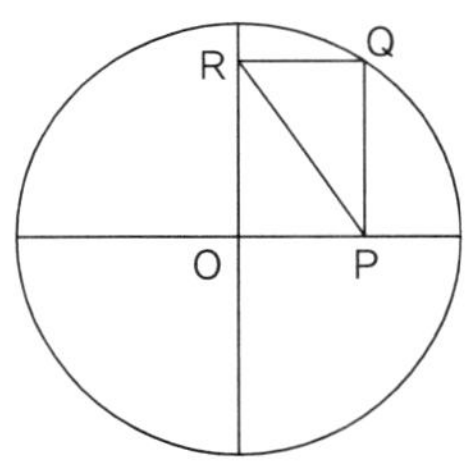

답

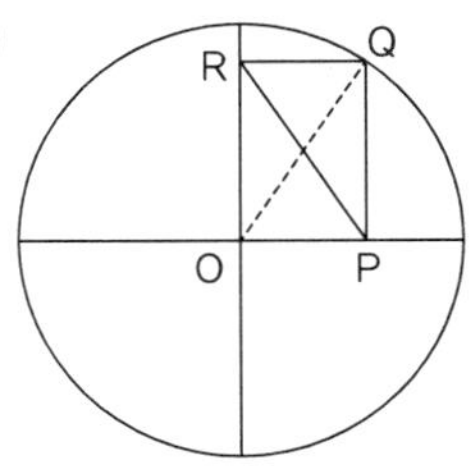

6. 평가 기준과 문제 만들기

① 평행이동, 대칭이동, 회전이동 개념을 이해하는가?

② 쪽매 맞춤 개념을 이해하는가?

③ 흥미롭고 독창적인 테셀레이션 작품을 만드는가?

다음 문제를 풀고 이와 유사한 문제를 만들어 보시오.

〈문제 1〉 도형의 평행이동, 회전이동, 대칭이동 등의 개념을 이용하여 다음 도형들을 만드는 과정을 설명하여라.

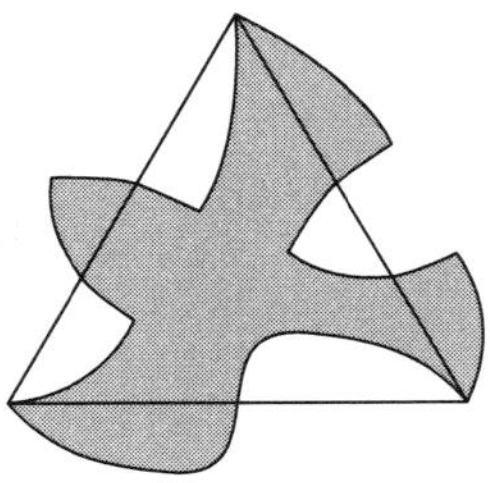

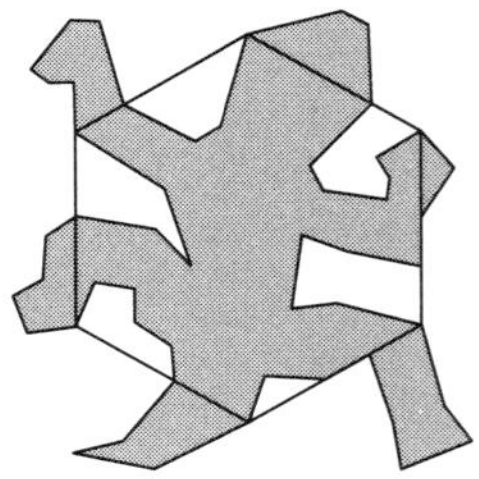

〈문제 2〉 갑, 을, 병 세 사람이 가위, 바위, 보를 한다. 다음 물음에 답하여라.

① 일어날 수 있는 모든 경우의 수는 모두 몇 가지인가?

답 27

② 갑과 을이 이기는 경우는 몇 가지인가?

답 3

③ 을과 병이 이기는 경우는 몇 가지인가?

답 3

④ 병과 갑이 이기는 경우는 몇 가지인가?

답 3

⑤ 갑과 을이 지는 경우는 몇 가지인가?

답 3

⑥ 을과 병이 지는 경우는 몇 가지인가?

답 3

⑦ 병과 갑이 지는 경우는 몇 가지인가?

답 3

⑧ 무승부의 경우는 몇 가지인가?

답 9

〈문제 3〉 색깔 있는 정육면체

다음 그림과 같이 한 변의 길이가 1cm인 정육면체 8개가 있다. 이 정육면체들을 어떻게 색칠하여 맞추면 한 변의 길이가 2cm인 빨간색 또는 파란색의 정육면체가 될까요?

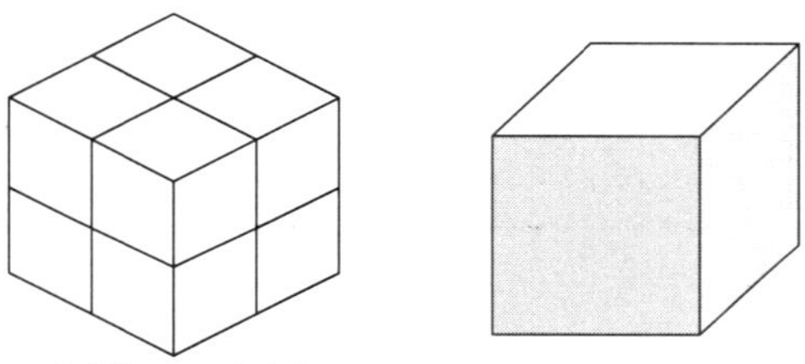

빨간색 또는 파란색

답 한 변의 길이가 1cm인 정육면체의 모통이(꼭지점)에서 만나는 세 면은 모두 빨강색, 나머지 세 면은 모두 파랑색으로 칠한다.

〈문제 4〉 다음 그림은 가로, 세로 각각 7개의 점이 일정한 간격으로 찍혀 있는 7×7 점판 위에 한 변의 길이가 6cm인 정사각형을 그린 것입니다.

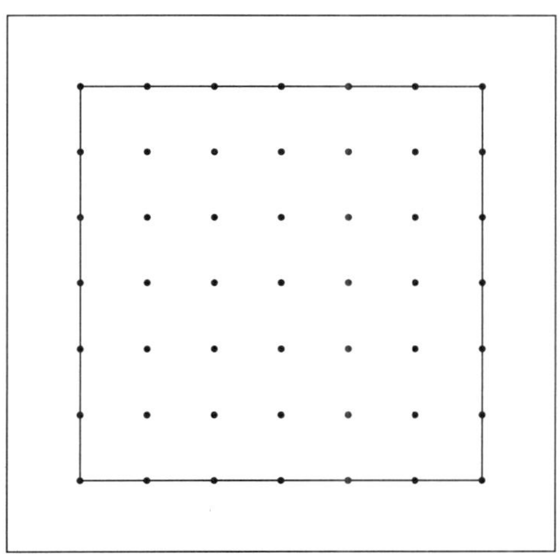

가능한 한 여러 가지 서로 다른 방법으로, 이 정사각형을 다음 **그림** 1이나 **그림** 2와 같이 그 모양과 크기가 서로 같은 네 개의 도형으로 나누어 보시오. 단, 점판을 회전하여 같은 모양이 되거나, 4등분한 조각이 서로 같을 경우에는 서로 다른 방법으로 인정하지 않습니다.

⑴ 10개 이상 : 아주 잘함

⑵ 8~9개 : 잘한 편임

⑶ 5~8개 : 보통

⑷ 2~4개 : 못한 편임

⑸ 1개 : 아주 못함

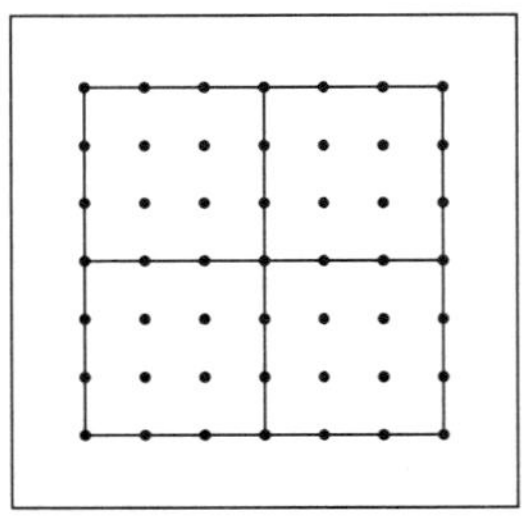

그림 1

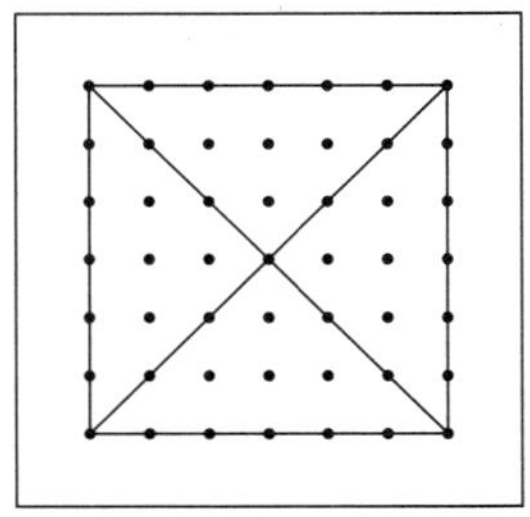

그림 2

풀이

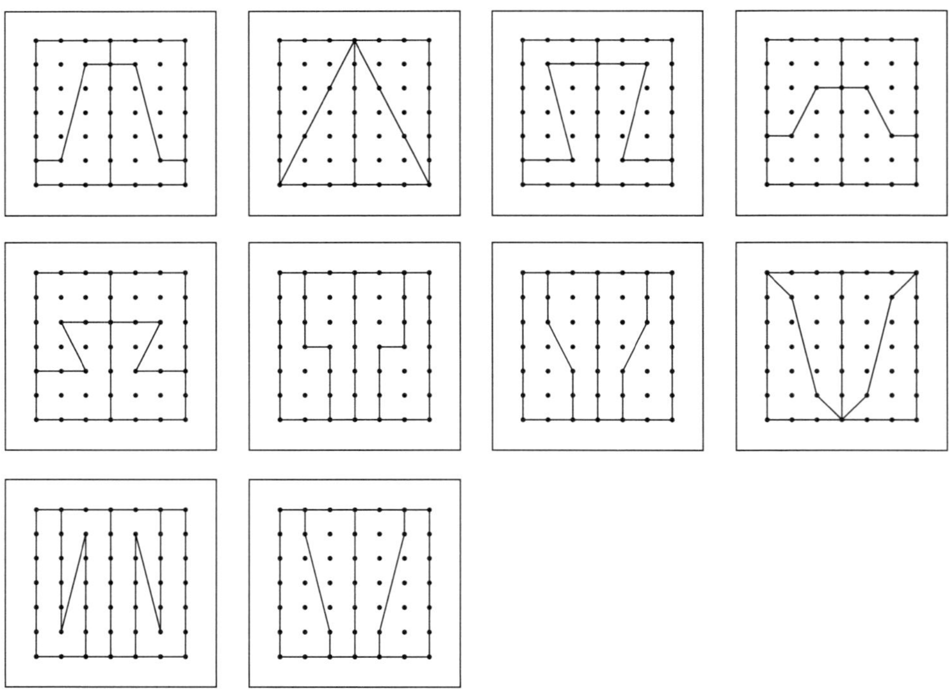

제07장

지도를 이용한 오리엔티어링 활동

학생들이 몸과 마음을 건강하게 하고 호연지기를 기르기 위하여 등산을 하는 기회를 제공한다. 등산을 위하여 필요한 독도법을 학습하기 위하여 나침반과 지도의 축척, 등고선 지도의 개념 등을 익히도록 한다. 이를 토대로 건전한 청소년 활동의 일환으로 오리엔티어링 활동을 통하여 미지의 세계를 탐험할 수 있는 역량을 기른다.

오리엔티어링에서는 특히 독도법과 방위 측정 능력이 요구된다. 선수는 숲을 지나고, 산을 넘고, 거친 평원을 지나 목표지점에 있는 통제소까지의 코스를 선택해야 하는데 대개 정해진 절차에 따라 코스를 선택하도록 되어 있다. 이 경기는 1918년 스웨덴에서 처음 소개되어 스칸디나비아 지역에서 큰 호응을 얻었고, 1961년에는 국제 오리엔티어링 연맹이 설립되어 1962년에는 유럽선수권대회, 1966년에는 세계선수권대회가 열리게 되었다. 국가별 오리엔티어링 연맹 중 가장 먼저 설립된 것은 캐나다 오리엔티어링 연맹이다.

1. 탐구 개요 및 배경

(1) 닮음비 개념을 이용하여 걸리버 여행기 해석하기

등산을 할 때, 축척 개념을 이용하여 지도상의 거리와 실제 거리 및 산행 시각 예측 등의 관계를 알아본다. 또한 닮음비 개념을 이용하여 걸리버 여행기에서의 소인국과 대인국에 대한 흥미로운 이야기를 해석해본다.

(2) 위치의 표현과 지도

닮음비의 개념과 위치의 의미에 대해 알아보고 지도의 종류와 지도에 사용되는 용어, 위치의 표현방법, 위도 및 경도의 차이에서 나오는 자연현상의 차이, 오리엔티어링에 대해 알아본다.

〈지도의 기호〉

우리나라지도의 기호			세계지도의 기호		
번호	기호	내용	번호	기호	내용
1		국계			국가 경계
2		도·특별시·광역시 경계			주·성·현 경계
3		시·군·구 경계			철도
4		읍·면 경계			주요도로
5		복선철도			수도
6		단선철도			하천
7		전철·지하철			염호
8		고속국도			운하
9		국도·지방도			습지
10		도·특별시·광역시청			사막
11		시·군청·동사무소			원유·천연가스
12		국립·도립공원	공통 기호		
13		사찰·능묘			산·화산
14		온천			항공로·항해로
15		해수욕장			비행장
16		논			성·성벽
17		밭			호수
18		목장			댐
19		과수원			폭포
20		교회			화력·수력·원자력발전소
21		학교			광산
22		우체국			명승·고적
23		소방서			고개(령)
24		공장			항구
25		병원·보건소			등대

(3) 포인트 오리엔티어링

방위의 개념을 이해하고 포인트 오리엔티어링의 경기규칙 및 방법에 대해 알아본 후 오리엔티어링 지도를 사용하여 직접 경기를 체험해봄으로써 지도와 나침반 사용법을 익힌다.

준비물

· 개인 준비물: 실, 자, 나침반, 지도, 계산기, 오리엔티어링 책자

2. 준비 활동

활동지 1	지도의 축척 알아보기	학년　　반　　번호 이름:
동영상 1 지리정보 시스템전문가, http://210.95.199.68/ 직업동영상, 건설관련직	다음 지도를 보고 백두대간 중의 제 6구간 복성이재–봉화산–월경산–중재–지지리 산행을 하려고 한다. 실제 거리는 12*km*이며 산행시간은 약 6시간 걸린다고 한다. 이 지도상의 거리를 실로 재어보고 지도의 축척은 얼마인지 알아보자. 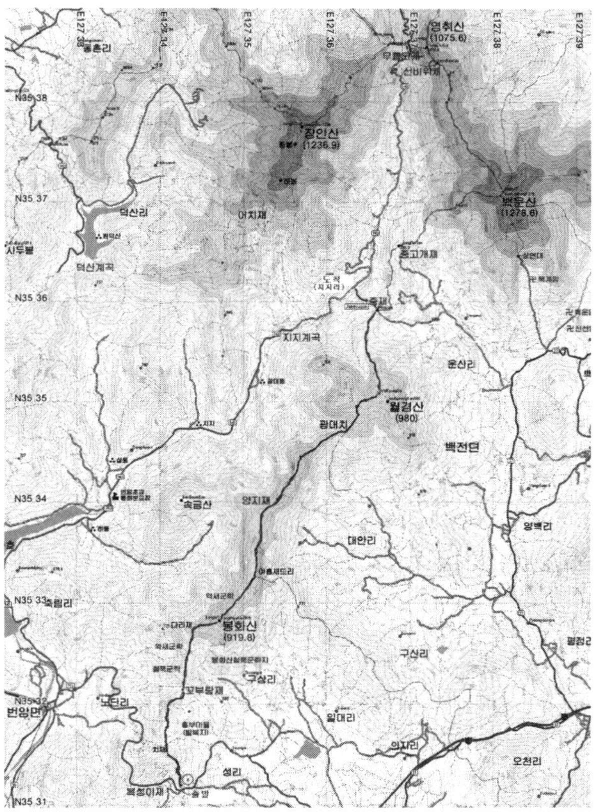	
지도상의 거리와 축척	12.5*cm* → 1:96,000, 12*cm* → 1:100,000	

3. 탐구 활동: 도형의 닮음비, 넓이 비, 부피 비

(1) 두 도형의 닮음비가 $m : n$이면 넓이 비는 얼마인가?

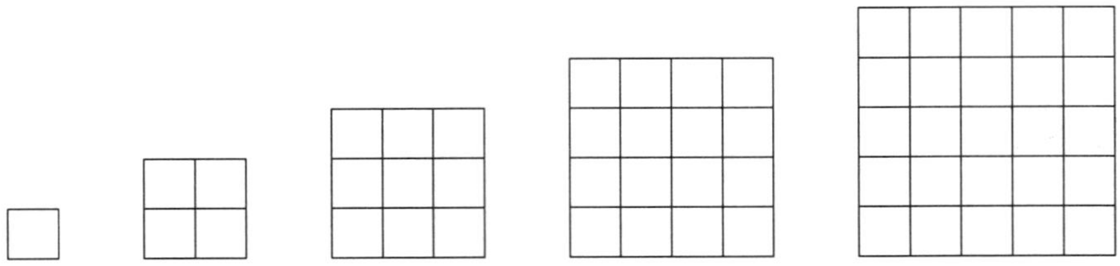

답 $m^2 : n^2$

(2) 두 도형의 닮음비가 $m : n$이면 부피 비는 얼마인가?

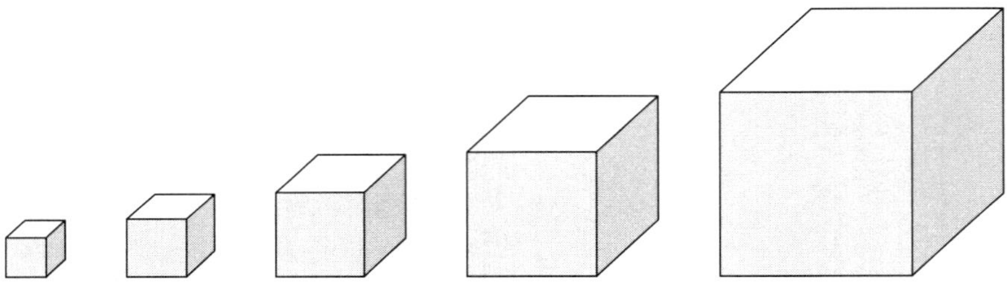

답 $m^3 : n^3$

탐구 문제 1 걸리버 여행기를 읽고 닮음비 개념을 설명하여 보자. (활동지 2)

걸리버 여행기 작은 사람들의 나라에서
눈을 떴을 때에는 이미 해가 높이 떠올라 있었다. 일어나려고 했지만 움직일 수가 없었다. 누워 있는 동안 나의 두 팔과 다리가 땅에 단단히 붙들어 매여져 있었던 것이다. 길면서도 숱이 많은 나의 머리카락도 풀리지 않도록 묶여져 있었으며, 겨드랑이부터 허벅지에 이르는 온몸 전체에도 몇 줄의 가늘고 긴 줄이 얽혀져 있었다. 하늘을 향해 누워 있는 상태였기 때문에 햇볕이 뜨거워질수록 나는 점점 더 눈이 부셨다. 주위에서 시끄러운 소리가 들렸지만 지금처럼 묶여있는 자세로는 하늘을 볼 수가 없었다.
조금 후 나는 왼쪽 다리 위로 살아 있는 무언가가 움직이며 조심스럽게 가슴 위로 올라오는 것을 느꼈다. 그것의 거의 턱에까지 다다랐을 때, 나는 눈을 아래로 힘껏 돌려서 내려다보았다. **놀랍게도 12센티미터 정도밖에 안 되는 작은 키의 사람이 서 있었다.** 손에는 활과 화살을 들었고 등에는 전통을 메고 있었으며, 그 뒤로도 같은 크기의 사람 40여 명이 뒤따라 올라오고 있었다.
나를 자유의 몸으로 풀어준 작은 사람들의 나라 국왕은 나에게 작은 사람들 1728명을 먹여 살릴 만큼 충분한 양의 고기와 마실 것을 나에게 주었다. 나중에 한 친구에게 어떻게 해서 그처럼 분명한 숫자를 구했는가를 물었다. 그 친

구는 국왕의 수학자들이 기구를 사용하여 나의 키를 재어본 결과, 내가 작은 사람들 키의 열 두 배 정도가 된다는 것을 알게 되었으며, 따라서 나의 몸이 최소한 작은 사람들 1728명을 합친 것과 같다는 결론을 얻었다고 하였다.

걸리버 여행기 큰 사람들의 나라에서

나는 처음에 갔던 길로 힘껏 도망치면서 경사진 언덕으로 올라갔다. 그 곳에서 나는 이 나라의 한 부분을 살펴볼 수 있었다. 나는 넓은 길로 들어섰지만, 나는 그것을 무척이나 넓은 길로 생각하고 있었다. 한참을 걸어갔지만 나에게는 아무 것도 보이지 않았다. 추수할 시기를 맞이한 곡식들의 길이가 12미터로 자라났기 때문이다.

내가 있던 언덕으로 10미터 가까이 수확을 하는 사람 하나가 다가왔다. 그가 한 걸음만 옮겨도 나는 발에 깔려 죽거나, 휘두르는 낫에 두 동강이 나게 될 것이다. 그것은 나를 온통 두려움으로 몰아넣었다. 큰 사람이 다시 움직이려고 하였을 때, 나는 공포에 질려 커다랗게 소리를 외쳤다. 그러자 큰 사람은 발을 짧게 딛고는 잠시 동안 아래를 살펴보았다. 그러다가 땅에 있는 나를 발견하게 되었다.

큰 사람은 내가 영국에서 족제비를 잡을 때 하였던 것처럼, 엄지손가락과 검지손가락으로 등의 가운데 부분을 잡았다. 나를 좀 더 확실하게 관찰하기 위하여, 그는 나를 눈에서 약 3미터 거리까지 들어 올려 **그의 키 높이인 18미터까지 올렸다.** 나는 그의 손가락 사이로 미끄러져 떨어지게 될까봐 무척이나 두려웠다.

활동지 2	걸리버 여행기 해석하기	학년 반 번호 이름:

탐구 문제 2 걸리버 여행기를 읽고 다음 물음에 답하여라.

① 작은 사람들의 나라와 큰 사람들의 나라 사람들의 키는 얼마씩인가?

답 $12cm$, $18m$

② 걸리버와 작은 사람들의 키의 닮음비는 얼마인가?

답 $12:1$

③ 작은 나라의 수학자들이 걸리버에게 1728명분의 식사를 한꺼번에 제공한 하도록 한 근거는?

답 걸리버와 작은 사람들의 닮음비가 $12:1$이면 부피비는 $12^3:1=1728:1$이므로

④ 걸리버와 큰 나라 사람들의 키의 닮음비는 얼마인가?

답 $144:1800=2:25$

⑤ 작은 사람들의 나라와 큰 사람들의 나라가 우리나라와 닮은꼴이라 할 때, 그 전반적인 모습과 크기를 알아보자. (백두산의 높이, 방의 넓이, 우유 한 통의 양, 도시의 인구, …)

	작은 사람들의 나라	우리나라	큰 사람들의 나라
백두산 높이		2,744m	
방 넓이		16m^2	
우유 한 통의 양		200ml	
충북 인구		1,600,000명	
백두산 높이	약 229m		34300m
방 넓이	약 0.1m^2		2500m^2
우유 한 통의 양	약 0.1ml		390625ml
충북 인구	1,600,000명		1,600,000명

걸리버 여행기 해석 소감

– 책 속에도 수학 원리가 숨어있다는 것이 신기하다.

– 걸리버 여행기를 막연하게 읽지 않고 이렇게 수학 개념과 응용하여 푸니 더욱 더 수학이 재미있다. 그리고 실제로 모습과 닮음비를 이용해서 푸니 닮음비라는 개념을 문제로만 풀어서 접근하는 것보다 더 쉽고, 다른 모습과의 닮은꼴을 더 구해보고 싶다. 다시 기회가 된다면 명작을 해석하는 활동을 더 해보고 싶다. 시간 가는 줄 모르고 활동 문제를 풀었고 더욱 더 머리가 창의적이고 논리적으로 된 것 같다. 그리고 수학에 흥미가 많았지만 이번 활동을 통해 더욱 더 수학이 친근하고 재미있게 느껴지는 계기가 되었다.

4. 심화 활동

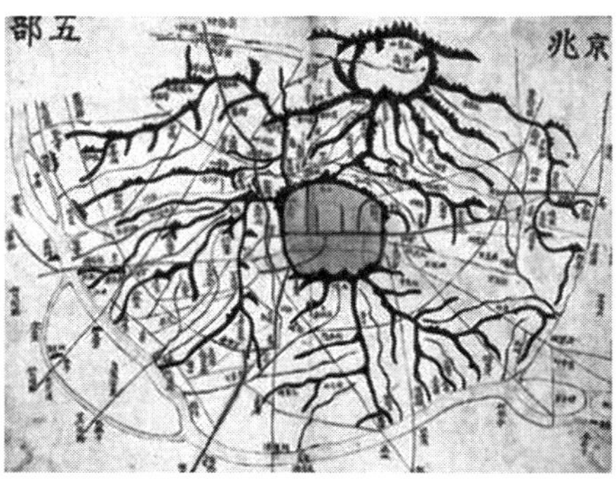

(1) 축척에 따른 지도의 종류

축척에 따라 소축척, 대축척으로 나눈다. 축척은 지도를 그릴 때 실제 지형을 축소한 비율을 의미하며 앞 시간에 배웠던 닮음비의 개념으로 이해하면 된다. 1: 25,000 지도에서 지도상의 1*cm*는 실제 거리가 25,000*cm*(250*m*)를 나타낸다.

소축척 지도는 넓은 범위의 지역을 간략하게 표현한 지도로 세계전도 등이 있고, 대축척 지도는 좁은 범위의 지역을 자세하게 표현한 지도로 학교 안내도 등이 있다.

(2) 지리정보 활용매체에 따른 종류

지리정보는 종이지도, 인터넷 전자지도, 항공 및 위성사진 등으로 표현하고 있으며, 이에 따라 종이지도, 인터넷 전자지도, 항공 및 위성사진으로 나눈다. 종이지도는 지표면의 현상을 축척, 방위, 기호, 등고선 등을 이용해 평면에 나타낸다.

- 방위: 동서남북 방향표시, 방위표시가 없으면 지도의 위쪽이 북쪽을 나타냄.
- 기호: 지표면 위의 각종 현상을 지도상에 간략하게 나타내는 약속
- 등고선: 해발 고도가 같은 지점들을 연결한 선을 말한다. 등고선 모양은 지형의 모양에 따라 아래와 같이 나타난다. 원이 작을수록 높은 곳이며, 중심 원을 향해 들어간 부분을 골짜기, 중심 원에서 바깥으로 향해 나온 부분을 능선이라고 한다. 또한 등고선 간격이 촘촘할수록 경사가 급하며 올라가기가 힘들다.

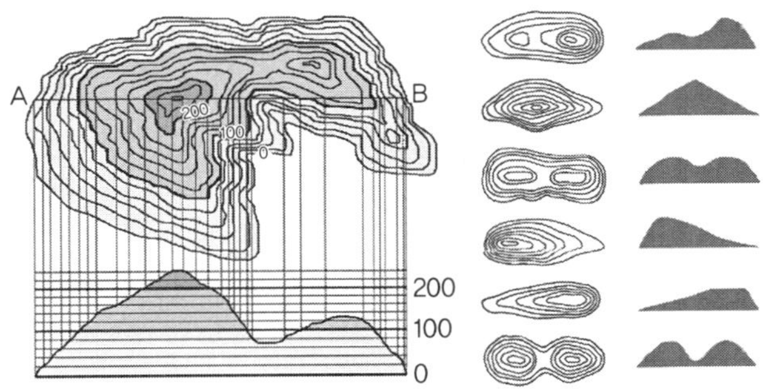

지형에 따른 등고선 모형

인터넷 전자지도는 쉽게 검색할 수 있고 확대 및 축소가 자유롭다. 거리와 면적을 구하기 쉽고 다양한 형태로 가공하여 저장 및 출력이 가능하다.

항공 및 위성사진은 항공기나 인공위성에서 찍은 사진으로 지도에 비해 사실적이고 입체적이다. 주기적으로 지역 정보를 관측할 수 있다는 장점이 있다.

■ 오리엔티어링 소개

지도를 사용하는 스포츠인 오리엔티어링(Orienteering)이란 활동에 대해 알아보기로 하자. 20세기 초 북유럽에서 시작된 오리엔티어링은 낯선 지형에서 지도 위에 표시된 몇 개의 지점을 최대한 빨리 찾아 돌아오는 스포츠이다. 많은 사람들이 오리엔티어링을 통해 미지의 지형에서 방향 탐지능력과 체력을 실제로 점검하여, 어떠한 상황에서도 재빠르게 더욱 정확한 활동을 취할 수 있는 능력을 기를 수 있어 세계 80여 개국에서 성행하고 있다.

오리엔티어링은 별도의 경기장이 없이 공원이나 시가지, 자연 그대로가 경기장인 스포츠이고, 체력과 두뇌를 함께 사용하는 오히려 두뇌에 비중을 두는 스포츠이며, 남녀노소 누구나 함께 즐길 수 있는 특징을 가지고 있다.

오리엔티어링의 대표적인 경기방식으로 포인트 방식과 스코어 방식이 있다. 포인트 방식(Point Orienteering)은 정해진 지점을 정해진 순서대로 가능한 빨리 찾아 돌아오는 방식으로 대부분의 공식경기에서 사용하는 방식이다.

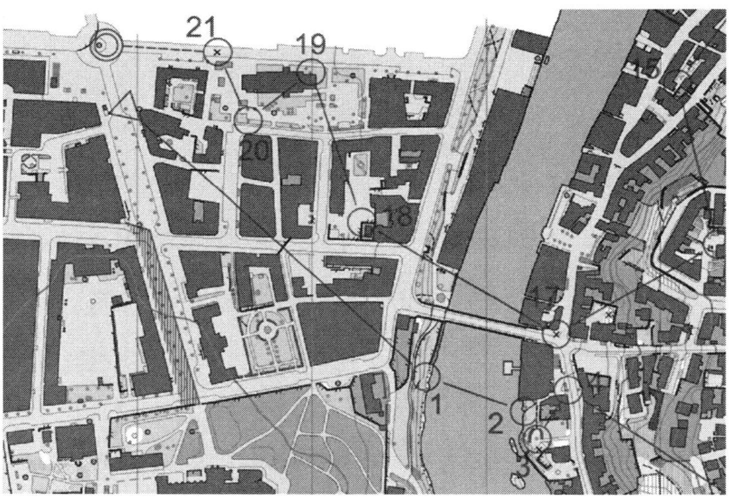

포인트 방식

스코어 방식(Score Orienteering)은 정해진 지점마다 점수가 부여되어 있으며 정해진 시간 내에 가능한 많은 득점을 얻는 방식으로 찾아가는 순서는 정해져 있지 않다.

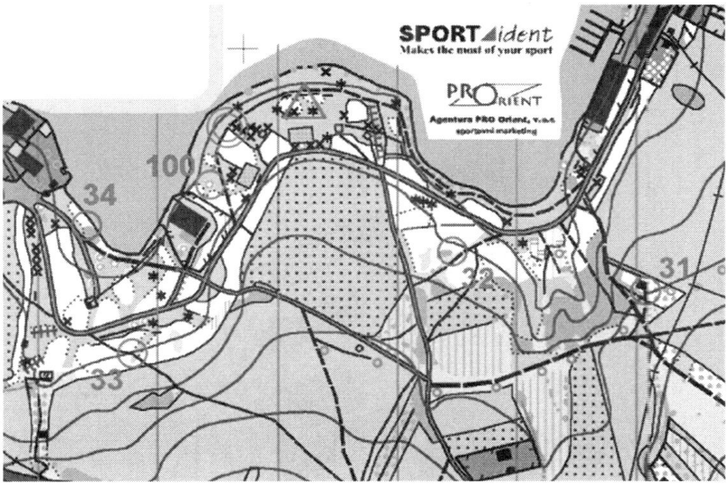

스코어 방식

오리엔티어링 경기에 필요한 용품으로 오리엔티어링용 지도와 나침반, 컨트롤 마크, 펀치, 컨트롤 카드 등을 사용한다.

경기방법은 비교적 간단하다. 지도에 표기되어 있는 삼각형(△) 지점에서 출발하여 번호 순서대로 찾은 다음 이중 동그라미(◎) 지점까지 가능한 빨리 도착하면 된다. 번호가 적혀져 있는 실제 위치에 가면 컨트롤 마크가 있고 펀치가 달려 있다. 그 펀치를 체크카드 해당 칸에 펀칭하면 된다. 적용되는 경기방식에 따라 동시출발하기도 하고 순차출발하기도 하며, 순위결정 방법도 다르게 적용하기도 한다.

■ 포인트 오리엔티어링 탐구 활동: 활동계획 설명

위치를 표현할 때 동서남북의 방향표시를 방위라 한다. 지도에서 방위표시가 없으면 지도의 위쪽이 북쪽을 나타낸다. 어느 한 지점을 기준으로 동쪽, 서쪽 등 방향을 이야기하며 이를 알 수 있는 유용한 도구가 바로 나침반이다.

이번 시간에는 지도와 나침반을 사용해서 포인트 방식을 체험해보자. 포인트 방식은 순서가 정해져 있고, 순서대로 가능한 빨리 찾아 돌아오는 선수가 승리하는 경기방식을 말한다. 경기규칙에 대해 간단히 설명을 듣고 운동장로 나가서 모둠별로 경기를 시작하도록 하자.

■ 지도 및 경기규칙 설명

포인트 오리엔티어링은 말 그대로 정해진 지점(Point)을 순서대로 찾아 돌아오는 방식을 말한다. 출발은 모둠별 1분 간격으로 출발하고 아래 지도를 보면 출발지점(△)에서 출발하여 1번부터 8번까지 정해진 순서대로 모두 찾아 도착지점(◎)으로 오면 된다.

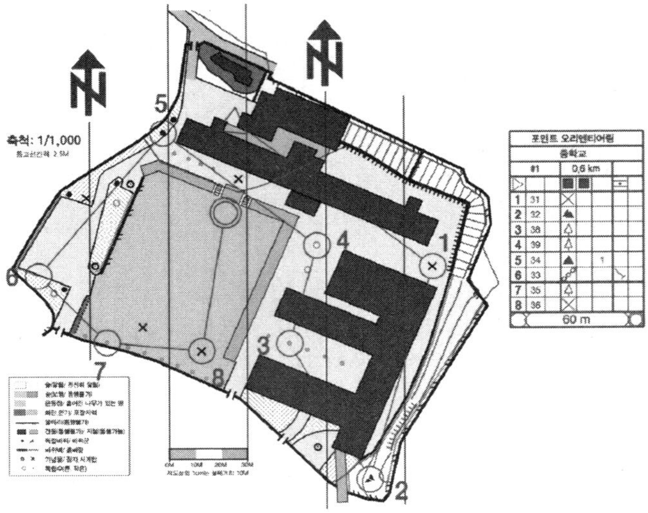

포인트 오리엔티어링 지도의 예

순위결정은 모두 찾아서 빨리 돌아온 순서대로 순위가 결정된다. 순서대로 찾지 않으면 어떻게 될까? 실격이다. 그러면 하나라도 찾지 못하고 들어오면 어떻게 될까? 역시 순위에서 제외된다. 컨트롤을 찾았을 때 컨트롤카드의 해당란에 정확히 펀칭해야 한다. 다른 칸에 펀칭해도 실격처리 됨을 기억해야 한다.

다음은 경기에 사용할 지도를 살펴보자. 이전 스코어 방식에서 사용한 지도는 위성사진을 사용했었는데 이번에는 정식 오리엔티어링 지도를 사용하게 된다. 다른 점은 나침반을 사용하는 자북선이 그려져 있고, 지도기호가 사용된다는 점이다. 삼각형의 출발점과 동그라미의 컨트롤 지점, 이중 동그라미의 도착지점이 표시되어 있다. 동그라미의 번호 순으로 찾아서 돌아오면 된다.

지도범례에 표기된 지도기호를 지도상의 실제 위치를 확인해 보며 익힌다.

■ 나침반 사용법 설명

나침반이란 동, 서, 남, 북의 지리적 방향을 가리키는 도구로 자침의 빨간색 부분이 북쪽을 가리킨다. 나침반을 이용해서 목표물의 방향을 알 수 있는데, 지도에 표시되어 있는 목표물을 나침반을 이용하여 진행방향을 찾는 방법에 대해 간단히 배워보자.

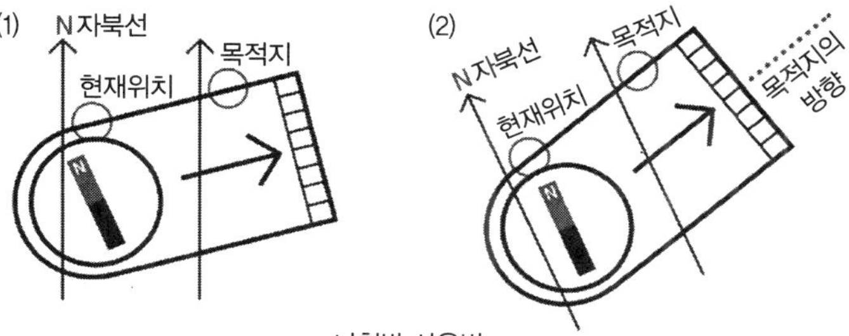

나침반 사용법

① 목표물을 확인하고 나침반의 한쪽 면을 이용하여 현재 위치와 목적지를 연결하여 지도 위에 올려놓는다.

② 나침반의 북방지시 화살표와 자침의 방향이 일치할 때까지 밑에 있는 지도를 천천히 돌려준다.

③ 이때 나침반 몸체에 있는 방향지시 화살표가 가리키는 실제 방향으로 가면 목적지를 찾을 수 있다.

■ 컨트롤 카드 사용법

아래 그림과 같이 1번부터 8번까지 찾는 순서대로 해당되는 정답 란에 펀칭을 하면 된다. 펀칭을 할 때는 지도에 있는 고유번호와 컨트롤마크에 표시되어 있는 고유번호가 정확히 일치하는지를 확인해야 한다. 펀칭되는 모양이 정답과 다를 경우에는 실격 처리됨을 잊지 말아야 한다.

순서	1	2	3	4	5	6	7	8
고유번호	44	46	52	53	36	45	41	43
정답								

	클라스 CLASS	도착 :	판정
	이름 NAME	출발 :	
	소속(학교) CLUB(SCHOOL)	소요시간 :	

컨트롤 카드의 예

■ 준비운동 및 안전교육

오리엔티어링은 신체활동이 수반되므로 부상예방 및 심신의 긴장을 풀기 위해 다음과 같이 간단한 준비운동을 해보자.

• 목 돌려주기, 하나, 둘, …, 여덟!, 반대로 하나, 둘, …, 여덟!
• 위와 같은 방식으로 어깨, 팔, 손목, 허리, 무릎, 발목 등을 차례대로 스트레칭을 한다.
• 다음은 팔 벌려 높이뛰기, 하나, 둘, …, 여덟!, 둘, 둘, …, 여덟! 마무리로 숨고르기를 한다.

오리엔티어링은 옆에 있는 동료들과 함께 즐겁게 뛰면서 즐기는 프로그램이다. 하지만, 무엇보다 다치지 않는 것이 우선이므로 다음사항에 유의하여 활동에 임해야 한다.

• 목표물의 위치를 묻거나 알려주지 않는다.
• 위험하거나 무리한 행동을 하지 않는다.
• 제한시간(경기 종료시간)을 꼭 지킨다.

■ 모둠구성 및 출발준비

경기를 함께 할 친구 3명씩 짝을 지어 손을 잡고 자리에 앉는다.

각 모둠의 리더 1명씩 나와서 지도와 나침반, 컨트롤 카드를 받아간다. 지난 시간에 배웠던 나침반 사용법을 지도와 함께 찾아가는 순서대로 연습해 본다. 지도는 다시 회수하여 출발장소에서 지급한다.

■ 출발 및 경기진행

교사의 출발신호와 함께 준비된 모둠부터 1분 간격으로 출발한다. 경기용 지도는 출발시에 나누어주고 찾아다니는 순서마다 컨트롤 카드에 펀칭을 한다. 모든 컨트롤을 찾았으면 가능한 빨리 집결지로 돌아오고, 컨트롤을 모두 찾지 못했더라도 제한시간 이내에 돌아올 수 있도록 한다.

집결지에서는 도착하는 모둠의 시간을 기록해주고, 카드에 기록된 펀칭 모양이 정답과 일치하는지를 확인하여 순위를 정한다.

참고사항

• 사전준비: 경기용품(지도, 컨트롤마크, 펀치, 컨트롤카드 등), 컨트롤마크 등을 사전 설치
• 지도제작: 오리엔티어링 지도제작용 소프트웨어를 사용하여 사전제작
• 나침반을 사용하는 오리엔티어링은 자북을 사용하며, 지도에도 자북선으로 표시한다. 따라서 활동 시 일반지도를 그대로 사용할 경우 나침반이 맞지 않아 혼란이 생길 수 있으므로 지도자는 사전에 자북방향이 표시된 지도를 사용해야 한다.

활동지 3	위치의 표현과 지도	학년 반 번호 이름:

(1) 1/25,000 지도에서 1cm의 실제 거리는 얼마인가?

답 250m

(2) 지도에 동서남북의 방위 표시가 없으면 위쪽은 어느 쪽을 가리키는가?

답 북쪽

(3) 지도에서 해발고도가 같은 지점들을 연결한 선을 무엇이라 하는가?

답 등고선

(4) 확대 및 축소가 자유롭고 다양한 형태로 가공하여 사용할 수 있는 지도는?

답 인터넷 지도

(5) 경도의 기준이 되는 선을 무엇이라 하는가?

답 본초자오선

(6) 지역의 대표적인 장소나 건물을 가리키는 용어로 길을 찾아가거나 상대방에게 설명할 때 이것을 기준으로 방향과 거리를 표현한다. 이 용어는?

답 랜드마크

(7) 다음 위도 및 경도에 대한 설명 중 바르지 못한 것은?

- ☐ 저위도 지역은 햇볕이 수직으로 닿아 기온이 가장 높다.
- ☐ 계절의 차이가 발생하는 원인은 지구의 자전축이 23.5° 기울어진 채 공전하기 때문이다.
- ☐ 남반구와 북반구는 계절이 서로 반대로 나타난다.
- ☐ 고위도 지역은 사계절의 변화가 있다.
- ☐ 경도 15°마다 1시간의 시차가 발생한다.
- ☐ 우리나라는 세계 표준시보다 9시간 빠르다.

답 고위도 지역은 사계절의 변화가 있다.

(8) 다음 지형도를 보고 특징을 설명해보자.

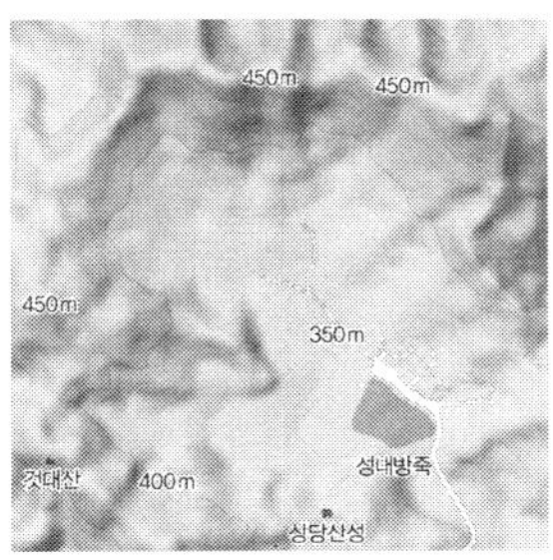

답 산으로 둘러싸여 있는 분지 지형이며 가운데에 저수지가 있는 산성이다.

5. 탐구 문제

다음은 등고선 평면 지도를 선분 AB로 자른 경우의 단면도를 좌표평면 위에 나타낸 것이다. 등고선상의 최고봉은 그 높이가 250m이다.

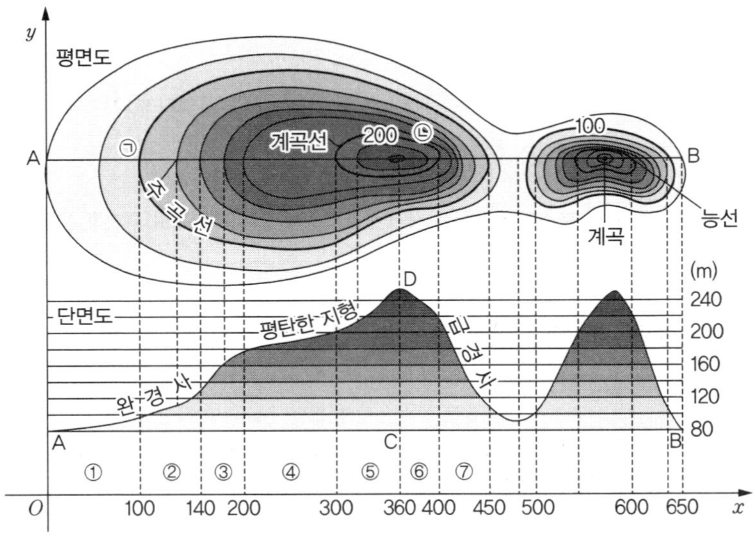

(1) 각 구간의 양 끝 점 ① (0,80) (100,100), ② (100,100) (140,120), ③ (140,120) (200,180), ④ (200,180), ⑤ (300,200) (360,250), ⑥ (360,250) (400,200), ⑦ (400,200) (450,100)을 지나는 직선의 기울기는 각각 $\frac{1}{5}$, $\frac{1}{2}$, 1, $\frac{1}{5}$, $\frac{5}{6}$, $-\frac{4}{5}$, -2와 같다. 기울기란 무엇이며, 각각 어떻게 구한 것인지 설명하시오.

(2) 위 그림에서 ①, ②, ③, ④, ⑤, ⑥, ⑦ 각 구간의 양 끝 점을 지나는 직선의 방정식은 각각 $y=\frac{1}{5}x+80$, $y=\frac{1}{2}x+50$, $y=x-20$, $y=\frac{1}{5}x+140$, $y=\frac{5}{6}x-50$, $y=-\frac{5}{4}x+700$, $y=-2x+1000$이다. 각각 어떻게 구한 것인 지 설명하시오.

(3) $\triangle ACD$의 넓이와 직선 ①, ②, ③, ④, ⑤와 $\overline{AC}$, $\overline{CD}$로 둘러싸인 칠각형의 넓이를 구하여 비교하시오.

(4) 등고선 지도로부터 얻을 수 있는 정보에 대하여 논의하시오.

활동지 4	포인트 오리엔티어링	학년 반 번호 이름:

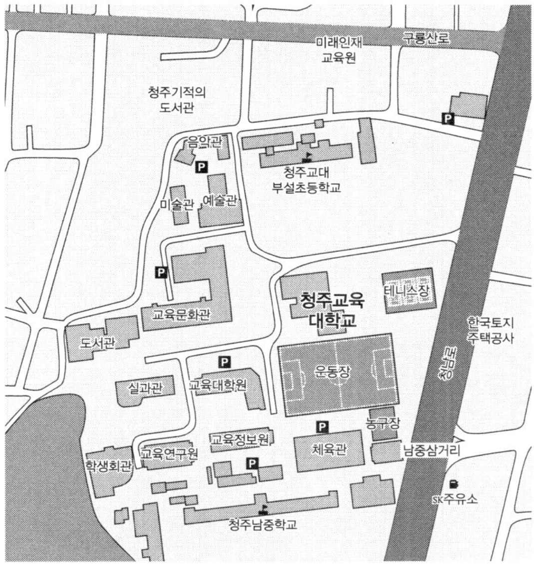

포인트오리엔티어링 지도

① 대학본부 → ② 교육문화관 → ③ 교육대학원 → ④ 도서관 → ⑤ 교육정보원 → ⑥ 교육연원 → ⑦ 예술관 → ⑧ 실과관 → ⑨ 미술관 → ⑩ 음악관 → ⑪ 학생회관 → ⑫ 체육관 → ⑬ 체육실기실 → ⑭ 피트니스 센터 → ⑮ 부설초등학교

(1) 우리 모둠의 포인트 오리엔티어링 경기기록은?

_______분 _______초, 순위: _______위

(2) 우리 모둠의 경기기록은 만족할만한 수준인가?

□ 그렇다 □ 그렇지 않다

(3) 만족하지 못했다면 그 이유는?

□ 운동능력 또는 순발력 부족 등 신체조건
□ 방향감각 또는 지도에 대한 이해 부족
□ 나침반 사용법 미숙
□ 모둠 구성원의 팀웍 부족
□ 기타( )

1) 2014년도 사례

교육문화관 314호 강의실 → ① 대학본부 → ② 교육문화관 → ③ 교육대학원 → ④ 도서관 → ⑤ 교육정보원 → ⑥ 교육연구원 → ⑦ 예술관 → ⑧ 실과관 → ⑨ 미술관 → ⑩ 음악관 → ⑪

학생회관 → ⑫ 체육관 → ⑬ 체육 실기실 → ⑭ 피트니스 센터 → ⑮ 부설초등학교 → 교육문화관 314호 강의실

	출발시각	도착시각	시차, 순위
1조 4인	15:55	16:30:28	35분 28초
2조 4인	16:00	16:32:15	32분 15초, 2
3조 4인	16:05	16:26:37	21분 37초, 1
4조 4인	16:10	16:46:00	36분 00초
5조 4인	16:15	16:52:18	36분 42초

2) 2015년도 사례

교육문화관 314호 강의실 → ⑥ 교육연구원 → 교육문화관 314호 강의실

	출발시각	도착시각	시차, 순위
1조 3인	16:20	16:25:50	5분 50초
2조 3인	16:25	16:30:15	5분 15초
3조 3인	16:30	16:34:40	4분 40초, 2
4조 3인	16:35	16:38:50	3분 50초, 1
5조 3인	16:40	16:47	7분 문 잠김
6조 3인	16:45	16:54:12	7분 12초

6. 평가 기준과 문제 만들기

① 닮음비 개념을 잘 이해하는가?

② 지도의 축척과 방위, 그리고 등고선 개념을 잘 이해하는가?

③ 융합형 과제인 포인트 오리엔티어링 활동을 잘 이해하고 적극적으로 참여하는가?

④ 등고선을 보고 원래의 산 모양을 잘 만드는가?

다음 문제를 풀고 이와 유사한 문제를 만들어 보시오.

〈문제 1〉 다음 등고선과 지형을 보고 오른쪽 여섯 개의 지형을 개략적으로 그려보시오.

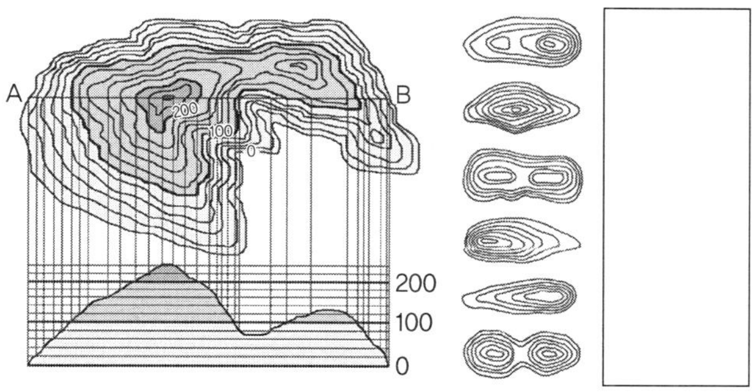

답

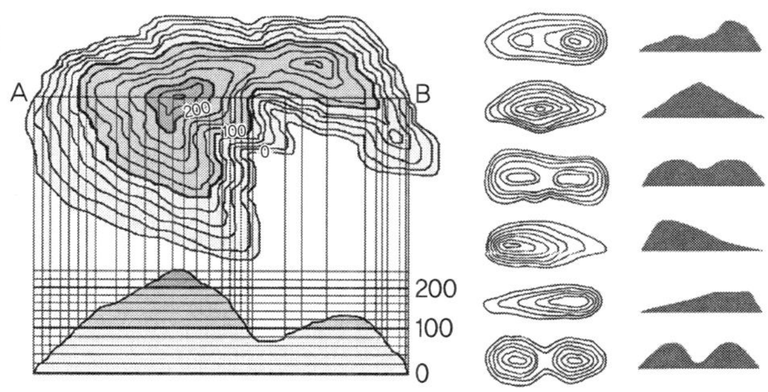

〈문제 2〉 딱딱한 정육면체에 구멍을 뚫어 원래 정육면체보다 좀 더 큰 정육면체를 그 구멍으로 지나게 할 수 있습니다. 어떻게 이런 구멍을 뚫을 수 있을까요?

답

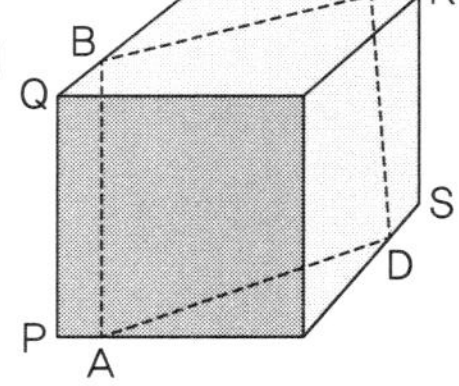

〈문제 3〉 다음 그림은 간격이 1인 점으로 이루어진 눈금판에 여러 가지 도형을 그려놓은 것이다. 각각에 대하여 도형의 내부에 있는 점의 개수(I), 도형의 꼭짓점을 포함한 둘레에 있는 점의 개수(B), 도형의 넓이(S)라고 할 때, 다음 물음에 답하시오.

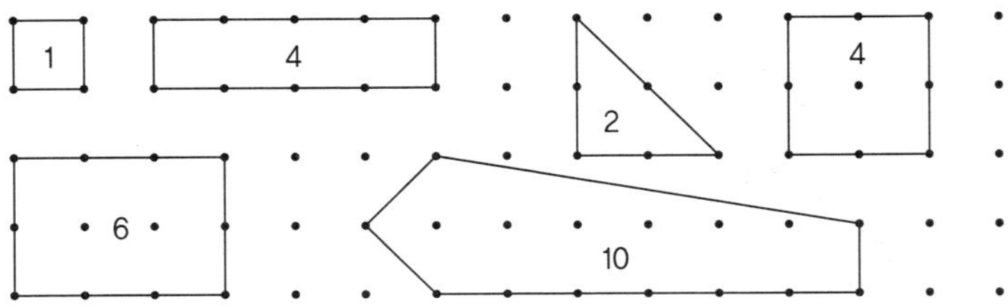

① 아래 표의 빈 칸을 완성하시오.

S	1	4	2	4	6	10
I	0	0				
B	4					

② S를 I와 B의 일차식으로 나타내시오.

추가 질문

③ 이 공식을 반지름이 1인 원의 넓이를 구하는 데 적용시켜보고 차이가 발생하는 원인에 대하여 설명하시오.

④ 다음 그림을 보고 원주율 π가 무엇인지 설명하고 그것이 일정한 값을 가진다는 사실을 어떻게 설명할 수 있을까요?

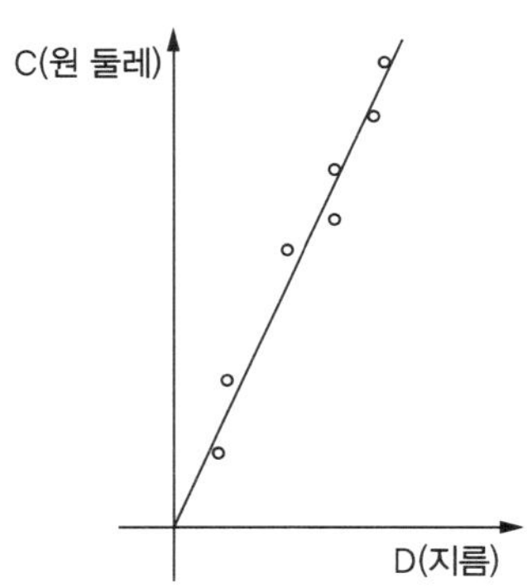

답 ①

S	1	4	2	4	6	10
I	0	0	0	1	2	6
B	4	10	6	8	10	10

② $S = \frac{B}{2} - 1 + I$,

③ $S = \frac{4}{2} - 1 + 1 = 2$

실제 넓이는 $\pi \times 1^2 = \pi \fallingdotseq 3.14$

차이가 발생하는 이유는 ③에서 구한 원의 넓이 어림셈이기 때문

④ 원 둘레에 대한 지름의 비를 여러 가지 경우 조사를 하면

일정한 값에 가까워짐을 알 수 있다.

즉, 위 그림에서의 직선의 기울기가 π로 일정함을 알 수 있다.

〈문제 4〉 가로와 세로간의 이웃하는 각 점 사이의 거리가 1인 다음 7×7 점판 위에 다음 그림과 같이 △ABC를 그릴 수 있다.

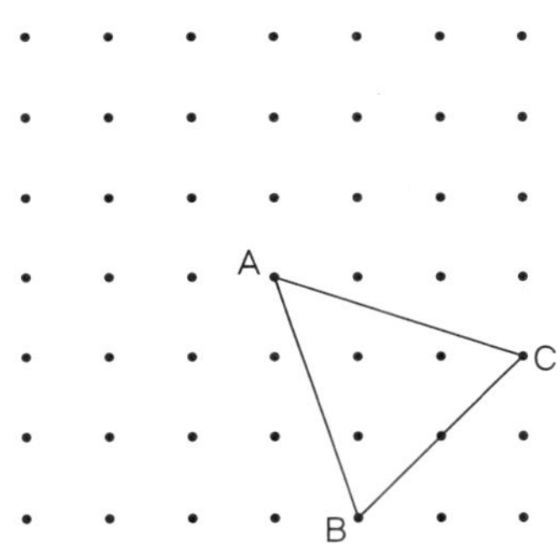

① $\triangle ABC$의 넓이는 얼마인가? 그 이유는?

② 선분 $\overline{BC}$를 고정시켜둔 채로 꼭짓점 A를 자유롭게 옮겨 그리되 그 넓이가 $\triangle ABC$와 같게 되도록 그릴 수 있는 꼭짓점은 모두 몇 개인가?

그러한 꼭짓점들을 연결한 선분은 선분 $\overline{BC}$와 어떠한 관계가 있는가?

제08장

방정식을 풀기 위한 수학자들의 노력

일반인에게는 대수학이 초등대수학을 의미하며, 산술적 수 대신에 변수를 사용한 계산이나 다항방정식의 풀이를 배운다. 그러나 전문 수학자들과 다른 분야의 여러 과학자들에게는 현대·고등·추상 대수학을 의미하며, 덧셈과 곱셈의 성질을 갖는 연산이 존재하는 추상적인 수학구조를 연구한다. 초등대수학과 고등대수학에서 본질적인 것은 계산이 항상 유한개의 항을 사용하고 유한번의 단계만으로 끝나야 한다는 사실이다. 또한 초등대수학조차도 수가 아닌, 수를 표현하는 문자로 계산한다. 현대 대수학은 1830년 에바리스트 갈루아의 연구로 시작하여 계속 발전한 초등대수학에서 나왔다. 추상적인 주요 연구대상은 군, 환, 체, 벡터 공간, 대수이다. 대수학은 이론물리학에서 양자론의 발전에 중요한 역할을 했다.

1. 탐구 개요 및 배경

① 연립방정식과 이차방정식 그리고 삼차방정식을 풀기 위한 수학자들의 기발한 발상들을 살펴봄으로써 창의적인 문제해결 능력을 기른다.

② 어느 나라이건 고유한 수학적 활동이 있어왔다.

③ 수와 식이 등장하기 전의 대수적인 문제해결은 도형을 이용하거나 기발한 아이디어를 동원하여 풀었다.

④ 수와 식의 유용성을 인식함으로써 수학의 가치를 소중히 여기도록 한다.

⑤ 여러 가지 창의적인 문제해결 방법이 있음을 알고 이들을 여러 가지 문제해결에 활용할 수 있도록 한다.

⑥ 829년 아랍의 수학자 알콰리즈미는 직사각형을 잘라 붙여 이차방정식을 풀 수 있었다.

$x^2+10x = 39$를 만족하는 x의 값을 구체적인 활동을 통하여 구해보자.

⑦ 카르다노와 타르탈리아는 정육면체를 만들어 삼차방정식을 풀었다.

⑧ 조선시대 수학자 최석정도 산가지를 이용하여 고차방정식을 풀었다.

⑨ 사람의 몸에서 배꼽의 위치는 황금 분할점이라고들 한다. 또한 사람의 몸의 구성 요소들 간의 거리를 재어보면 많은 것들이 황금비를 이룬다고 한다. 그리고 옛날 사람들은 아름다움을 추구하기 위하여 불상이나 피라미드, 파르테논 신전 등 많은 건축물들의 밑변과 높이의 비를 황금비가 되게 건축하였다고 한다. 그리고 피타고라스학파의 기장은 별 모양의 오각형 안에 또 별 모양의 오각형이 들어있는 도형이라고 하는데, 거기에는 무수히 많은 황금비가 들어있다고 한다. 피타고라스학파는 모든 것이 유리수로 설명될 수 있다고 주장하였지만 정작 그들의 기장에는 황금비라는 무리수 값이 포함되어 있었음을 그들은 알았는지 모를 일이다. 뿐만 아니라, 우리 일상생활에서도 책이나 카드 등이 시각적 안정감을 줄 수 있도록 하기 위하여 가로와 세로의 비가 황금비를 이루는 황금직사각형을 많이 이용하고 있다고 한다.

2. 준비 활동

활동지 1	난법가	학년 반 번호 이름:
	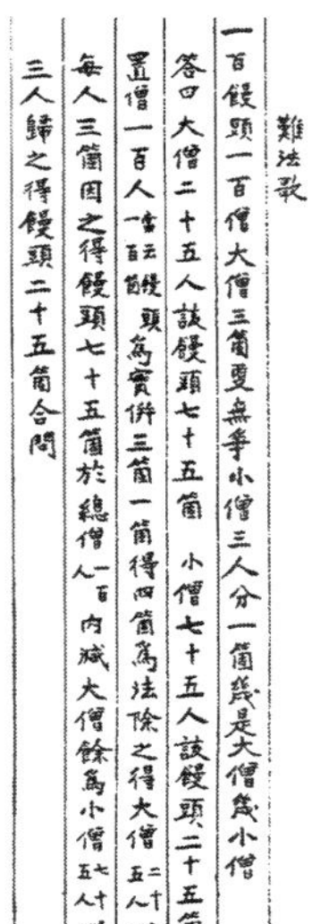	

難法歌

一百饅頭一百僧大僧三箇更無爭小僧三人分一箇幾是大僧幾小僧

答曰大僧二十五人該饅頭七十五箇 小僧七十五人該饅頭二十五箇

置僧一百人以百云饅頭為實併三箇一箇得四箇為法除之得大僧二十五人以

每人三箇因之得饅頭七十五箇於總僧一百人內減大僧餘為小僧七十五人以

三人歸之得饅頭二十五箇合問

	일백만두일백승, 대승삼개경무쟁, 소승삼인분일개, 기시대승기소승 「만두 100개에 스님이 100명인데, 큰 스님 1인에게 3개씩 나누어 주고 작은 스님은 3인 당 만두 1개씩 나누어 준다면, 큰 스님은 몇 명이고 작은 스님은 몇 명일까?」 수학 문제를 7언 절구의 싯귀에 실어 노래할 만큼 해결이 매우 어렵고 곤란한 지경을 연상시킨다. 〈활동 1〉 연립방정식을 세워 문제를 해결하여라. 답 $\begin{cases} x+y=100 \\ 3x+\frac{1}{3}y=100 \end{cases}$ 〈활동 2〉 조선 후기 수학자들의 풀이 설명 (1) 만두가 100개, 스님이 100명이니까, (2) 큰 스님 1명이 먹는 3개와 작은 스님 3명이 함께 먹는 1개를 묶은 4개를 기본 단위로 삼는다. 이것은 만두 4개에 스님 4명이 대응한다는 데서 이루어진 발상이다. (3) 그리고 만두 100개를 기본 단위인 4로 나누면 25가 나온다. 이 25는 3개씩 먹는 큰 스님의 수이면서 동시에 작은 스님들이 먹는 만두의 개수이다. (4) 따라서 큰 스님의 수가 25이므로, 스님의 총 수 100에서 큰 스님의 수 25를 빼어 75라는 작은 스님의 수를 얻는다.
납법가와 유사한 문제 만들어 풀기	

3. 탐구 활동

활동지 2	학귀산, 계토산, 예상과 확인	학년　　반　　번호 이름:
	1. 분배 문제 사과를 분배하는데, 여섯 사람 중에서 네 사람은 각각 전체 사과 중에서 삼분의 일, 팔분의 일, 사분의 일, 오분의 일을 받고, 다섯 째 사람은 열 개의 사과를 받으며, 여섯 째 사람은 한 개의 사과를 받는다면, 얼마나 많은 사과가 필요하겠는가? 답 $\left(\frac{1}{3}+\frac{1}{8}+\frac{1}{4}+\frac{1}{5}x+10+1\right)=x$, $\frac{109}{120}x+11=x$, $\frac{11}{120}x=11$, $x=120$	

2. 나이 문제

디오판투스는 그의 삶의 $\frac{1}{6}$을 어린이로, $\frac{1}{12}$을 젊은이로, $\frac{1}{7}$을 미혼으로 살았다. 결혼한 뒤 5년 만에 아들을 낳았는데, 그 아들은 그의 아버지보다 4년 먼저 죽었다. 그런데 아들은 아버지의 삶의 절반을 살았다고 한다. 디오판투스가 죽었을 때의 나이는?

답 6, 12, 7의 공배수
6, 12, 7의 최소공배수는 84
만약 84의 배수인 168세이면 너무 많으므로 그의 나이는 84

3. 연립방정식 문제

"철수와 영희가 동물농장에 놀러갔다. 닭과 토끼는 모두 100마리인데, 다리를 세어보니 272개였다. 닭과 토끼는 각각 몇 마리씩인가?"

(1) "**鶴龜算**"(학귀산) 또는 "**鷄兎算**"(계토산) 이율분신법

조선시대 수학 서적인 황윤석의 이수신편이라는 책에서의 풀이 방법인 **이율분신(만약 닭과 토끼가 그들의 다리 개수의 절반을 들고 있다고 가정해보자)**이면,
다리 개수 절반 → 136개, 토끼 각각 다리 2개, 닭 각각 다리 1개
136−100 = 36개는 누구 다리? 토끼 다리이자 토끼의 마리 수, 닭 64마리

(2) 고대 이집트인들의 예상과 확인(false position) 방법

	마리수	다리수	마리수	다리수	마리수	다리수
닭	50	100	60	120	64	128
토끼	50	200	40	160	36	144
합계		300		280		272
		272보다 많다		8개 많다		○

(3) 연립방정식을 세워 풀어보자.

답 $\begin{cases} x+y=100 \\ 2x+4y=272 \end{cases}$

여러 가지 풀이방법을 가진 문제 만들어 풀기

활동지 3	알콰리즈미의 방정식	학년　　반　　번호 이름:

〈활동 1〉 A4 용지 위에 $x^2+10x=39$에 해당하는 도형 직사각형을 다음 그림 1과 같이 그린다.

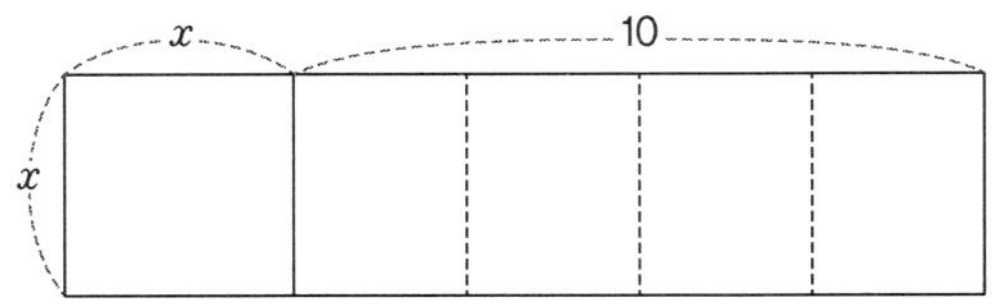

그림 1

〈활동 2〉 그림 1의 오른쪽 점선 부분을 잘라 왼쪽 정사각형의 상, 하, 좌, 우변에 붙여 다음 그림 2와 같은 도형을 만든다.

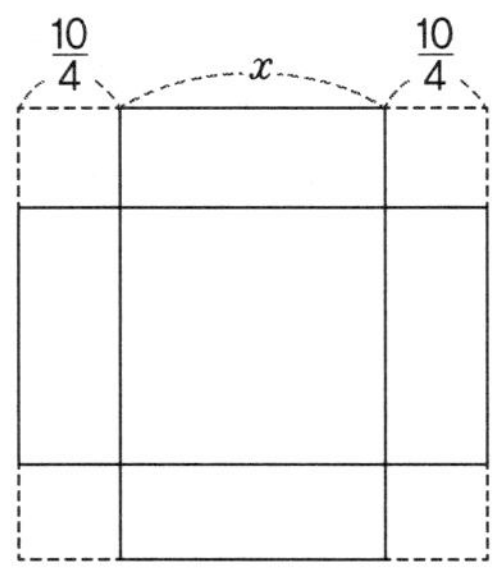

그림 2

〈활동 3〉 다음 식이 성립하는 이유를 설명하시오.

$$\left(x+\frac{10}{2}\right)^2-4\left(\frac{10}{4}\right)^2=39$$

$$\left(x+\frac{10}{2}\right)^2=25+39=64$$

$$x=3$$

〈과제〉 다음 이차방정식을 위와 같은 방법으로 그림을 그려 풀어라.

$$x^2+6x=40$$

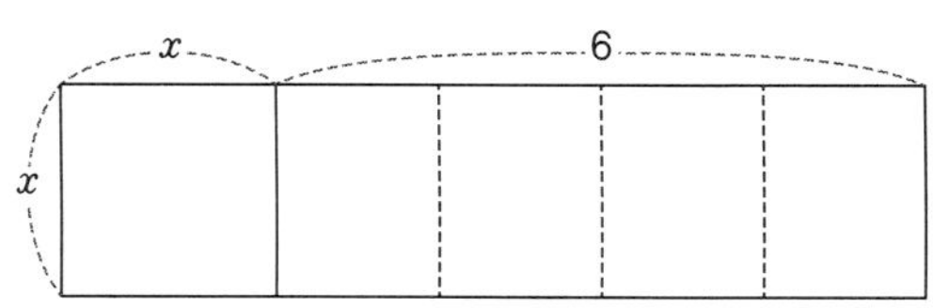

그림 3

4. 심화 활동

활동지 4	카르다노와 타르탈리아의 방정식	학년　반　번호 이름:

삼차방정식

$x^3+9x=26$ …①을 만족하는 x값을 구하기 위하여 다음과 같이 정육면체를 이용하였다. 그의 발상을 살펴보자.

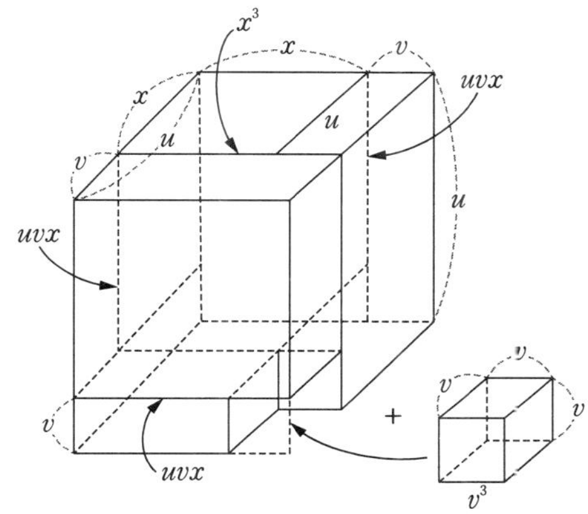

[목표]는 오른쪽 그림에서 u와 v를 구하여 x를 구하는 것이다.

〈활동1〉 $x=u-v$라고 할 때, $x^3+3uvx=u^3-v^3$ …②임을 설명하보자.
x^3은 뒤쪽의 정육면체, $3uvx$는 앞, 옆, 아래쪽에 붙은 직육면체 3개
이는 큰 정육면체 u^3에서 앞쪽 아래 모퉁이의 작은 정육면체 v^3을 뺀 것과 같은가?

〈활동 2〉 계수비교법에 의해 $uv=3$, $u^3-v^3=26$이라 두면, 식 ①은 ②와 같다.
그런데, $u^3v^3=27$, $u^3-v^3=26$이므로, 여기서 $u^3=X$, $v^3=Y$라 두면, $XY=27$, $X-Y=26$이므로, 이차방정식 $X^2-26X-27=0$ …③을 만들 수 있다. 이제 삼차방정식의 풀이는 이차방정식의 풀이로 바뀌었다. X, Y, u, v를 구하여 x를 구하여라.

〈과제〉 다음 삼차방정식을 위와 같은 방법으로 풀어보자.

$$x^3+9x=54$$

5. 탐구 문제

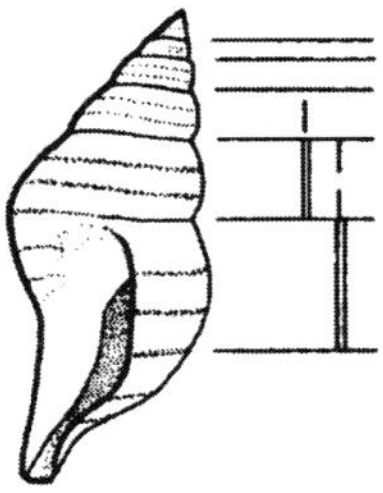

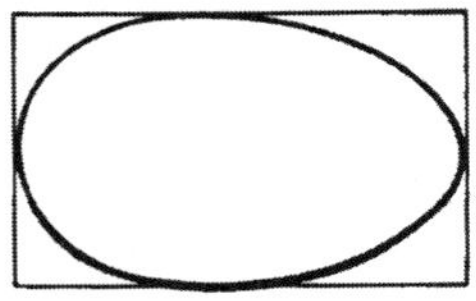

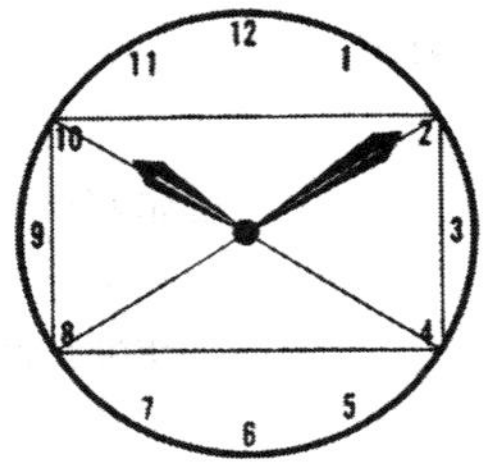

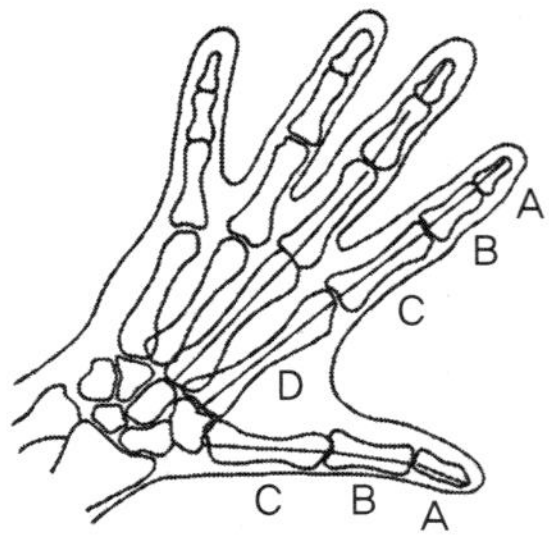

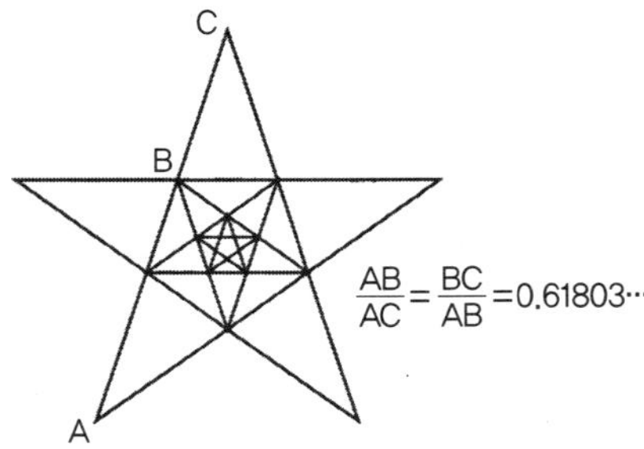

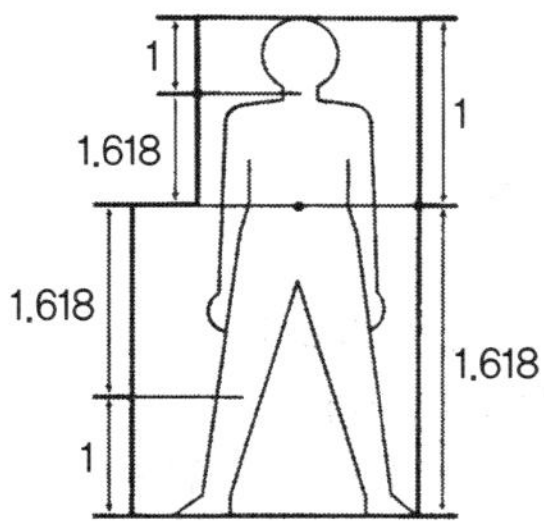

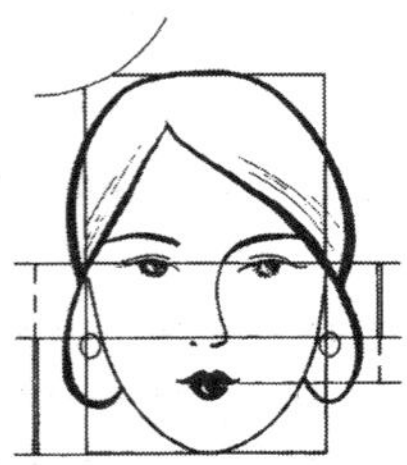

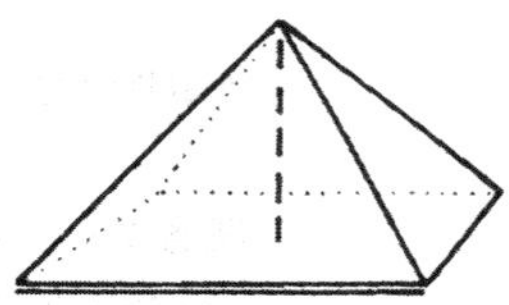

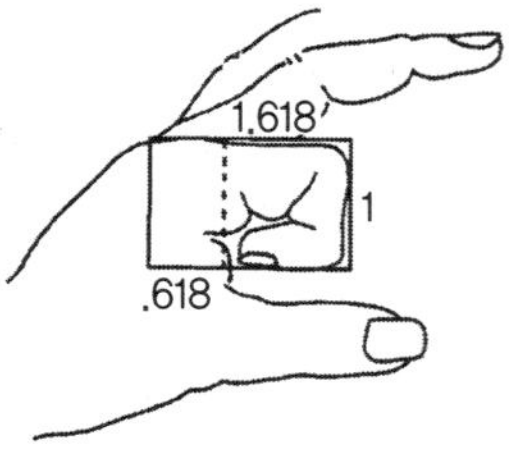

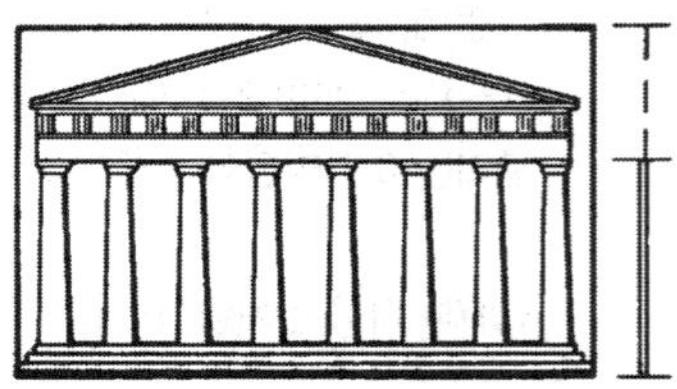

<table>
<tr><td rowspan="2">활동지 5</td><td rowspan="2">황금비</td><td>학년 반 번호</td></tr>
<tr><td>이름:</td></tr>
<tr><td></td><td colspan="2">이제 다음과 같은 절차를 이용하여 황금비의 값을 구해보기로 하자. 다음 그림과 같이 주어진 선분이나 직사각형에서 $x : y = y : (x+y)$를 만족시킬 때, $\frac{x}{y}$값을 황금비, 그 역수인 $\frac{y}{x}$값을 황금 평균이라 한다.</td></tr>
</table>

$$\frac{AB}{BC}=\frac{BC}{AC}$$

or

$$\frac{S}{L}=\frac{L}{S+L}$$

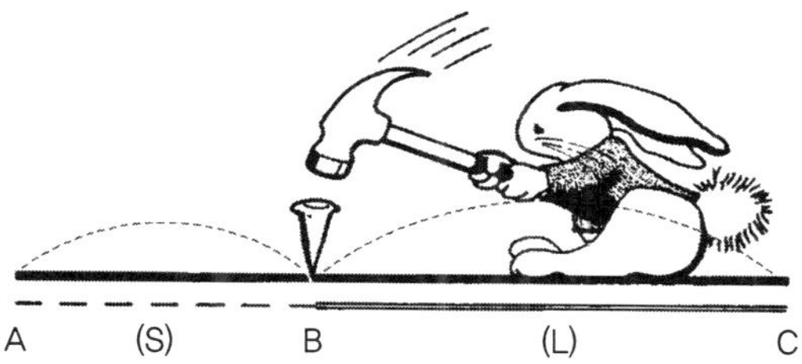

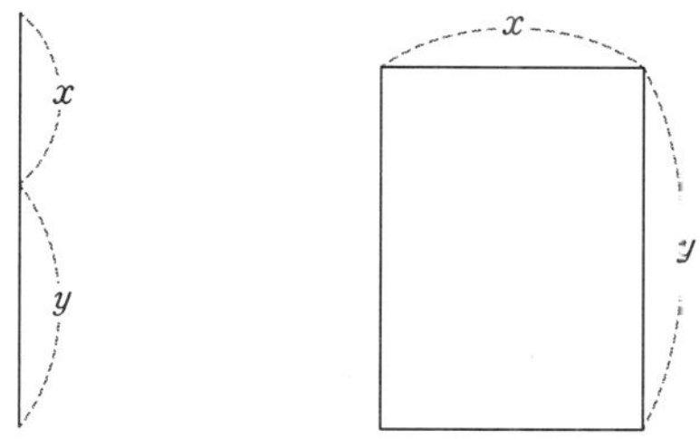

〈활동 1〉 $x : y = y : (x+y)$에서, $\frac{x}{y}=\frac{\sqrt{5}-1}{2}$, $\frac{y}{x}=\frac{\sqrt{5}+1}{2}$임을 밝혀라.

〈활동 2〉 가로와 세로의 비가 황금비를 이루는 직사각형을 황금직사각형이라고 한다. 이 황금직사각형에서 정사각형을 잘라내고 남은 직사각형은 역시 황금직사각형임을 밝혀라.

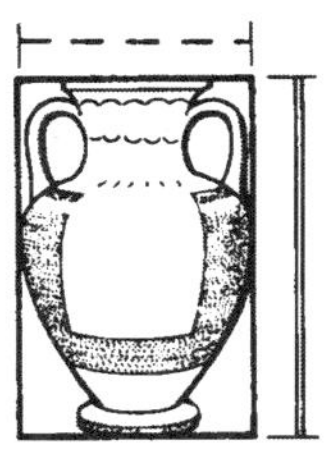

활동지 6	모스크바 파피루스의 문제 14 정사각뿔대의 부피	학년　　반　　번호 이름:

기원전 1850년경으로 추정되는 모스크바 파피루스는 25개의 문제를 포함하고 있는 수학적 문헌인데 1893년에 이집트에서 구입되어 현재 모스크바의 한 박물관에 소장되어 있다. 이 파피루스의 문제 14에는 다음과 같은 수치적인 보기가 있다.

"높이가 6, 밑면의 한 변의 길이가 4, 윗면의 한 변의 길이가 2인 정사각뿔대, 즉 상단부가 잘린 피라미드가 있다. 당신은 4를 제곱하여 16을 얻고, 4를 두 배하여 8을, 2를 제곱하여 4를 얻는다. 이 16, 8, 4를 더하여 28을 얻고 6의 $\frac{1}{3}$을 택하여 2를 얻는다. 28을 두 배하여 56을 얻는다. 이것은 56이다."

이러한 진술의 타당한 근거를 다음과 같은 방식으로 밝힐 수 있다. 즉,

밑면의 넓이가 A, 윗면의 넓이가 B, 높이가 h인 임의의 정사각뿔대 P의 부피 V는 헤론 평균이라고 하는

$$V = \frac{1}{3}h(A+\sqrt{AB}+B) \cdots①$$

임을 밝혀보자.

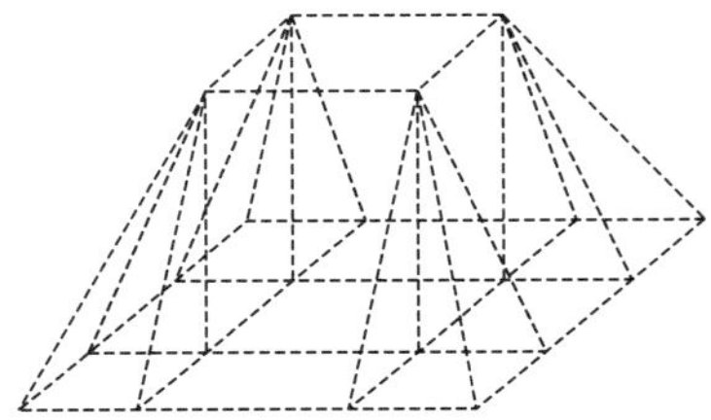

(1) 닮음비를 이용하여 공식 ①을 만들어 보시오.

(2) 위의 정사각뿔대의 밑면 정사각형의 한 변을 a, 윗면 정사각형의 한 변을 b, 높이를 h라 할 때, 이 정사각뿔대를 다음과 같이 9조각으로 자를 수 있다.

① 밑면의 넓이가 b^2이고 높이가 h인 직육면체 Q의 부피는 b^2h,

② 4개의 삼각기둥 A, B, C, D 부피는 각각 $\frac{b(a-b)h}{4}$

③ 4개의 정사각뿔 E, F, G, H 부피는 각각 $\frac{(a-b)^2h}{12}$

정사각뿔대 P의 부피 V는 Q, A, B, C, D, E, F, G, H의 부피의 합과 같으므로, 다음 공식

$$V = \frac{1}{3}h(a^2+ab+b^2) \cdots②$$

가 성립함을 확인하시오.

(3) ②는 ①과 같으며, 이를 이용하여, 파피루스의 문제 14의 풀이가 정확하게 옳음을 확인해보시오.

6. 평가 기준과 문제 만들기

① 고대 수학자들의 방정식 문제 풀이 과정을 잘 이해하는가?

- 난법가, 학귀산, 계토산, 예상과 확인 전략
- 알콰리즈미의 이차방정식
- 카르다노와 타르탈리아의 삼차방정식

② 황금비의 개념을 잘 이해하고 이를 구할 수 있는가?

③ 정사각뿔대의 부피 구하는 고대인들의 생각을 이해하는가?

다음 문제를 풀고 이와 유사한 문제를 만들어 보시오.

〈문제 1〉 다음 이차방정식을 알콰리즈미의 방식으로 풀어보시오.

$$x^2 + 12x = 45$$

〈문제 2〉 금속판에 그림과 같이 세 개의 구멍을 뚫었습니다. 각각의 구멍에 정확하게 들어맞으며 그것들을 모두 통과할 수 있는 나무토막 하나를 그려보세요.

〈문제 3〉 사면체 자르기

그림 (a)와 같이 정사면체를 두 개의 똑같은 부분으로 나누면 그 자른 단면 $ABCD$는 어떤 모양의 사각형일까요? 그 이유는?

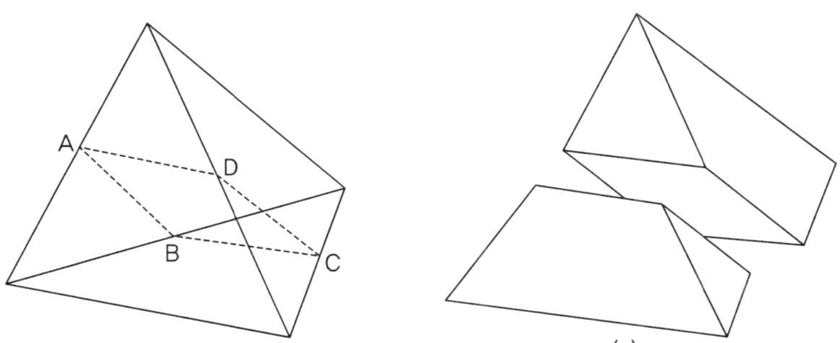

(a)

답 정사각형

〈문제 4〉 다음 이차방정식과 삼차방정식을 각각 알콰리즈미의 방식과 카르다노와 타르탈리아의 방식으로 풀어라.

① $x^2+12x=45$

② $x^3+9x=26$

답 ① $x=3$, ② $x=2$

〈문제 5〉 섭씨(Celsius) 온도는 1기압에서의 물이 어는점을 0도, 끓는점을 100도로 정한 온도 체계이며, 기호는 ℃이다. 화씨온도는 1기압에서의 물의 어는 점을 32℉, 끓는점을 212℉로 정하고 두 점 사이를 180등분한 눈금이다. 단위는 ℉를 사용한다. 화씨온도는 파렌하이트(Fahrenheit) 온도라고도 한다.

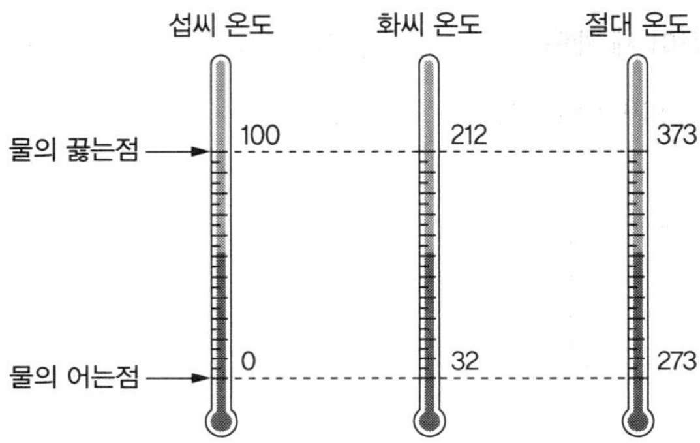

절대온도는 물질의 특이성에 의존하지 않는 절대적인 온도를 가리킨다. 1848년 켈빈이 도입하였으며, 켈빈온도 또는 열역학적 온도라고도 한다. 통계역학적으로 엔트로피를 알면 절대온도 T를 구할 수 있다. 영하 273.16℃를 기준으로 하여, 보통의 섭씨와 같은 간격으로 눈금을 붙였다.

① C를 F에 관한 식으로 나타내어라.

② F를 C에 관한 식으로 나타내어라.

③ T를 C에 관한 식으로 나타내어라.

④ 섭씨 온도와 화씨 온도가 같아지는 온도는 몇 도인가?

제09장

수열의 규칙성 탐구와 아르키메데스의 왕관

"액체에 잠긴 물체는 그 물체에 의해 밀려난 액체의 무게와 같은 부력을 받는다."

부력의 원리라고도 한다. 유체(기체나 액체) 속에 정지해 있는 물체는 중력과 반대방향의 힘인 부력(주위의 유체가 물체에 미치는 힘의 합력)을 받는데, 그 크기는 유체에 잠긴 물체의 부피에 해당하는 유체의 무게와 같다.

BC 220년경 아르키메데스가 발견했다고 한다. 그는 물속에 있는 물체가 실제의 무게보다 가볍게 느껴지는 이유에 대해 원리를 이용하여 설명했다. 이 원리는 물질의 비중을 측정하는 기초가 될 뿐 아니라 옛날부터 뱃짐 등 복잡한 형태의 물체 부피를 계산하는 데 응용하였다. 전설에 의하면 아르키메데스가 시라쿠사의 왕 히에론 명에 따라 왕관이 순금으로 만든 것인지를 조사하느라고 고심하던 중에, 우연히 목욕탕에서 자신의 몸이 가볍게 느껴짐을 깨닫고 이 원리를 발견했다고 한다. 왕관에 섞었을 은이나 구리 등 물질은 금보다 밀도가 작기 때문에 같은 질량의 금보다 그 부피가 더 크다. 따라서 은이나 구리 등을 섞어서 왕관을 만들었다면 같은 질량의 금보다는 그 부피가 더 클 것이다. 아르키메데스는 왕관과 또 그것과 같은 질량의 금을 따로따로 물속에 담그고 넘쳐 흘러나온 물의 부피가 왕관 쪽이 더 많다는 것으로 왕관이 순금이 아니라는 것을 알아내었다.

1. 탐구 개요 및 배경

(1) 피타고라스가 도형을 이용하여 여러 가지 수열의 합을 구하는 방법을 탐구한 것과 같은 탐구를 해본다. 또한 고대 바빌로니아 인들의 문헌에 나타난 다음 공식의 의미를 알아본다.

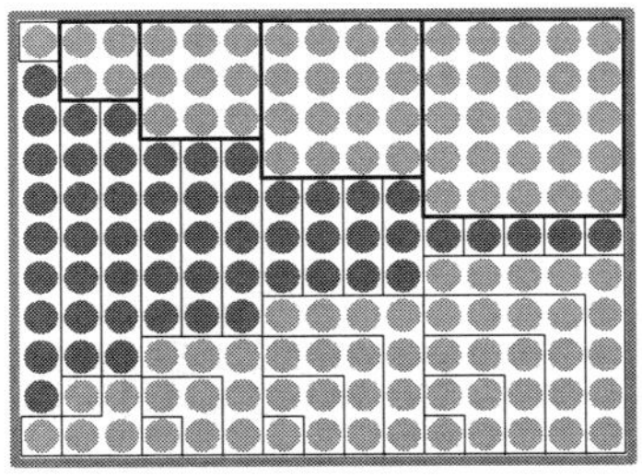

$$1^2+2^2+3^2+\cdots+10^2=\left[1\left(\frac{1}{3}\right)+10\left(\frac{2}{3}\right)\right]+55=385$$

(2) 문제해결을 위한 수식이나 공식들을 도형이나 그림 등을 이용하여 밝혀봄으로써, 교육과정의 한계를 뛰어넘을 수 있다. 홀수의 합이 제곱수가 된다거나, 자연수의 합이 $\frac{n(n+1)}{2}$, 제곱수의 합이 $\frac{n(n+1)(2n+1)}{6}$이 되는 것 등은 고등학교 교육과정에서 취급하지만, 초등학교나 중학교의 학생들도 탐구할 수 있다.

(3) 융합형 과제로서 아르키메데스의 왕관 문제를 탐구해본다.

준비물

· 개별 준비물: 학생 1인당 매쓰 링크 1세트

2. 준비 활동: 12×12 수표에서 규칙 찾기

1	2	3	4	5	6	7	8	9	10	11	12
2	4	6	8	10	12	14	16	18	20	22	24
3	6	9	12	15	18	21	24	27	30	33	36
4	8	12	16	20	24	28	32	36	40	44	48
5	10	15	20	25	30	35	40	45	50	55	60
6	12	18	24	30	36	42	48	54	60	66	72
7	14	21	28	35	42	49	56	63	70	77	84
8	16	24	32	40	48	56	64	72	80	88	96
9	18	27	36	45	54	63	72	81	90	99	108
10	20	30	40	50	60	70	80	90	100	110	120
11	22	33	44	55	66	77	88	99	110	121	132
12	24	36	48	60	72	84	96	108	120	132	144

각 행과 열의 수들의 규칙성은 무엇인가? 또한 각 행의 일의 자리 수를 연결하였을 때, 다음 그림과 같이 되는 행은 각각 몇 행인가?

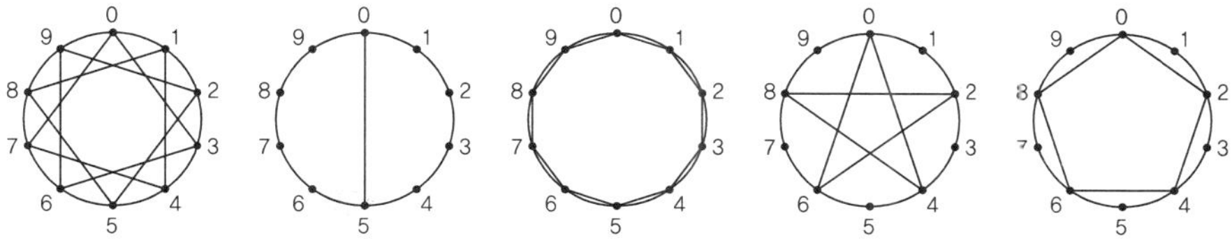

(1)	(2)	(3)	(4)	(5)
3행 7행	5행	1행 9행 11행	4행 6행	2행 8행 12행

3. 탐구 활동

(1) 대각선의 수 1, 4, 9, 16, …의 규칙성은 무엇인가?

답 제곱수, n^2

(2) 배경 색을 가진 간의 수들의 행과 열의 규칙성은 무엇인가?

답 2씩 곱한 수

$a_n = 2a_{n-1}\ (n \geq 2)$

(3) 1, 2+4+2, 3+6+9+6+3, …의 규칙성은 무엇인가?

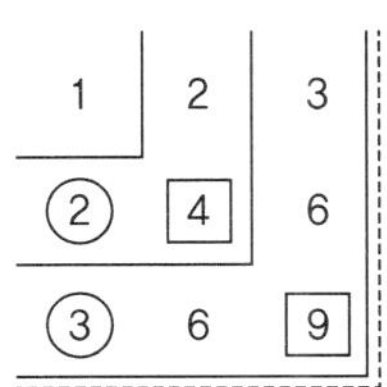

답 세제곱수, n^3

(4) 1+2+2+4, 4+6+6+9, 6+12+12+16, …의 규칙성은 무엇인가?

1	2	3
2	4	6
3	6	9

답 1을 제외한 홀수의 제곱 $(2n+1)^2$

(5)

9	12	15	18	21	24
12	16	20	24	28	32
15	20	25	30	35	40
18	24	30	36	42	48
21	28	35	42	49	56
24	32	40	48	56	64

$a_1 = 25+2\times30+36 = 121$

$a_2 = 16+2\times20+2\times24+\cdots+2\times42+49 = 363$

$a_3 = 9+2\times12+2\times15+\cdots+2\times56+64 = 605$

…

$a_n = 121(2n-1)$

(6) 다음과 같은 정사각형 수열의 일반항을 위와 같은 방법으로 구하여 보자.

6	8	10	12	14
9	12	15	18	21
12	16	20	24	28
15	20	25	30	35
18	24	30	36	42

답 $n=1$일 때는 20, $160(n-1)$ $(n \geq 2)$

4. 심화 활동

다음 그림을 이용하여 각 수열의 합에 대한 공식이 성립함을 설명하여보자.

(1) $1+3+5+\cdots+(2n-1)=n^2$

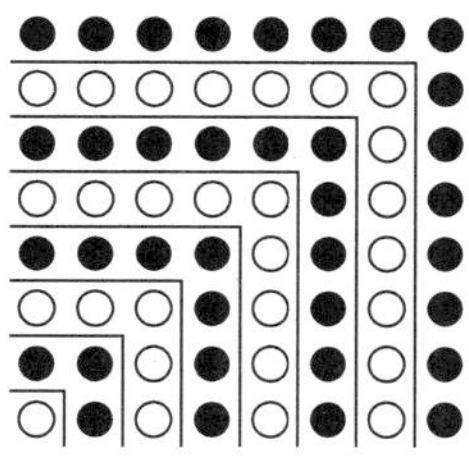

그림 1

한 변이 n인 정사각형 모양으로 배열된다.

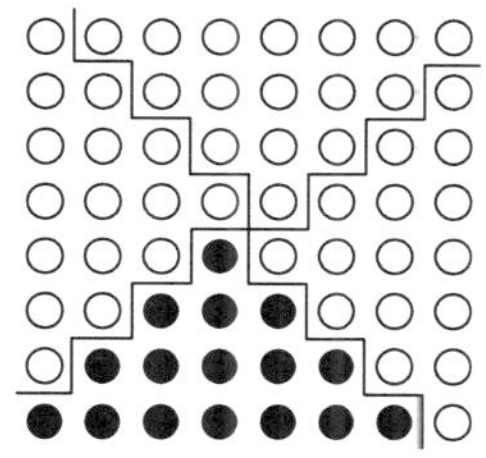

그림 2

홀수를 네 번 더하면 한 변이 2n인 정사각형이 되므로 홀수의 합은 n^2

(2) $1+3+5+\cdots+(2n-1)=n^2$

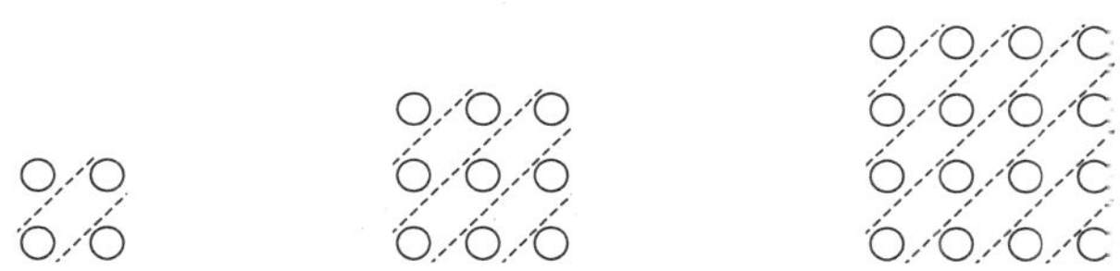

$1+2+1=2^2$　　$1+2+3+2+1=3^2$　　$1+2+3+4+3+2+1=4^2$

$$1+2+3+\cdots(n-1)+n+(n-1)+(n-2)+\cdots+3+2+1=1+3+5+\cdots+(2n-1)=n^2$$

(3) $1^2+2^2+3^2+\cdots+n^2=\dfrac{n(n+1)(2n+1)}{6}$

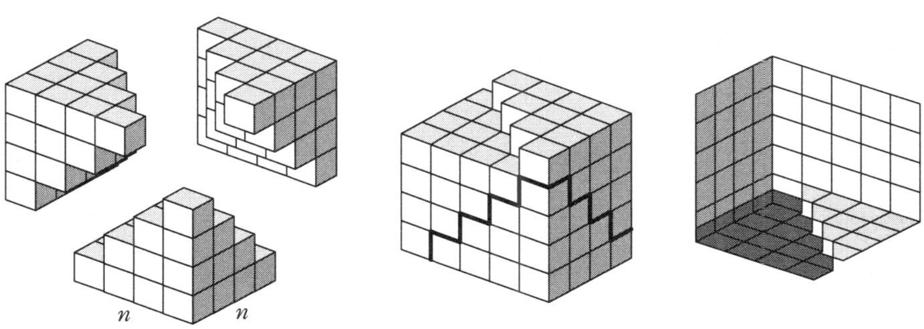

답 $6(1^2+2^2+3^2+\cdots+n^2)=n(n+1)(2n+1)$이므로

(4) 다음과 같이 서로 다른 두 가지 색깔의 구슬을 가지고 주어진 사각형의 틀 안에 구슬을 배열하여보자.

(가)

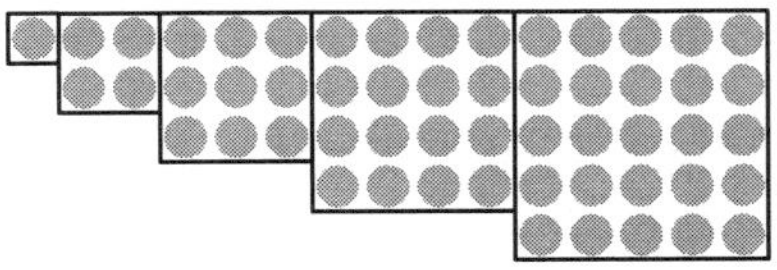

(나)

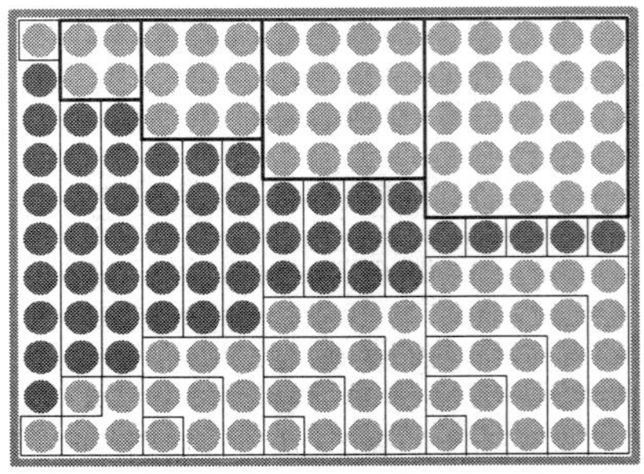

① (가)에서는 $1^2+2^2+3^2+4^2+5^2$개의 구슬이 필요함을 알 수 있다.

② (나)의 파란 구슬은 (가)의 빨간 구슬과 개수가 같음을 설명해보자.

답 $1\times5+3\times4+5\times3+7\times2+9\times1$
$=(1+3+5+7+9)+(1+3+5+7)+(1+3+5)+(1+3)+1$
$=5^2+4^2+3^2+2^2+1$

③ (나)에서 $3(1^2+2^2+3^2+4^2+5^2)=\frac{1}{2}\times5\times6\times11$이 됨을 설명하시오.

5. 탐구 문제: 아르키메데스의 왕관 탐구

(1) 배경 상황: 수학사 이야기

아르키메데스는 역대 세 명의 가장 위대한 수학자 중의 한 사람으로 알려져 있다. 그는 기원전 3세기경 시칠리아 섬에서 살았다.

한 번은 시칠리아의 왕이 자신의 금관을 만든 사람이 은을 넣어 자신을 속였다고 여겼다. 아르키메데스는 목욕탕에서 있으면서, 물에서 뜨는 물체에 관한 법칙을 발견하였다. 그는 동시에 이 법칙이 왕관이 순수한 금으로 만들어졌는지 아닌지를 왕이 알고 싶어 하는 것을 도울 수 있음을 알았다. 아르키메데스는 그의 발견에 흥분하여 벌거벗은 채 집을 뛰쳐나오면서 "유레카(Eureka)"라고 외친바, 그 의미는 "난 알아냈어!"라는 뜻이다.

로마는 시칠리아와의 전쟁 상태에 있었으며, 아르키메데스는 그가 만든 무기로 조국의 방위를 도왔다. 이러한 무기들 중의 하나는 대형 거울, 즉 포물면경을 이용하여 태양 광선을 적의 군함에 집중시켜 불태워버리는 것이다.

아르키메데스의 도움에도 불구하고, 로마군은 마침내 시칠리아 섬을 정복하였다. 그들이 섬에 당도하였을 때, 노 수학자, 아르키메데스는 자신이 어떤 문제를 풀기 위하여 모레 위에 원들을 그리고 있었다. 로마 병사가 그의 그림을 밟고 들어왔다. 아르키메데스가 그더러 나가라고 하자, 병사는 칼로 그 노 수학자를 베어버렸다.

(2) 탐구 문제 해결

1) 아르키메데스가 알아낸 방법을 수학에서의 식으로 일반화하여 나타낼 수 있을까?

무게가 w인 왕관은 금 w_1과 은 w_2으로 이루어져 있다고 하자.

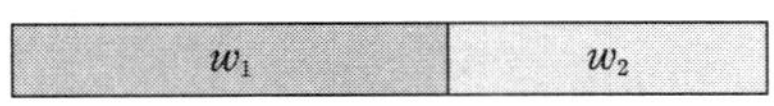

무게 w인 순금은 물속에서 무게를 달 때 f_1 만큼 무게가 감소하고, 무게 w인 순은은 물속에서 무게를 달 때 f_2 만큼 감소한다. 그리고 금 w_1과 은 w_2으로 이루어진 무게가 w인 왕관은 물속에서 무게를 달 때 f만큼 감소한다고 가정하자. 이 때, 다음이 성립함을 보여라.

$$\frac{w_1}{w_2} = \frac{f_2 - f}{f - f_1}$$

풀이 순금 w_1을 물속에서 무게를 달 때 x만큼 감소하고, 순은 w_2를 물속에서 무게를 달 때 y만큼 감소한다고 하면, 다음과 같은 비례식을 세울 수 있다.

순금으로 인해 줄어든 물 속 무게는 $f_1 : w = x : w_1 \quad \therefore\ x = \dfrac{w_1 f_1}{w}$

순은으로 줄어든 물 속 무게는 $f_2 : w = y : w_2 \quad \therefore\ y = \dfrac{w_2 f_2}{w}$

왕관이 물 속에서 줄어든 무게는 $f=x+y$ 이므로 $f=\dfrac{w_1f_1+w_2f_2}{w}$

$w=w_1+w_2$ 이므로 $f=\dfrac{w_1f_1+w_2f_2}{w_1+w_2}$

$f(w_1+w_2)=w_1f_1+w_2f_2$

$w_1(f-f_1)=w_2(f_2-f)$

$\therefore\ \dfrac{w_1}{w_2}=\dfrac{f_2-f}{f-f_1}$

2) 이 공식을 이용하여 다음 물음에 답하여라.

① 1kg의 왕관을 물 속에서 재니 800g이었다. 순금 1kg의 물속 무게가 900g, 순은 1kg의 물 속 무게는 750g이라고 할 때, 이 왕관 속의 금과 은은 각각 얼마일까?

② $0<f_1<f<f_2$의 의미를 금과 은의 무게와 물 속 무게를 연계하여 설명하시오.

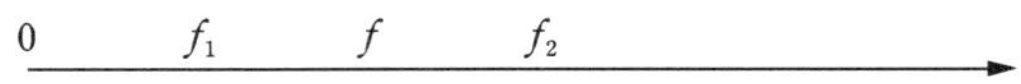

③ f가 f_1과 거의 같다는 것은 무엇을 의미할까?

④ f가 f_2와 거의 같다는 것은 무엇을 의미할까?

⑤ 은을 전혀 섞지 않았다면 f와 f_1의 값은 어떨까?

⑥ 모두 은으로 만들었다면 f와 f_2의 값은 어떨까?

풀이 ① $\dfrac{w_1}{w_2}=\dfrac{f_2-f}{f-f_1}=\dfrac{250-200}{200-100}=\dfrac{1}{2}$, $w_1+w_2=1000$이므로 각각 금 $\dfrac{1000}{3}g$, 은 $\dfrac{2000}{3}g$ 씩이다.

② 같은 무게 w인 금과 은을 물 속에서 달면 줄어드는 무게는 금보다 은의 경우가 더 크다. 그리고 금과 은을 섞어서 만든 왕관의 줄어드는 무게는 그 중간이다.

③ 거의 금으로 만들었다. 혹은 거의 은을 섞지 않았다.

④ 거의 은으로 만들었다. 혹은 거의 금을 이용하지 않았다.

⑤ 서로 같다.

⑥ 서로 같다.

3) 무게가 w인 왕관을 물속에 잠그면 vcm^3의 물이 빠져나가고 왕관과 같은 무게의 순금과 순은을 물속에 잠그면 각각 v_1cm^3, v_2cm^3의 물이 빠져나간다고 가정하자. 이 때 다음이 성립함을 보여라.

$$\frac{w_1}{w_2}=\frac{v_2-v}{v-v_1}$$

풀이 (1)번과 동일한 풀이 방식으로 풀어보자.

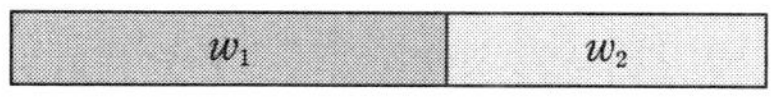

순금 w_1을 물 속에 담그면, xcm^3, 순은 w_2를 물 속에 담그면 ycm^3의 물이 빠져나간다고 하면

순금으로 인해 빠져 나간 물의 양은 $v_1 : w = x : w_1 \quad \therefore\ x=\frac{w_1v_1}{w}$

순은으로 인해 빠져나간 물의 양은 $v_2 : w = y : w_2 \quad \therefore\ y=\frac{w_2v_2}{w}$

왕관을 물속에 담갔을 때 빠져나간 물의 양은 $v=x+y$ 이므로 $v=\frac{w_1v_1+w_2v_2}{w}$

$w=w_1+w_2$ 이므로 $v=\frac{w_1v_1+w_2v_2}{w_1+w_2}$

$v(w_1+w_2)=w_1v_1+w_2v_2$

$w_1(v-v_1)=w_2(v_2-v)$

$\therefore\ \frac{w_1}{w_2}=\frac{v_2-v}{v-v_1}$

이 공식을 이용하여 다음 문제를 풀 수 있다.

1kg의 왕관을 물 속에서 넣었더니 150cm^3의 물이 빠져 나갔다. 순금과 순은 1kg을 물 속에 넣었더니 각각 100cm^3, 250cm^3의 물이 빠져나갔다고 할 때, 이 왕관 속의 금과 은은 각각 얼마일까?

풀이 ① $\frac{w_1}{w_2}=\frac{v_2-v}{v-v_1}=\frac{250-150}{150-100}=2$, $w_1+w_2=1000$이므로 각각 금 $\frac{2000}{3}g$, 은 $\frac{1000}{3}g$ 씩이다.

(3) 과학적 의미 해석

① 다음 글을 읽고 부력의 원리에 대하여 각자가 체험한 바를 설명하고 토론하여보자.

"액체에 잠긴 물체는 그 물체에 의해 밀려난 액체의 무게와 같은 부력을 받는다."

부력의 원리라고도 한다. 유체(기체나 액체) 속에 정지해 있는 물체는 중력과 반대방향의 힘인 부력(주위의 유체가 물체에 미치는 압력의 합력)을 받는데, 그 크기는 물체를 그 유체로 바꾸어 놓았을 때 작용하는 중력의 크기와 같다.

BC 220년경 아르키메데스가 발견했다고 한다. 그는 물 속에 있는 물체가 실제의 무게보다 가볍게 느껴지는 이유에 대해 원리를 이용하여 설명했다. 이 원리는 물질의 비중을 측정하는 기초가 될 뿐 아니라 옛날부터 뱃짐 등 복잡한 형태의 물체 부피를 계산하는 데 응용하였다. 전설에 의하면 아르키메데스가 시라쿠사의 왕 히에론 명에 따라 왕관이 순금으로 만든 것인지를 조사하느라고 고심하던 중에, 우연히 목욕탕에서 자신의 몸이 가볍게 느껴짐을 깨닫고 이 원리를 발견했다고 한다. 왕관에 섞었을 은이나 구리 등 물질은 금보다 밀도가 작기 때문에 같은 질량의 금보다 그 부피가 더 크다. 따라서 은이나 구리 등을 섞어서 왕관을 만들었다면 같은 질량의 금보다는 그 부피가 더 클 것이다. 아르키메데스는 왕관과 또 그것과 같은 질량의 금을 따로따로 물 속에 담그고 넘쳐 흘러나온 물의 부피가 왕관 쪽이 더 많다는 것으로 왕관이 순금이 아니라는 것을 알아내었다.

② 다음 두 공식을 비교한 다음 이 두 공식의 의미에 관하여 토론하여 보자.

$$\frac{w_1}{w_2}=\frac{f_2-f}{f-f_1},\ \frac{w_1}{w_2}=\frac{v_2-v}{v-v_1}$$

"액체에 잠긴 물체는 그 물체에 의해 밀려난 액체의 무게와 같은 부력을 받는다."

③ 〈선택 과제〉

실제로 금과 은 또는 구리와 철 등을 이용하여 눈금이 있는 수조에 속에서 무게를 달거나 물이 빠져나가는 양 등을 비교하여 실험해보자.

6. 평가 기준과 문제 만들기

■ 준비활동

- 12×12 곱셈표에서 등차수열의 개념을 이해하고 그 기하학적인 패턴을 찾을 수 있는가?
- 제곱수와 세제곱수 및 $(2n+1)^2$의 규칙을 찾는가?
- 등비수열의 개념을 이해하는가?
- 등차수열의 개념을 알고 그 일반항 $a_n = 242n - 121$을 제한된 n의 범위 내에서 구할 수 있는가?
- 20, 160, 320, 480에서와 같이 초항을 제외한 항들 간의 규칙만 존재하는 경우도 있음을 이해한다.

■ 심화활동

- 제시된 그림을 이용하여 홀수의 합이 제곱수가 됨을 설명할 수 있는가?
- 구체 물을 이용하여 $1^2+2^2+3^2+\cdots+n^2 = \dfrac{n(n+1)(2n+1)}{6}$이 성립함을 보일 수 있는가?

■ 융합형 도전 탐구 과제

- 아르키메데스의 부력의 원리를 이해하는가?

다음 문제를 풀고 이와 유사한 문제를 만들어 보자.

〈문제 1〉 고대 바빌로니아 인들의 문헌에 나타난 다음 공식의 의미를 설명하시오.

$$1^2 + 2^2 + 3^2 + \cdots + 10^2 = \left[1\left(\frac{1}{3}\right) + 10\left(\frac{2}{3}\right)\right] + 55 = 385$$

〈문제 2〉 다음은 2부터 시작해서 2를 거듭해서 곱하고 그 연산 결과의 일의자리 숫자를 살펴보면 2, 4, 8, 6이 반복하여 나타남을 알 수 있다.

① 그 결과를 다음 그림에 도형으로 나타내어보시오.

×2 ×2 ×2 ×2 ×2 ×2 ×2 ×2

2의 거듭제곱	2	4	8	16	32	64	128	256	…
일의 자리 숫자	2	4	8	6	2	4	8	6	…

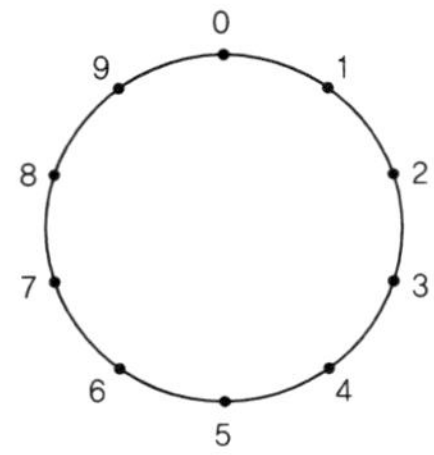

답

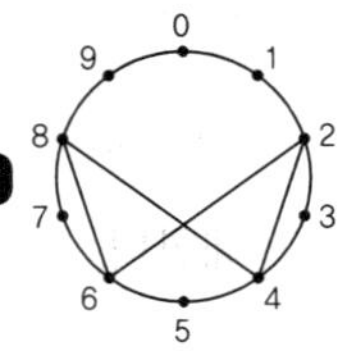

② 3, 4, 5, 6, 7, 8, 9부터 시작하여 3, 4, 5, 6, 7, 8, 9를 거듭해서 곱하고 그 연산 결과의 일의 자리 숫자가 반복되는 규칙을 찾아 위 그림에 도형으로 나타내어 보시오.

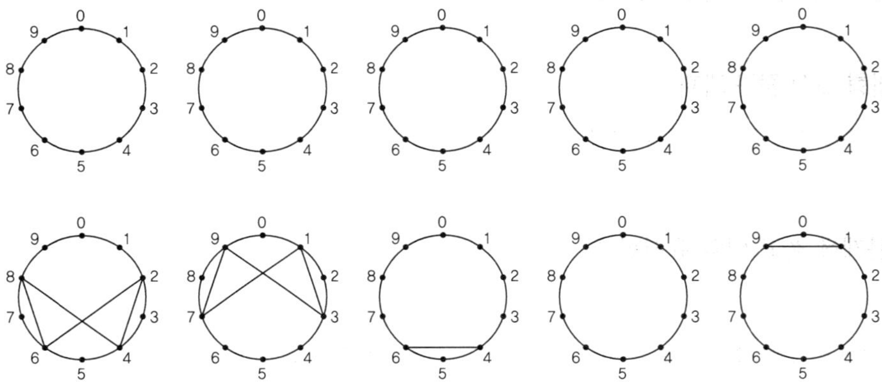

① 2, 8 ② 3, 7 ③ 4 ④ 1, 5, 6 ⑤ 9

3거듭	3	9	27	81	243	729	2187	6561	…
일자리	3	9	7	1	3	9	7	1	

4거듭	4	16	64	256					
일자리	4	6	4	6					

5거듭	5	25	125	625					
일자리									

6거듭	6	36	216						
일자리	6	6	6						

7거듭	7	49	343	2401	16807	117649			
일자리	7	9	3	1	7	9			

8거듭	8	64	512	4096	32768	262144			
일자리	8	4	2	6	8	4			

9거듭	9	81	729	6561					
일자리	9	1	9	1					

③ 1부터 100까지의 자연수 n에 대하여, $1^n+2^n+3^n+4^n$의 일의 자리 숫자가 0이 되게 하는 n은 모두 몇 개인지 ②번에서 구한 규칙을 이용하여 구하시오.

$n=1$	1+2+3+4 = 10			
$n=2$	1+4+9+6 = 10			
$n=3$	1+8+7+4 = 10			
$n=4$	1+6+1+6 = 14			
$n=5$	1+2+3+4 = 10			
$n=6$	1+4+9+6 = 10			
$n=7$	1+8+7+4 = 10			
$n=8$	1+6+1+6 = 14			
…				
$n=97$	1+2+3+4 = 10			
$n=98$	1+4+9+6 = 10			
$n=99$	1+8+7+4 = 10			
$n=100$	1+6+1+6 = 14			

답 75

〈문제 3〉 다음 그림은 가로, 세로 각각 14개의 점이 일정한 간격으로 찍혀 있는 14×14 점판입니다. 196개의 점은 각각 다음과 같은 규칙에 따라 나타내기로 합니다. 이 때 다음 물음에 답하시오.

① (4,2)와 (6,5)에 해당하는 두 점을 연결한 선분을 그려보고 이 선분이 다른 점을 지나는 지 알아봅시다.

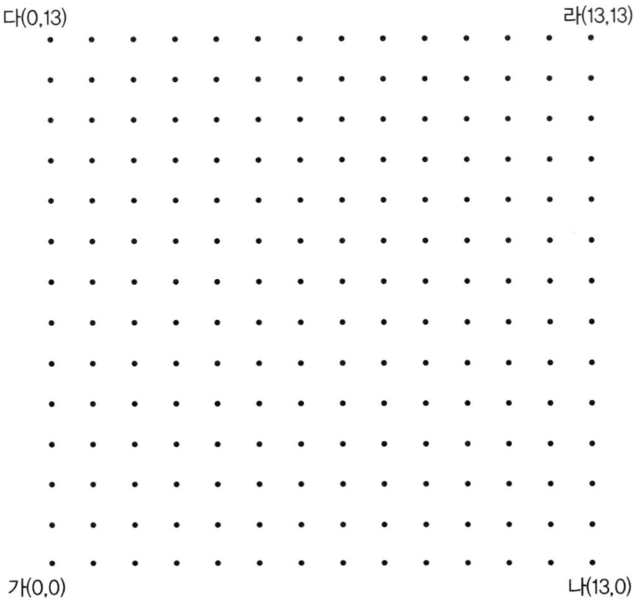

② (8,3)과 (18,11)에 해당하는 두 점을 연결한 선분은 다른 점을 지날까요? 만약 지난다면 그 점은 무엇일까요?

③ (18,5)와 (81,61)에 해당하는 두 점을 연결한 선분은 다른 점을 몇 개 지날까요?

풀이 ① 지나지 않는다.

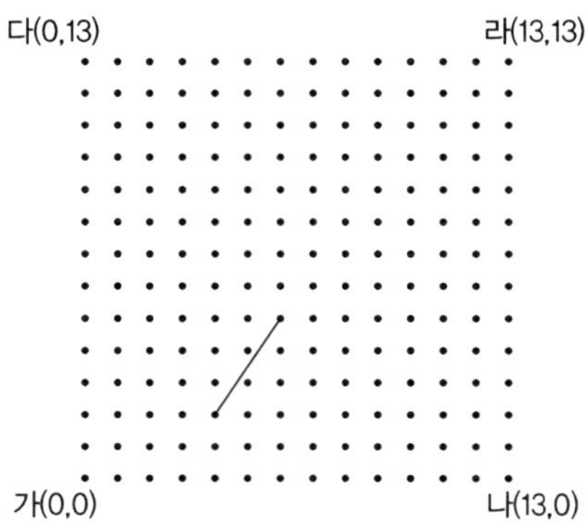

② 지난다. (13,7)

③ $\frac{61-5}{81-18}=\frac{56}{63}=\frac{7\times8}{7\times9}=\frac{8}{9}$이므로, 6개

〈문제 4〉 입체 만들기

한 변의 길이가 1인 정육면체로 한 변의 길이가 2인 정육면체를 만들기 위해서는 처음과 같은 단위 정육면체 일곱 개가 더 있어야 합니다. 한 변의 길이가 1인 정사면체로 한 변의 길이가 2인 정사면체를 만들 수 있을까요? 만일 가능하다면 몇 개의 단위 정사면체가 필요할까요?

풀이 만들 수 없다. 정사면체의 각 변의 중점을 연결하여 각 꼭지점 부근의 정사면체를 잘라내면 남는 부분은 정팔면체가 되므로 불가능하다.

〈문제 5〉 다음 수의 연산을 보고 물음에 답하시오.

$$1+0\times9=1$$
$$2+1\times9=11$$
$$3+12\times9=111$$
$$4+123\times9=1111$$
$$5+1234\times9=11111$$

① 이와 같은 수의 연산에서 찾을 수 있는 규칙을 두 가지 이상 말해보시오.

답 제일 왼쪽 수는 자연수이며 1에서 시작하여 1씩 증가하는 수이다.
가운데 수는 두 수의 곱이며 두 번째 수는 모두 9이고,
첫 번째 수는 0에서 시작하지만 그 다음부터는 1에서 시작하여 연속한 자연수의 배열을 보여준다.
등호 이후의 수는 1에서 시작하여 1을 하나씩 추가하여 배열하고 있다.

② 이러한 규칙성은 끝까지 계속되는가? 그 이유는?

답 몇 가지 이러한 규칙이 있는 경우는 있지만, 계속될 수 없다. 그 이유는 다음과 같다.
$10+123456789\times9=1111111111$
$11+1234567890\times9=111111110201$

제10장

확률론의 기원과 지구 둘레 구하기(융합형)

1654년 프랑스의 직업도박가 쉐발리에르 메레는 다음과 같은 득점의 문제를 그의 친구인 파스칼이 풀어주기를 원하였다. 파스칼은 그 문제에 관심을 갖게 되었으며, 그 문제를 페르마에게 알려주었다고 한다. 이 두 프랑스 수학자 사이에서 주목할 만한 서신 왕래가 연이어 나타났으며, 그 서신 왕래 중에 그 문제는 각자에 의해서 서로 다른 방법으로 풀리게 되었다. 이것이 확률에 대한 수학적 이론의 기초를 다지는 계기가 되었다고 한다. 문제 상황은 다음과 같다.

> 갑과 을 두 사람이 동전던지기를 하였다. 동전의 앞면이 나오면 갑이, 뒷면이 나오면 을이 1점을 얻는 것으로 하여 먼저 10점을 얻은 사람이 피자를 혼자 다 먹기로 하였다. 그런데 갑이 8점, 을이 7점을 얻은 상황에서 시합이 중단되었다면, 피자는 어떻게 나누어 먹는 것이 바람직하겠는가?

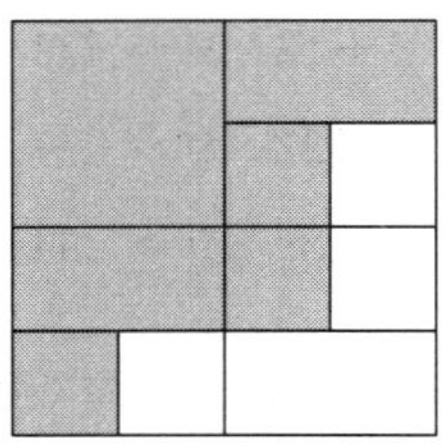

1. 탐구 개요 및 배경

(1) 주사위와 동전던지기 등에서의 수학적 확률과 경험적 확률의 개념을 익힌다. 아울러 실생활에서의 문제 상황 해결을 위한 확률 개념의 활용을 알아본다. 특히 확률 문제 해결을 위한 기하학적인 모델링에 의한 문제해결의 사례를 살펴본다.

(2) 융합형 도전 과제로 지구 둘레를 구한 에라토스테네스의 생각을 탐구해본다.

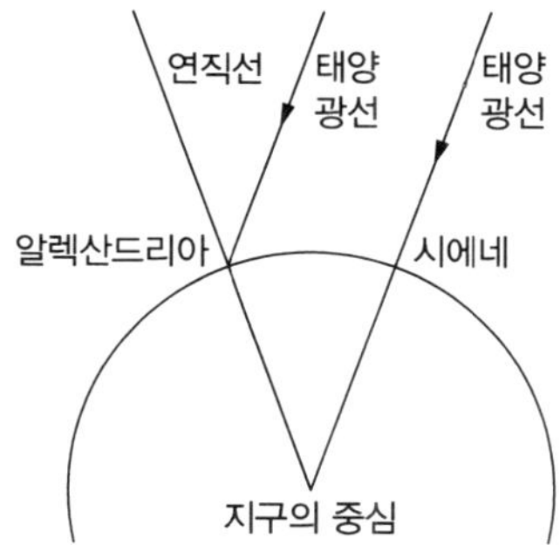

준비물

· 개별 준비물: 학생 1인당 주사위 1개, 동전 1개
· 조별 준비물: 4인 1조당 지구본 1개씩

2. 준비 활동

(1) 확률과 관련된 실생활 사례 발표하기

과자 봉지에 들어 있는 카드나 딱지 중의 왕 딱지를 수집하였던 경험을 회상해 보자. 많이 모으거나 종류별로 다 모으기 위해서 무리하게 과자나 딱지를 산 경험은 없었는지 발표하자.

(2) 확률론 모의실험

> 갑과 을 두 사람이 동전던지기를 하였다. 동전의 앞면이 나오면 갑이, 뒷면이 나오면 을이 1점을 얻는 것으로 하여 먼저 10점을 얻은 사람이 피자를 혼자 다 먹기로 하였다. 그런데 갑이 8점, 을이 7점을 얻은 상황에서 시합이 중단되었다면, 피자는 어떻게 나누어 먹는 것이 바람직하겠는가?

갑과 을이 8: 7인 상황에서 두 사람이 짝을 지어 시합이 마무리될 때까지 동전던지기를 시행해보자.

시행		1회	2회	3회	4회	5회	6회	7회	8회	9회								
동전																		
갑(앞)	8점																	
을(뒤)	7점																	

다음은 18명 학생들이 실제로 동전 던지기를 실시하여 나온 결과이다.

① 갑이 이긴 경우는?

답 14

② 을이 이긴 경우는?

답 4

다음은 18명 학생들이 실제로 동전 던지기를 실시하여 나온 결과이다.

③ 1회 만에 끝난 경우는?

답 0

④ 2회 만에 끝난 경우는?

답 7

⑤ 3회 만에 끝난 경우는?

답 4

⑥ 4회 만에 끝난 경우는?

답 7

⑥ 5회 이상에 끝난 경우는?

답 0

3. 탐구 활동

(1) 페르마의 해법

① 갑은 2득점, 을을 3득점이 더 필요하므로, 몇 번의 시행이 더 필요할까?

② 갑의 승리를 a, 을의 승리를 b라 할 때, 갑이 이기는 경우와 을이 이기는 경우를 각각 찾아 보자.

③ 갑과 을이 이길 확률은 각각 얼마인가?

(2) 파스칼의 해법

■ **파스칼의 삼각형**

1	1	1	1	1	1	…
1	2	3	4	5	6	…
1	3	6	10	15	21	…
1	4	10	20	35	56	…
1	5	15	35	70	126	…
1	6	21	56	126	252	…

다음 문제를 풀고 1, 4, 6, 4, 1은 무엇일지 생각해보자.

① $(a+b)^2$을 전개하시오.

답 $a^2+2ab+b^2$

② $(a+b)^3$을 전개하시오.

답 $a^3+3a^2b+3ab^2+b^3$

③ $(a+b)^4$을 전개하시오.

답 $a^4+4a^3b+6a^2b^2+4ab^3+b^4$

④ 갑과 을이 이길 확률은 각각 얼마인가?

(3) 기하학적인 모델링

다음과 같은 기하학적인 모델링에 의한 풀이를 설명해보시오.

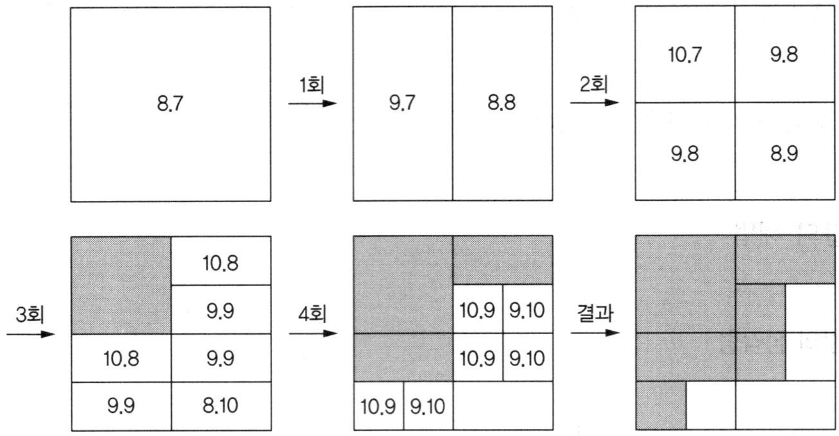

기하학적 모델링에 의한 풀이 (1)

(4) 경우의 수와 확률에 의한 풀이

■ 갑이 먼저 10점을 얻을 경우: $\frac{11}{16}$

① 앞 앞 $\frac{1}{2}\times\frac{1}{2}=\frac{1}{4}$

② 앞 뒤 앞 $\frac{1}{2}\times\frac{1}{2}\times\frac{1}{2}=\frac{1}{8}$

③ 뒤 앞 앞 $\frac{1}{2}\times\frac{1}{2}\times\frac{1}{2}=\frac{1}{8}$

④ 앞 뒤 뒤 앞 $\frac{1}{2}\times\frac{1}{2}\times\frac{1}{2}\times\frac{1}{2}=\frac{1}{16}$

⑤ 뒤 앞 뒤 앞 $\frac{1}{2}\times\frac{1}{2}\times\frac{1}{2}\times\frac{1}{2}=\frac{1}{16}$

⑥ 뒤 뒤 앞 앞 $\frac{1}{2}\times\frac{1}{2}\times\frac{1}{2}\times\frac{1}{2}=\frac{1}{16}$

■ 을이 먼저 10점을 얻을 경우: $1-\frac{11}{16}=\frac{5}{16}$

학생 탐구 사례

4. 탐구 활동

(1) 페르마의 해법

① 갑은 2득점, 을을 3득점이 더 필요하므로, 몇 번의 시행이 더 필요할까? 4번

2+3-1

② 갑의 승리를 a, 을의 승리를 b라 할 때, 갑이 이기는 경우와 을이 이기는 경우를 각각 찾아 보자.

aaaa aabb baba bbab
aaab abab bbaa bbba
aaba abba abbb bbbb
abaa baab babb
baaa

갑 11
을 5

③ 갑과 을이 이길 확률은 각각 얼마인가?

갑 $\frac{11}{16}$, 을 $\frac{5}{16}$

(2) 파스칼의 해법

파스칼의 삼각형

1	1	1	1	1	1	…
1	2	3	4	5	6	…
1	3	6	10	15	21	…
1	4	10	20	35	56	…
1	5	15	35	70	126	…
1	6	21	56	126	252	…

다음 문제를 풀고 1, 4, 6, 4, 1은 무엇일지 생각해보자.

① $(a+b)^2$을 전개하시오. $a^2+2ab+b^2$

② $(a+b)^3$을 전개하시오. $a^3+3a^2b+3ab^2+b^3$

③ $(a+b)^4$을 전개하시오. $a^4+4a^3b+6a^2b^2+4ab^3+b^4$

④ 갑과 을이 이길 확률은 각각 얼마인가?

갑 $\frac{11}{16}$ 을 $\frac{5}{16}$

(3) 기하학적인 모델링

다음과 같은 기하학적인 모델링에 의한 풀이를 설명해보시오.

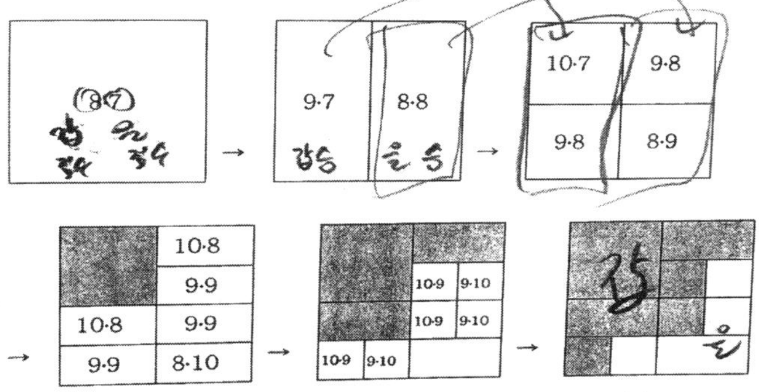

<그림 1> 기하학적 모델링에 의한 풀이(1)

(4) 경우의 수와 확률에 의한 풀이

▷ 갑이 먼저 10점을 얻을 경우

① 앞 앞 $\frac{1}{2} \times \frac{1}{2} = \frac{1}{4}$

② 앞 뒤 앞 $\frac{1}{2} \times \frac{1}{2} \times \frac{1}{2} = \frac{1}{8}$

③ 뒤 앞 앞 $\frac{1}{2} \times \frac{1}{2} \times \frac{1}{2} = \frac{1}{8}$

④ 앞 뒤 뒤 앞 $\frac{1}{2} \times \frac{1}{2} \times \frac{1}{2} \times \frac{1}{2} = \frac{1}{16}$

⑤ 뒤 앞 뒤 앞 $\frac{1}{2} \times \frac{1}{2} \times \frac{1}{2} \times \frac{1}{2} = \frac{1}{16}$

⑥ 뒤 뒤 앞 앞 $\frac{1}{2} \times \frac{1}{2} \times \frac{1}{2} \times \frac{1}{2} = \frac{1}{16}$

$$\frac{1}{4} + 2 \times \frac{1}{8} + 3 \times \frac{1}{16} = \frac{4 \times 1 + 2 \times 2 + 1 \times 3}{16} = \frac{11}{16}$$

▷ 을이 먼저 10점을 얻을 경우

$$1 - \frac{11}{16} = \frac{5}{16}$$

4. 심화 활동: 여섯 장의 카드 구하기

지금 여섯 가지 다른 종류의 카드를 수집하여야 한다고 하자. 그 카드들은 여섯 명의 유명한 수학자들(노이만, 제르맹, 갈르와, 페르마, 아그네시, 가우스)에 관한 정보가 적혀있다. 이러한 여섯 가지의 카드들은 피타고라스 팝콘 한 봉지에 하나씩 들어 있고 여섯 카드들이 각 봉지에 균일하게 들어 있다고 가정한다. 피타고라스 팝콘 몇 봉지를 사야 여섯 카드를 다 모을 수 있을까? 현진이가 여섯 카드를 다 모으려고 한다. 현진이가 팝콘을 싫증낼 정도로 피타고라스 팝콘을 사게 될 상황을 상상할 수 있는가? 자, 다음 질문 두 가지를 진지하게 생각해 보자.

(1) 현진이가 아주 운이 좋아서 모든 카드들을 모으는데 최소한의 팝콘을 샀다면 팝콘 몇 봉지를 샀겠는가?

(2) 좀 더 어려운 질문! 어떤 사람이 여섯 카드 모두를 구하려고 할 때 평균적으로 몇 봉지를 사야 할까? 예상한 것을 발표해보자.

우리가 실제로 팝콘을 사면서 조사해 보기 어렵기 때문에 수학에서는 그런 상황을 모델화한다. 이 모델에서는 다음과 같이 수학자들을 나타내는 정육면체의 여섯 개의 면을 가진 주사위를 이용할 것이다.

① 노이만 ② 제르맹 ③ 갈르와 ④ 페르마 ⑤ 아그네시 ⑥ 가우스

이는 예를 들면 주사위를 던져서 6이 나오면 가우스 카드 6을 수집한 것을 의미한다.

① 노이만 (Hanna Neumann, 1914~1971)
한나 노이만은 베를린에서 태어났고 그녀의 아버지는 제 1차 세계대전이 일어난 날에 사망하였으며, 그녀가 13세였을 때 그녀는 이미 자기 가족의 생계를 돕기 위하여 어린 아동들을 가르치기 시작하였다. 그녀는 베를린 대학에서 수학을 공부하였다. 순수 수학자로서 한나 노이만의 가장 중요한 업적은 그녀의 군론의 연구였다. 그녀는 맨체스트에서 강의를 했고, 캔버라의 호주국립대학교의 수학과장으로 임명되었다. 그녀는 좋은 예제들을 선정하고 세심하게 해결함으로써 추상적인 생각들을 명료화 할 수 있었다. 그녀는 매우 열심히 연구하였다. 가끔 밤새워 강의안을 읽고 쓰고 나서는 오랫동안 샤워를 한 다음에 마치 밤을 꼬박 자고난 새로운 기분으로 다시 일하곤 하였다. 한나는 식물에 대해서도 예리한 관심을 가진 모험적인 사진작가이기도 하였다. 노이만은 모든 범주의 사람들에게 수학의 호소력을 설명하고자 하였다. 그녀는 전 세계에 걸친 회의 등에서 학부모와 교사들에게 그리고 동료 수학자들에게 연설을 하기도 하였다. 그녀의 남편은 잘 알려진 수학자이며 그들의 다섯 자녀들 중 4명이 수학을 공부하였다.

② 제르맹(Sophie Germain, 1776~1831)
제르맹은 프랑스 혁명 무렵의 프랑스에서 태어났다. 그녀는 아르키메데스의 생애를 읽고 고무되었다. (아르키메데스는 모래 위에 그가 그린 기하학적인 도형을 연구하다가 도시를 침략한 로마병사에 의해 사망하였다.) 소피에는 싸움으로 가득찬 도시에서 살았으며, 모든 것을 잊어 버리게 할 수 있는 어떤 생각을 좋아하였으므로, 그녀는 스스로 수학을 공부하기로 결심하였다. 그녀는 마땅한 책이 없어서 스스로 그 공백을 채워야 했다. 그녀의 부모는 그녀가 너무 무리하게 정신을 혹사하여 병이 날 것을 걱정해서 공부를 그만두게 하려고 했다. 그래서 그녀는 밤에 공부하였는데 그녀의 부모는 나주에 불과 양초를 빼앗아 버리고 밤에는 그녀의 옷까지 숨겨버렸다. 그라서 소피에는 양초를 그녀의 침대 커버와 담요에 싸서 숨겨 놓곤 했다. 그녀는 아침에 책상에서 잠이 든 채로 발견되곤 했는데 잉크병의 잉크는 얼어 있고, 책상은 수학적 계산으로 가득차 있었다. 마침내 그녀의 부모는 그 공부하기를 허락하였다. 그러나 프랑스의 가장 유명한 대학에서는 그 당시 여성의 입학을 거부하였다. 소피에는 그녀에게 흥미로운 강의의 노트를 수집하였다. 그녀는 라그랑쥬의 해석학 강의에 대단한 감명을 받았다. 자신을 그 학교의 어떤 학생이름으로 대신 학기말에 논문을 제출하였다. 라그랑쥬는 그 논문에 감탄하여 그 저자를 알아 봤더니 여자임을 알고 깜짝 놀랐으며, 소피에에게 많은 격려를 보내면서 모든 프랑스의 유명한 수학자들에게 편지로 그녀를 소개하였다. 나폴레옹은 탄성 표면의 진동에 관한 뛰어난 연구에 대하여 상을 주도록 과학 아카데미에 명령을 하였다. 5년간에 걸친 세 가지 연구들에서 소피에가 상을 받았다. 이제 처음으로 소피에가 프랑스의 최고의 수학자들과 동등하게 대우를 받게 된 것이다. 그녀는 탄성에 관한 여러 편의 논문을 썼지만 그녀의 최고의 업적은 수론에 관한 것이다. 그리고 물리학, 화학, 역사, 철학, 지리학도 공부하였다. 그녀는 그녀 생애에 많은 영예를 얻었지만, 유명한 프랑스의 아카데미 회원은 허용되지 않았으며 그녀의 탄성 이론이 에펠탑을 건설하는데 이용되었음에도 불구하고, 그녀의 이름은 에펠탑에 새겨진 사람들 중에는 없다. 비범한 여성들마저도 정당한 영예를 얻는데 문제가 될 수 있었던 것이다.

③ 갈르와 (Evariste Galois, 1811~1832)
갈르와는 오직 몇 편의 작은 논문들만 출판하였지만 그의 생각들은 대수에 어떤 새로운 방향을 제시하였다. 그는 4차 이상의 모든 일반적인 방정식들은 대수적 연산에 의해서는 해결할 없다고 증명하였다. 17세에 그는 발견한 것들을 코시(당시 프랑스 최고 수학자)에게 보냈지만 코시는 이것들을 학회에 제출하지 못하고 잃어버렸다. 19세에 갈르와는 다른 논문을 과학아카데미에 보내어 수학에서 대상을 받았다. 담당자는 그 평가와 안전한 보관을 위하여 그것을 집에 가져 갔지만 그날 밤 그 담당자가 사망하여 그 원고는 영영 분실되었다. 21세에 갈르와는 다음날 자신이 결투를 벌이다가 죽을 것을 예감하고 밤늦게까지 친구에게 그가 발견하였던 것들을 편지로 써 보냈다. 거기서 그는 그의 생각들을 설명하고 방정식의 풀이에 관한 어떤 새로운 일반적인 이론이 어떻게 발전될 것인가를 밝혔다.

④ 페르마 (Pierre de Fermat, 1601~1665)
페르마는 피혁 상인의 아들이었고 가정에서 교육을 받았다. 그의 삶은 조용하고 지루하며 평탄하였다. 그는 고전에 뛰어나 많은 시를 쓰기도 하였으며 법률 지식으로도 유명하게 되었다. 그의 여가시간은 수학의 연구에 쓰여졌다. 수학분야에서 많은 발견을 하였지만 그는 학회지를 통해 발표한게 아니라 유럽의 일류 수학자들과의 방대한 서신을 통해 교환하였다. 페르마의 가장 뛰어난 공헌은 수의 현대적 이론의 구축에 있다. 그는 또한 확률이론에도 대단한 공헌을 하였고 특히 결합 확률의 원리를 밝혔다. 페르마는 수학의 너무나 많은 분야에 매우 중요한 공헌을 하였으므로 17세기 프랑스의 가장 위대한 수학자로 불린다.

⑤ 아그네시 (Maria Agnesi, 1718~1799)
아그네시는 13의 나이에 모국어인 이태리어뿐만 아니라 라틴어, 불어, 스페인어, 히브리어를 유창하게 할 수 있었다. 아홉 살의 나이에 그녀는 여러 남녀학자들에게 과학을 공부할 여성들의 권리에 대해서 한 시간 동안 라틴어로 말하였다. 마리아는 신동이었지만 수줍음이 많았다. 그녀는 집에 머무르면서 아동들을 가르치고 자신의 연구를 수행하였다. 그녀의 어머니가 21명의 아이를 낳은 후 사망하자, 마리아는 가사를 전담하였다. 스무살의 나이에 그녀는 라이프니쯔와 뉴톤의 미적분학을 통합하는 책을 만드는 10년간의 일에 착수하였다. 가끔 그녀는 어떤 문제에 봉착하기도 하였지만 그녀의 마음은 수면 중에도 작동을 계속하였다. 그녀는 몽유병 환자처럼 자는 중에도 그녀의 서재로 걸어 갔다가 다시 침실로 돌아오곤 하였다. 아침에 그녀는 문제의 답이 그녀의 책상에 놓여 있는 것을 발견하곤 하였다. 그녀의 책은 그녀를 유명하게 하였다. 그녀는 아홉 살 때 주장한 것을 증명하면서 살고 있었다. 그러나 마리아는 그녀의 삶에서 수학 이외의 다른 것들에도 관심을 갖고 있었다. 그녀는 언제나 그녀의 지역에 있는 가난한 사람들과 함께 일하였고, 아버지에게 부탁하여 방 하나를 얻어서 사설병원으로 개조하였다. 그녀 거기서 일하다가 81세에 사망하였다. 그녀는 수학에 관한 중요한 책들을 만들었을 뿐 아니라 스무 명이 넘는 사람들의 가사 일을 주도하였으며, 그녀는 불행한 사람들을 위하여 열심히 일하였다. 이러한 일들을 모두 그녀는 해내었다.

⑥ 가우스 (Carl Frederick Gauss, 1777~1855)
가우스는 평범한 집에 태어났지만 천재성은 어릴 때부터 나타났다. 그의 어머니는 수학에 대한 그의 관심을 지원하였지만 그의 아버지는 그렇지 않았다. 어느 날, 그의 아버지는 그가 돌보는 노동자들의 임금을 계산하고 있었는데 오랜 계산이 끝날 무렵에 그의 아버지는 세 살 난 아들 가우스가 계산의 잘못을 지적하자 깜짝 놀랐다. 가우스는 지방 공립학교에 입학하였다. 그의 교사는 학급 전체의 학생들에게 1부터 100까지의 숫자의 합을 구하게 하였다. 제일 먼저 끝난 학생은 그의 답안지를 교사에게 가져와 수정을 받도록 하였다. 그 문제가 제시되자마자 열살 난 가우스는 5050이라고 답을 제출하였다. 그는 패턴을 인식하였다. 그의 재능을 알아본 교사는 최상의 산술 교재를 그에게 주면서 '그는 나를 능가한다', '나는 더 이상 그에게 가르칠게 없다'고 하였다. 열여덟의 나이에 괴팅겐 대학에서 '최소 자승'이라는 통계 개념을 구안하였다. 고등 산술인 수론, 주기함수이론, 대수의 기본 이론과 복소수의 본질 등을 선도하였고 '수학은 과학의 여왕'이라는 말을 남겼다.

(3) 처음 주사위를 던져서 나오는 눈의 수가 ①부터 ⑥까지 중에서 어느 하나가 나올 확률은 얼마인가?

답 1

(4) 다음 두 번째로 주사위를 던져서 나오는 눈의 수가 처음에 나온 수를 제외한 나머지 5가지

수들 중에 해당할 확률은 얼마인가?

답 $\frac{5}{6}$

(5) 세 번째에 이미 나온 두 수를 제외한 나머지 네 수 중에서 나올 확률은?

답 $\frac{4}{6}$

(6) 네 번째에 이미 나온 세 수를 제외한 나머지 세 수 중에서 나올 확률은?

답 $\frac{3}{6}$

(7) 다섯 번째에 이미 나온 네 수를 제외한 나머지 두 수 중에서 나올 확률은?

답 $\frac{2}{6}$

(8) 여섯 번째에 이미 나온 다섯 수를 제외한 나머지 한 수 중에서 나올 확률은?

답 $\frac{1}{6}$

(9) 모두 수집하기 위하여 팝콘 몇 봉지를 사야할까? 실제로 해보고 계산드 해보자.

학생	1	2	3	4	5	8	9	10	11	12	13	14	15	16	17	18	19	20	합계	평균
성공	15	8	23	7	16	11	19	20	8	9	13	23	23	11	28	7	19	15		15.28

학생 탐구 사례

(3) 처음 주사위를 던져서 나오는 눈의 수가 ①부터 ⑥까지 중에서 어느 하나가 나올 확률은 얼마인가? 1

(4) 다음 두 번째로 주사위를 던져서 나오는 눈의 수가 처음에 나온 수를 제외한 나머지 5가지 수들 중에 해당할 확률은 얼마인가? $\frac{5}{6}$

(5) 세 번째에 위와 같은 경우의 확률은? $\frac{4}{6}$

(6) 네 번째에 위와 같은 경우의 확률은? $\frac{3}{6}$

(7) 다섯 번째에 위와 같은 경우의 확률은? $\frac{2}{6}$

(8) 여섯 번째에 위와 같은 경우의 확률은? $\frac{1}{6}$

1.2봉지
1.5봉지
2봉지 → 14.7봉지
3봉지
6봉지

(9) 모두 수집하기 위하여 팝콘 몇 봉지를 사야할까? 실제로 해보고 계산도 해보자.

시행	1	2	3	4	5	6	7	8	9	10	11	12	13	14	15	16	17	13	19
눈	6	1	6	6	1	2	5	2	2	5	2	2	3	6	2	1	4		

2차-23
3차-23

5. 탐구 문제

(1) 지구본 탐구

다음은 수학자들이 지구표면의 임의의 점을 경도와 위도 개념을 이용하여 나타내는 것을 보여주는 그림이다. 위도, 경도는 지구상의 어떠한 위치를 수치로 지정해서 정확히 판별할 수 있도록 세계 공통적으로 지정한 어떠한 좌표를 뜻합니다. 위도는 적도를 0도로 기준점으로 삼아서 지구상의 남쪽과 북쪽을 나타내는 좌표이고 경도는 영국의 그리니치 천문대를 기준으로 동쪽 180도는 동경, 서쪽 180도는 서경이라 합니다. 위도와 경도를 이용해서 어떠한 곳을 정확한 좌표로 찾아낼 수 있기 때문에 지리학적으로 상당히 중요한 좌표라고 할 수 있는 것이 위도와 경도입니다.

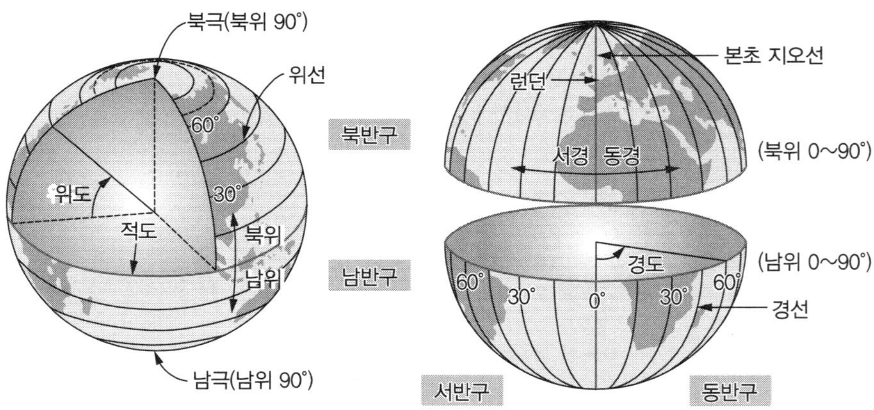

① 위도와 경도의 개념에 대한 위의 글을 읽고 동일 경도 상에 존재하는 두 도시간의 거리와 그 두 도시간의 위도 차이를 이용하여 지구의 둘레를 구하는 방법을 구하시오.

② 서울과 광주간의 거리는 서울에서 광주까지 거리는 290*km*이며, 동일경도(127°)에 위치하는 도시로 위도는 서울이 북위 37.5°이고 광주가 35°이므로 위도 차이는 2.5°이다. 이를 이용하여 지구 둘레를 계산해보시오.

③ 대권 항로에 대하여 설명하시오.

학생 탐구 사례

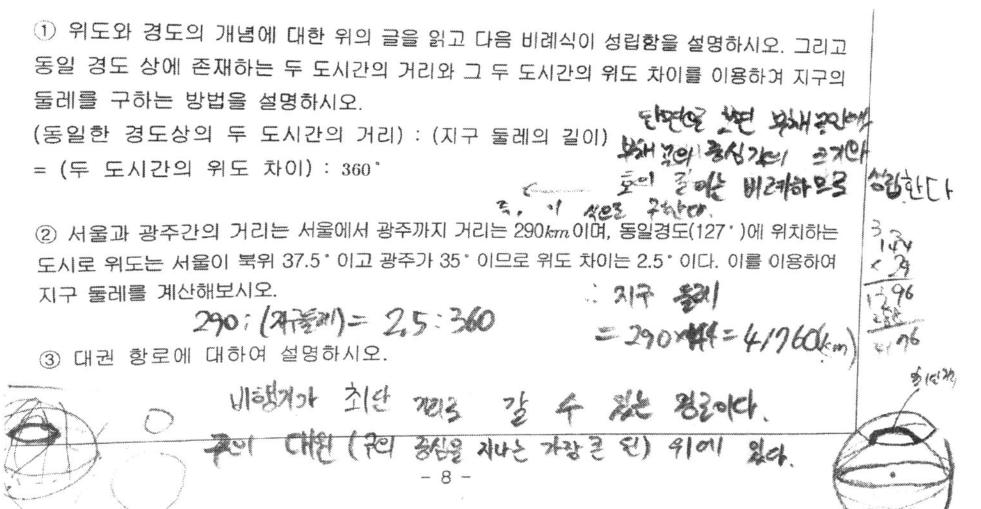

① 위도와 경도의 개념에 대한 위의 글을 읽고 다음 비례식이 성립함을 설명하시오. 그리고 동일 경도 상에 존재하는 두 도시간의 거리와 그 두 도시간의 위도 차이를 이용하여 지구의 둘레를 구하는 방법을 설명하시오.

(동일한 경도상의 두 도시간의 거리) : (지구 둘레의 길이) = (두 도시간의 위도 차이) : 360°

단면으로 보면 부채꼴에서 부채꼴의 중심각의 크기와 호의 길이는 비례하므로 성립한다

즉, 이 식으로 구한다.

② 서울과 광주간의 거리는 서울에서 광주까지 거리는 290*km*이며, 동일경도(127°)에 위치하는 도시로 위도는 서울이 북위 37.5° 이고 광주가 35° 이므로 위도 차이는 2.5° 이다. 이를 이용하여 지구 둘레를 계산해보시오.

290 : (지구둘레) = 2.5 : 360

∴ 지구 둘레 = 290×144 = 41760(km)

③ 대권 항로에 대하여 설명하시오.

비행기가 최단 거리로 갈 수 있는 경로이다.

구의 대원(구의 중심을 지나는 가장 큰 원) 위에 있다.

- 8 -

(2) 에라토스테네스 탐구(5분 동영상 시청 후)

탐구 문제 다음 글을 읽고 에라토스테네스가 지구 둘레를 구한 수학과 과학의 원리에 대하여 서로 알아보자.

> 에라토스테네스는 기원전 3세기경의 수학자로 아르키메데스의 친구였다. 그들은 모두 수론 연구를 좋아 하였으며, 그 당시 이미 지구가 둥글다는 것을 모두 알고 있었다. 에라토스테네스는 지구의 둘레를 측정하기로 결심하였다. **6월 21일 정오**에 시에네(Syene; 지금의 이집트의 Aswan)에서는 태양이 **남중**한다는 것이 알려져 있었다. 알렉산드리아는 시에네의 5000스타디아(stadia: 이집트인들이 오래도록 이용한 길이 단위) 북쪽에 위치하였다.

① 위의 글에서 시에네(지금의 애스원)는 북위 몇 도 정도에 위치한 도시일까? 그 이유는?

② 에라토스테네스가 지구 둘레를 구하는 데 이용한 수학적 원리는 무엇인가?

에라토스테네스는 6월 21일 알렉산드리아의 지면에 수직으로 세운 막대기는 그림자를 드리운다는 것을 알았다. 다음 그림에서 A는 알렉산드리아, AP는 막대기, AB는 그림자이다. 그는 $\angle BPA$를 측정하여 $360°$의 $\frac{1}{50}$임을 알았다.

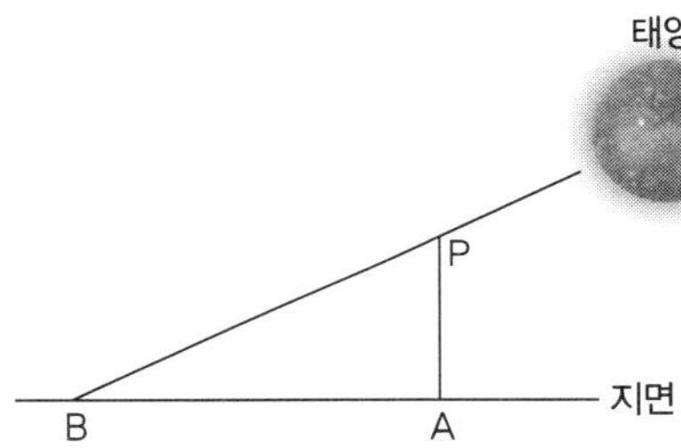

그 다음에 그는 6월 21일 시에네나 알렉산드리아에 비추는 태양 광선은 모두 평행하다고 생각하였다. 그 다음에 그는 다음과 같은 그림을 그렸으며, 여기서 S는 시에네, O는 지구의 중심이다.

학생 탐구 사례

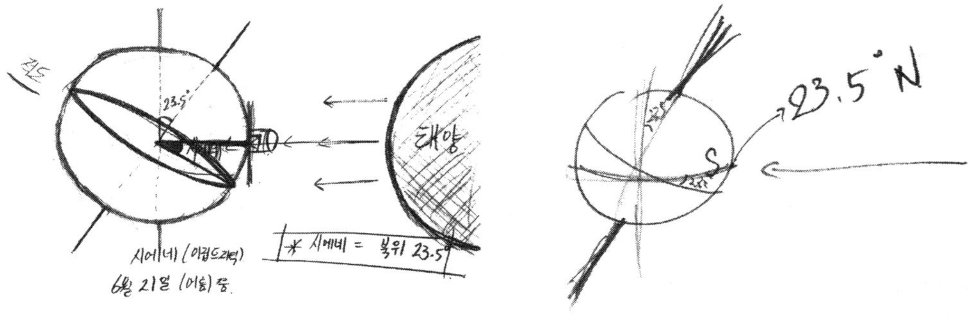

6. 평가 기준과 문제 만들기

■ 준비활동

- 확률과 관련된 실생활 사례를 제대로 발표하는가?
- 동전던지기에 의해 주어진 시합의 마무리를 잘 하는가?
- 확률 개념을 이해하는가?
- 페르마의 해법을 이해하는가?
- 파스칼의 삼각형에 의한 해법을 이해하는가?
- 기하학적인 모델링에 의한 해법을 이해하는가?
- 확률 개념에 의한 해법을 이해하는가?

■ 심화활동

- 주사위를 이용한 모의실험으로 실생활의 문제 상황을 해결하는가?
- 기댓값의 개념으로 실생활의 문제를 해결할 수 있는가?

■ 융합형 탐구 과제

- 지구 둘레의 길이를 구한 에라토스테네스의 생각을 잘 이해하는가?

  다음 문제를 풀고 이와 유사한 문제를 만들어 보시오.

〈문제 1〉 갑과 을 두 사람이 동전던지기를 하였다. 동전의 앞면이 나오면 갑이, 뒷면이 나오면 을이 1점을 얻는 것으로 하여 먼저 10점을 얻은 사람이 피자를 혼자 다 먹기로 하였다. 그런데 갑이 7점, 을이 6점을 얻은 상황에서 시합이 중단되었다면, 피자는 어떻게 나누어 먹는 것이 바람직하겠는가?

파스칼의 삼각형

1	1	1	1	1	1	1
1	2	3	4	5	6	…
1	3	6	10	15	21	…
1	4	10	20	35	56	…
1	5	15	35	70	126	…
1	6	21	56	126	252	…
1	7	28	84	210	462	…

$(a+b)^6 = a^6+6a^5b+15a^4b^2+20a^3b^3+15a^2b^4+6ab^5+b^6$ 42:22 = 21:11

〈문제 2〉

① 정육면체로 된 주사위에는 1, 2, 3, 4, 5, 6이 적혀 있으므로, 각 눈의 수 1에서 6이 나올 확률은 각각 $\frac{1}{6}$이다. 만약 두 개의 주사위 A, B가 있어서 각 주사위의 눈의 수의 합이 1에서 12까지의 수가 나올 확률이 각각 $\frac{1}{12}$이 되게 하려면, 각 주사위의 눈에 써 넣어야 할 수는?

A B						

A B	0	1	2	3	4	5
1						
1						
1						
7						
7						
7						

② 서울과 광주간의 거리는 서울에서 광주까지 거리는 290*km*이며, 동일경도(127°)에 위치하는 도시로 위도는 서울이 북위 37.5°이고 광주가 35°이므로 위도 차이는 2.5°이다. 이를 이용하여 지구 둘레를 계산해보시오.

답 290*km* : (지구 둘레의 길이) = 2.5° : 360°
(지구 둘레의 길이) = 290*km*×144 = 41760*km*

〈문제 3〉 입체파

나무로 만든 네 개의 정육면체에서 아래의 그림과 같이 각각 몇 개의 모퉁이를 잘라냈습니다. 그 가운데 두 개만 똑같은 모양을 하고 있습니다. 그 두 개를 찾아보세요.

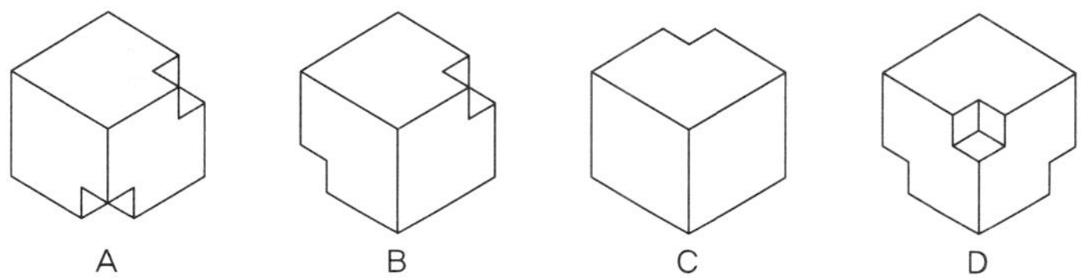

답 A와 D

〈문제 4〉 요즈음 LP레코드는 콤팩트디스크에 완전히 자리를 내주고 말았습니다. A는 LP레코드로 바깥쪽 화살표 부분(폭 3*cm*)을 연주하는 데 12분 걸렸습니다. B는 콤팩트디스크로 바깥쪽 화살표 부분(폭 2*cm*)을 연주하는 데 30분 걸렸습니다. 그런데, LP레코드의 연주시간은 폭에 비례하지만, 콤팩트디스크의 연주시간은 넓이에 비례합니다. 이제 A의 빗금 친 부분(폭 5*cm*)과 B의 빗금 친 부분(폭 2*cm*)을 연주할 때, 다음 물음에 답하시오. 단, 가장 안쪽의 원의 지름은 A가 14*cm*, B가 4*cm*입니다.

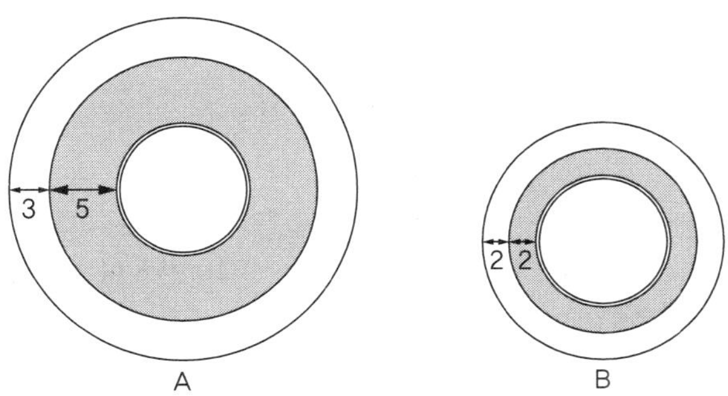

① A의 빗금 친 부분의 연주 시간은 얼마일까요?

답 A의 빗금 친 부분의 연주 시간은 폭에 비례하고 그 폭은 그 바깥 부분의 $\frac{5}{3}$이므로 $12\times\frac{5}{3}=20$분이다.

② B의 빗금 친 부분의 연주 시간은 얼마일까요?

답 B의 빗금 친 부분의 연주 시간은 넓이에 비례하고 그 넓이가 그 바깥쪽 부분의 $\frac{\pi(4^2-2^2)}{\pi(6^2-4^2)}=\frac{12}{20}=\frac{3}{5}$이므로 $30\times\frac{3}{5}=18$분이다.

③ 어느 쪽이 약 몇 분 더 오래 걸릴까요?

답 A의 연주 시간이 2분 길다.

학생 탐구 사례

〈문제 1〉

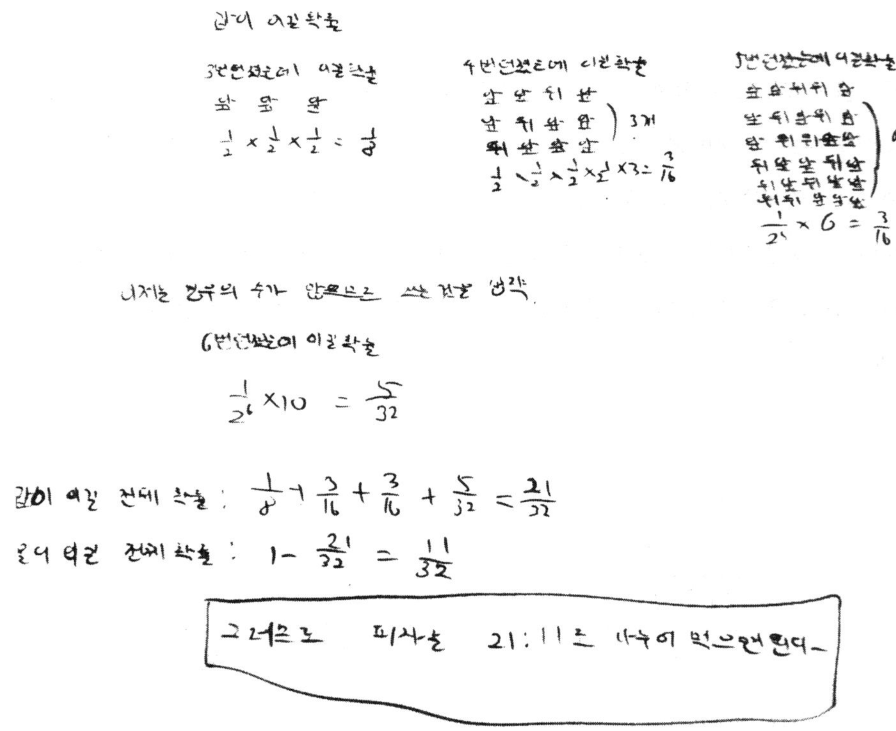

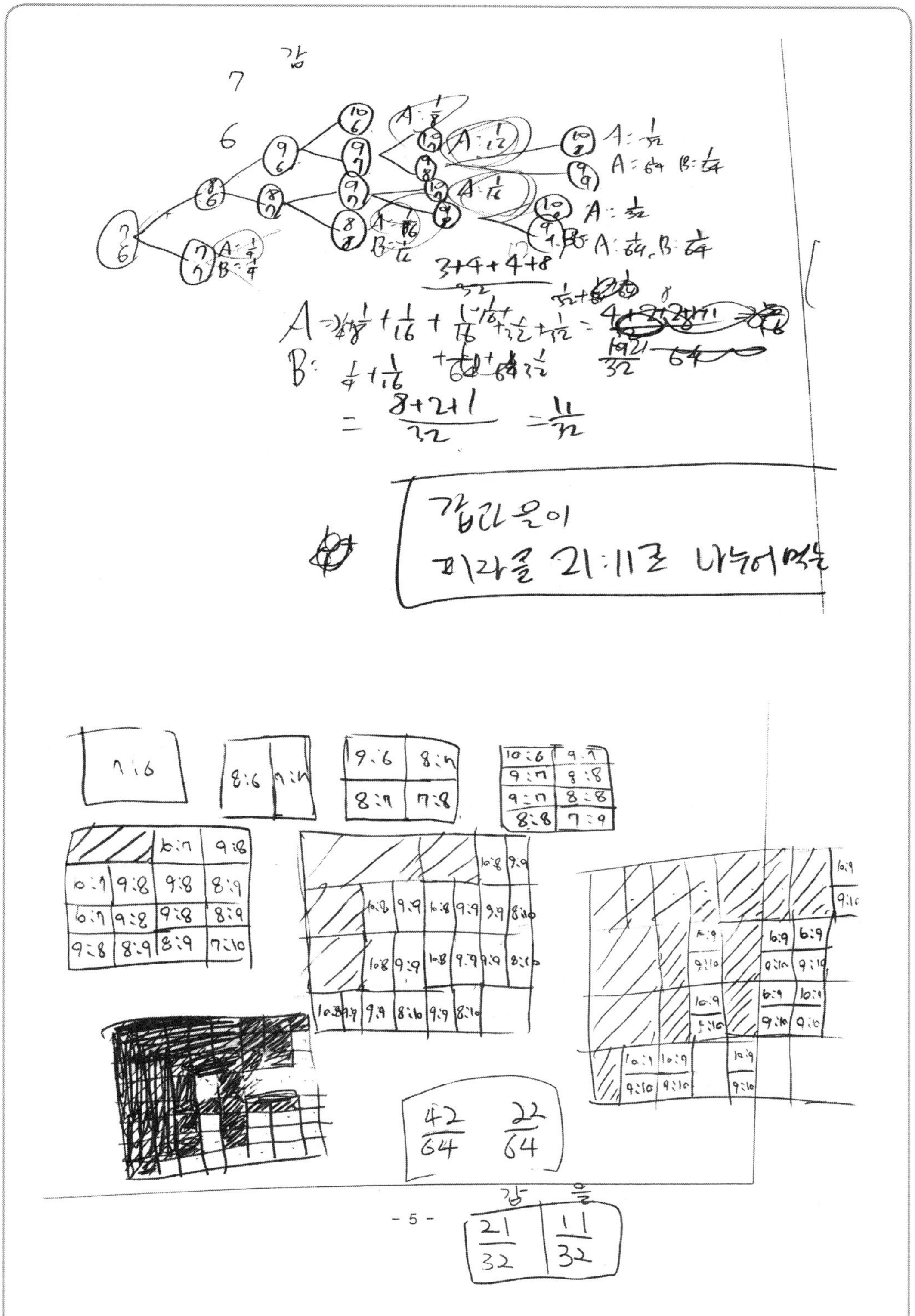
갑과 을이
피자를 21:11로 나누어 먹는
42/64 22/64
갑 을
21/32 11/32
- 5 -

〈문제 2〉 (1)

B \ A	0	0	0	6	6	6
1	1	1	1	7	7	7
2	2	2	2	8	8	8
3	3	3	3	9	9	9
4	4	4	4	10	10	10
5	5	5	5	11	11	11
6	6	6	6	12	12	12

36

(0, 0, 0, 6, 6, 6), (1, 2, 3, 4, 5, 6)

A 주사위 → 0, 0, 0, 2, 2, 2
B 주사위 → 1, 2, 5, 6, 9, 10

B \ A	0	2	0	2	0	2
1	1	3	1	3	1	3
2	2	4	2	4	2	4
5	5	7	5	7	5	7
6	6	8	6	8	6	8
9	9	11	9	11	9	11
10	10	12	10	12	10	12

2가지씩

→ 합

일단 합이 1인 수는 0, 1 밖에 없다.

−12가지의 수가 나온 개수가

〈문제 2〉 (2)

41760 km

$2.5 : 290 = 360 : x$

$104400 = 2.5x$

$41760 = x$

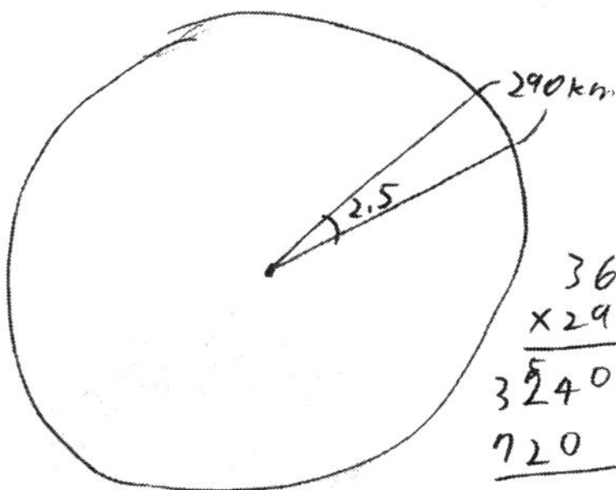

$360 \times 290 = 104400$

$1044000 \div 25 = 41760$

(41760km)

$290\text{km} : 2.5 = x\text{Km} : 360$

↓ 지구 둘레

$2.5x = 104400$

$25x = 1044000$

$x = 41760$

$36 \times 29 = 1044$

$1044000 \div 25 = 41760$

제11장

분수차원과 프랙털 도형 탐구

1. 탐구 개요 및 배경

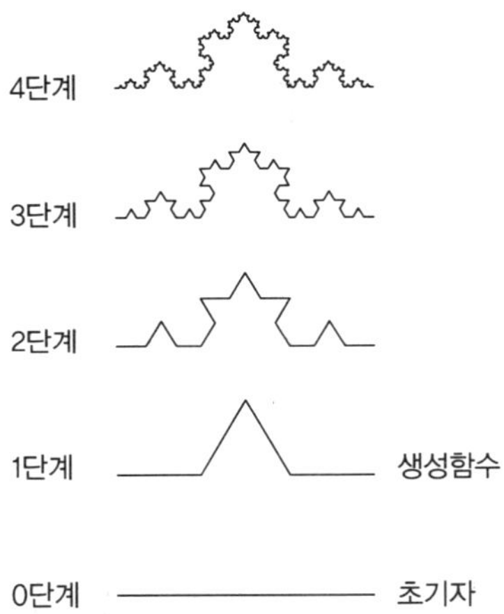

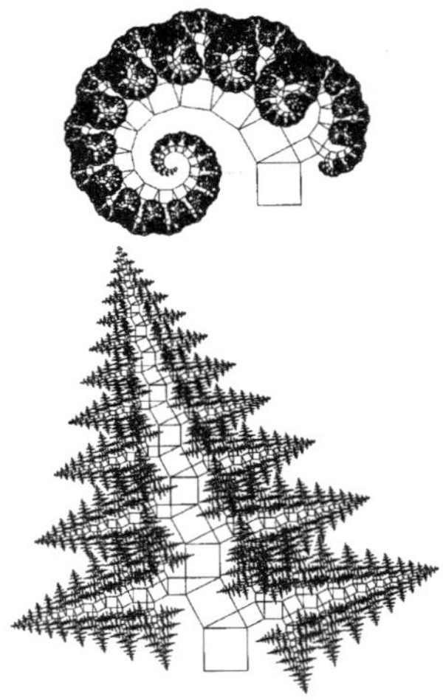

(1) 자연수 차원이 아닌 분수차원의 도형을 생각할 수 있을까? 자기닮음을 토대로 만들어지는 프랙털 도형의 생성 알고리즘을 알아보고 또 그러한 도형들의 분수 차원을 계산해본다.

(2) 자기닮음의 개념을 이용하여 프랙털 도형의 생성 알고리즘을 구한다. 아울러 여러 가지 프랙털 도형에서의 도형의 개수와 넓이 등의 규칙성을 찾도록 한다.

(3) 1980년 경 컴퓨터의 도움으로 가능해진 프랙털 도형 탐구의 결과를 학교 수학의 탐구 대상으로 삼는다. 기하학적인 모델링을 도입함으로써 프랙털 도형의 생성 알고리즘을 찾을 수 있도록 하며, 닮음비와 크기비 개념을 이용하여 차원의 개념을 도입하고 여러 가지 프랙털 도형에서의 규칙성과 차원 등을 계산할 수 있도록 한다. 계산의 편의를 위하여 계산기를 활용한다.

1980년 경 프랙털 도형 탐구의 선두주자인 예일대학교의 브누아 만델브로의 말을 들어보자. "1991년도 웨스팅하우스 과학영재선발대회에서 프랙털 기하에 관한 논문을 제출한 북캐롤라이나 출신의 젊은 여성이 일등을 차지하였다는 기사가 뉴욕타임스에 실렸다. 그녀는 파스칼의 삼각형과 그 삼각형의 고차원적인 유사체인 프랙털 차원을 구하였다."

(4) 수학교육과정의 합동, 닮음, 넓이, 규칙성, 파스칼의 삼각형, 극한 등의 내용과 연관된다. 프랙털 도형의 아름다운 규칙성에 의하여 수학을 더욱 좋아하는 성향을 기르는 데 도움이 된다.

도형의 부분들이 전체와 닮은 작은 부분을 갖는다면 자기닮음 도형이라 한다. 또한 이 도형을 전체의 모습과 똑같은 부분으로 분해할 수 있다면 엄밀한 자기닮음 도형이라 한다. 엄밀한 자기닮음 도형은 각 부분이 전체의 정확한 복제이다.

프랙털 기하는 모든 것을 고려할 때, 단순하고 자연스럽기 때문에 수 세기와 같이 누구나 쉽게 탐구의 대상으로 삼을 수 있다. 뿐만 아니라 기하학의 아름다움을 보여준다.

준비물

- 조별 준비물: 학생 1인당 수성 펜 1개
- 개별 준비물: 학생 1인당 전자계산기 1개

2. 준비 활동

다음 그림이 만들어지는 과정을 설명하여라.

(1) 칸토르 집합

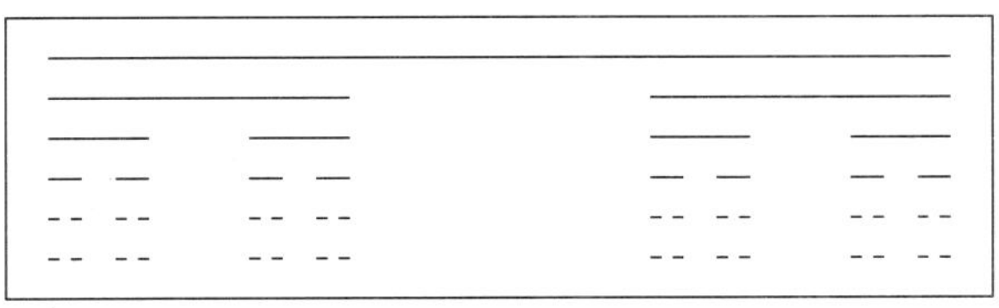

칸토르 집합 구성의 초기 단계들

(2) 시어핀스키 개스킷과 양탄자

시어핀스키 개스킷의 기본적인 구성 단계

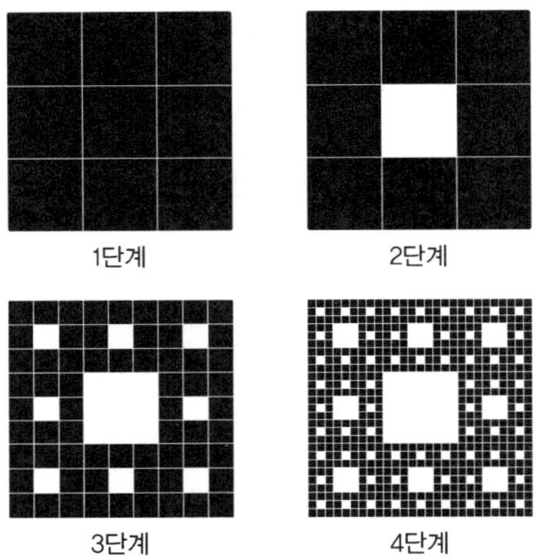

시어핀스키 양탄자의 기본적인 구성 단계

(3) 파스칼의 삼각형

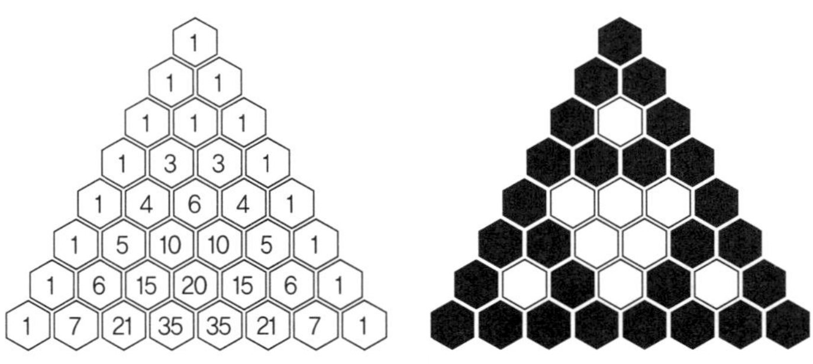

(4) 코흐 곡선

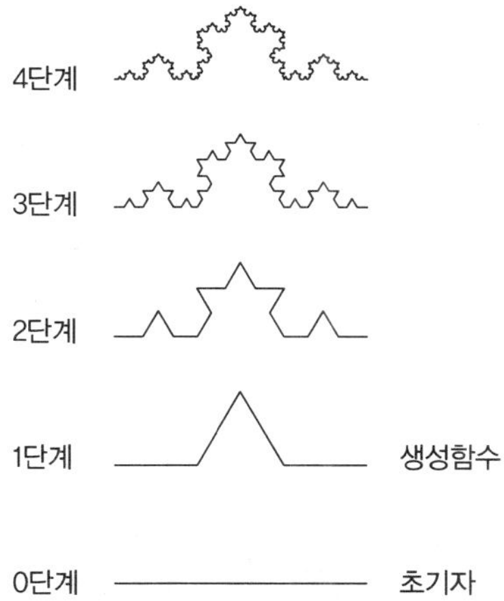

(5) 공간을 채우는 곡선

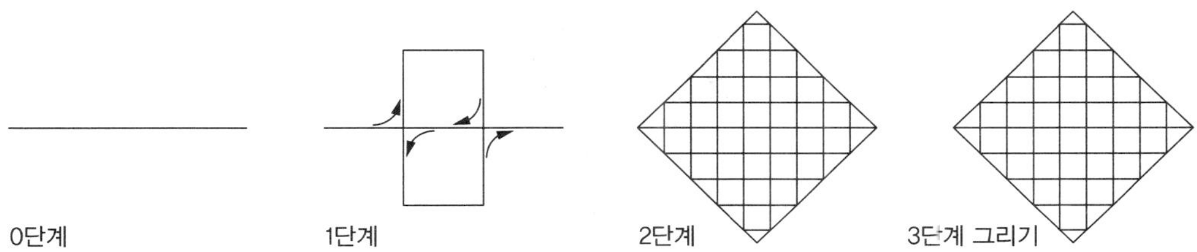

Peano 곡선

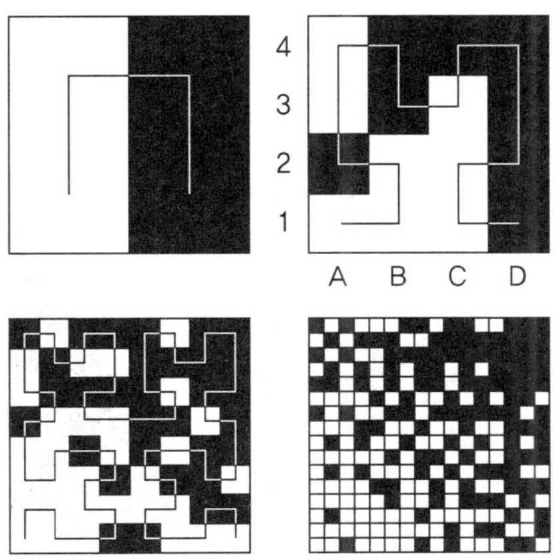

Hilbert 곡선

3. 기본 활동(1)

다음 그림이 만들어지는 과정을 설명하여라.

$3^d = 2 \Rightarrow d = 0.6309\cdots$

1. 칸토르 집합

ㄴ집합론의 창시자

Middle Deleted

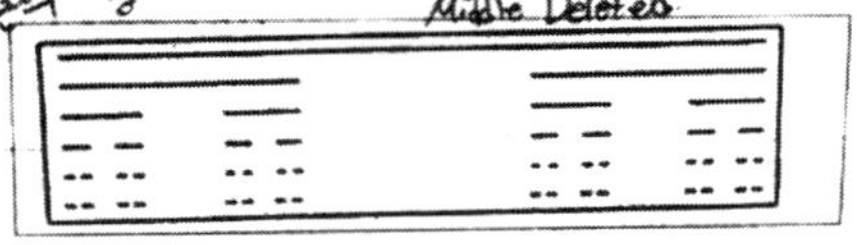

<그림 1> 칸토르 집합 구성의 초기 단계들

3등분한다 → 가운데 선분 제거 → 무한히 반복

2. 시어핀스키 개스킷과 양탄자

1차원 시어핀스키 2차원

<그림 2> 시어핀스키 개스킷의 기본적인 구성 단계

시어핀스키 개스킷: 정삼각형 → 같은 크기의 정삼각형 4개로 분해 → 가운데 뒤집힌 삼각형 제거 → 각각의 삼각형에서 무한히 반복

1∼2.

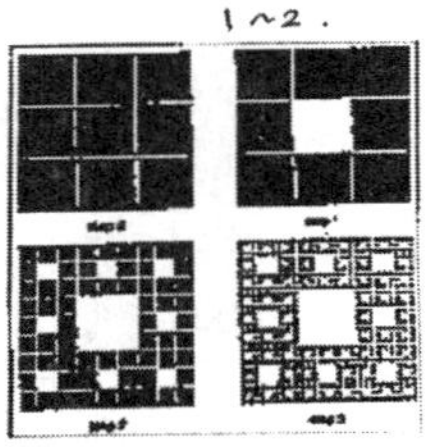

<그림 3>시어핀스키 양탄자의 기본적인 구성 단계

$3^d = 8 \Rightarrow d \fallingdotseq 1.89278927$

시어핀스키 양탄자: 정사각형 → 같은 크기의 정사각형 9개로 분해 → 가운데 정사각형 제거 → 각각의 사각형에서 무한히 반복

프랙털 : 컴퓨터의 보급과 연관

3. 파스칼의 삼각형

ㄴ $(a+b)^n$의 계수

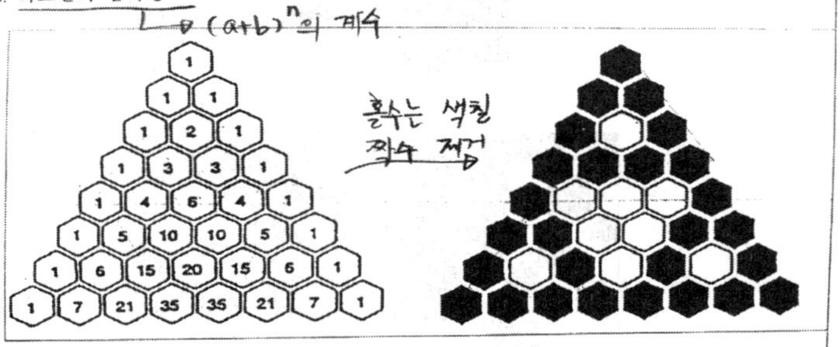

<그림 4> 파스칼의 삼각형

4. Koch 곡선 → 눈송이 곡선

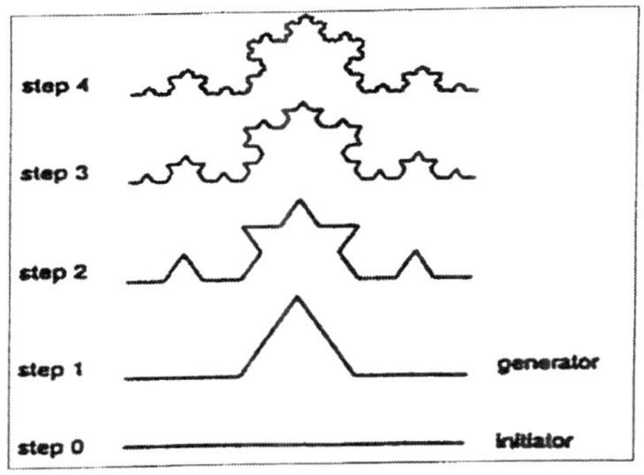

<그림 5> Koch 곡선

선분의 삼등분
→ 가운데 부분 제거 후 삼각형 형성
→ 무한히 반복.

$\mathbb{R} \xrightarrow{함수} \mathbb{R}$

$\mathbb{R}^2 \xrightarrow{변환} \mathbb{R}^2$

3차원 → 2차원
ex) 지도

3. 탐구 활동

(1) 차원 탐구 활동

- 준비물: 활동지 1

활동지 1	여러 가지 차원의 대상	학년 반 번호
		이름:

여러분이 공부해온 대부분의 수학적 대상들은 범자연수의 차원을 갖는 대상들이었다. 가령, 정육면체와 정이십면체와 같은 입체도형들은 3차원 도형들이다. 정사각형과 삼각형 등 여러 가지 평면도형들은 2차원 도형들이다. 직선은 1차원이며, 점은 0차원이다.
다음 각 차원에 해당하는 수학적 대상들과 일상의 대상들을 몇 개씩 열거하여라.

0차원 도형	1차원 도형	2차원 도형	3차원 도형
점	선분	정사각형	정육면체
	직선	삼각형	정이십면체
	사람의 키		축구공

위의 표에 적은 대상들의 어떤 특성들을 기술하여라.

특성	모양	크기	단위	기타
0차원 도형				
1차원 도형				
2차원 도형				
3차원 도형				

- 준비물: 활동지 2, 활동지 2의 TP 자료, 3~4명의 각 소집단에 적어도 25개의 정사각형 블럭, 가령, 색채가 있는 타일, 속성 블럭, 세라믹 타일 등.

활동지 2	닮음비와 크기비의 관계(평면도형)	학년 반 번호 이름:

다음 정의들을 회상하여라.

$$\text{닮음비} = \frac{\text{새로운 도형의 길이}}{\text{원래 도형의 길이}}, \ \text{크기비} = \frac{\text{새로운 도형의 크기}}{\text{원래 도형의 크기}}$$

여러 가지 닮음비에 대한 자료값을 기입하여라(원래 도형의 길이나 크기는 크기 1인 원래의 도형을 이용하는 것이 쉽다).

(   )에 대한 자료

길이	크기(넓이)	닮음비	크기비
1	1	1	1
2		2	
3			
4			
5			

6			
7			
8			
9			
10			

닮음비와 크기비의 관계를 추측하여 쓰시오.

- 준비물: 활동지 3, 활동지 3의 TP 자료, 3~4명의 각 소집단에 적어도 64개의 어떤 동일한 크기의 정육면체

활동지 3	닮음비와 크기비의 관계(공간도형)	학년 반 번호 이름:

다음 정의들을 회상하여라.

$$\text{닮음비} = \frac{\text{새로운 도형의 길이}}{\text{원래 도형의 길이}}, \ \text{크기비} = \frac{\text{새로운 도형의 크기}}{\text{원래 도형의 크기}}$$

여러 가지 닮음비에 대한 자료값을 기입하여라(원래 도형의 길이나 크기는 크기 1인 원래의 도형을 이용하는 것이 쉽다).

(　　　　　　)에 대한 자료

길이	크기(부피)	닮음비	크기비
1	1	1	1
2		2	
3			
4			
5			
6			
7			
8			
9			
10			

닮음비와 크기비의 관계를 추측하여 쓰시오.

학생 탐구 사례

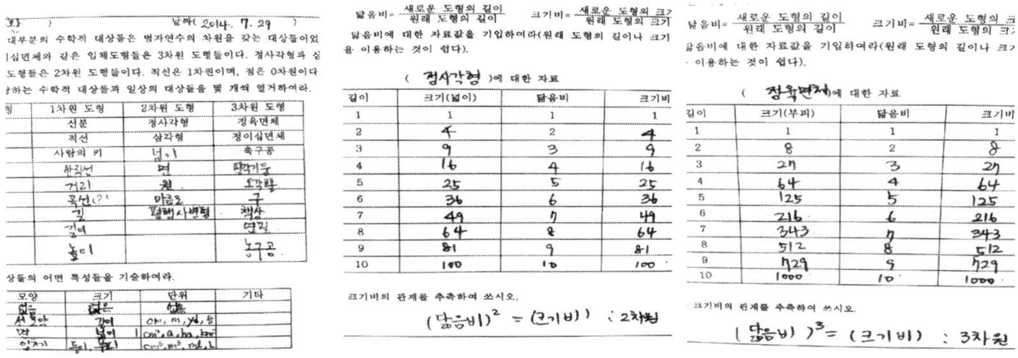

(학번) 날짜(2014. 7. 29)

대부분의 수학적 대상들은 범자연수의 차원을 갖는 대상들이었
…십면체와 같은 입체도형들은 3차원 도형들이다. 정사각형과 삼
…도형들은 2차원 도형들이다. 직선은 1차원이며, 점은 0차원이다
…하는 수학적 대상들과 일상의 대상들을 몇 개씩 열거하여라.

1차원 도형	2차원 도형	3차원 도형
선분	정사각형	정육면체
직선	삼각형	정이십면체
사람의 키	넓이	축구공
반직선	면	팔각기둥
거리	원	오각뿔
곡선(?)	마름모	구
길	평행사변형	책상
길이		연필
높이		농구공

…상들의 어떤 특성들을 기술하여라.

모양	크기	단위	기타
없음	없음	없음	
선 모양	길이	cm, m, yd, 등	
면	넓이	cm^2, a, ha, km^2	
입체	들이, 부피	cm^3, m^3, mL, L	

닮음비 = 새로운 도형의 길이 / 원래 도형의 길이 크기비 = 새로운 도형의 크기 / 원래 도형의 크기

닮음비에 대한 자료값을 기입하여라(원래 도형의 길이나 크기를 이용하는 것이 쉽다).

(정사각형)에 대한 자료

길이	크기(넓이)	닮음비	크기비
1	1	1	1
2	4	2	4
3	9	3	9
4	16	4	16
5	25	5	25
6	36	6	36
7	49	7	49
8	64	8	64
9	81	9	81
10	100	10	100

크기비의 관계를 추측하여 쓰시오.

(닮음비)^2 = (크기비) : 2차원

닮음비 = 새로운 도형의 길이 / 원래 도형의 길이 크기비 = 새로운 도형의 크기 / 원래 도형의 크기

닮음비에 대한 자료값을 기입하여라(원래 도형의 길이나 크기를 이용하는 것이 쉽다).

(정육면체)에 대한 자료

길이	크기(부피)	닮음비	크기비
1	1	1	1
2	8	2	8
3	27	3	27
4	64	4	64
5	125	5	125
6	216	6	216
7	343	7	343
8	512	8	512
9	729	9	729
10	1000	10	1000

크기비의 관계를 추측하여 쓰시오.

(닮음비)^3 = (크기비) : 3차원

(2) 프랙털 도형 탐구

- 준비물: 활동지 4, y^x 기능을 가진 계산기(각 학생당 1개씩)

활동지 4	차원분열도형의 차원 계산	학년 반 번호 이름:

① 임의의 단계에서 시작한다. 전 단계의 도형과 크기가 같은 복사물을 갖도록 다음 단계 확대도를 아래와 같이 그린다.

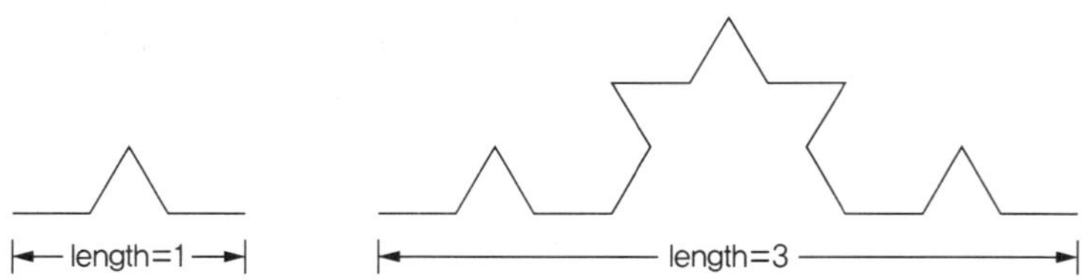

1단계　　2단계 도형을 3배로 확대한 도형

② 닮음비를 구하여라.

$$\text{닮음비} = \frac{\text{새로운 도형의 길이}}{\text{원래 도형의 길이}} = \_\_\_\_\_\_\_\_ =$$

③ 크기비를 구하여라.

$$\text{크기비} = \frac{\text{새로운 도형의 크기}}{\text{원래 도형의 크기}} = \_\_\_\_\_\_\_\_ =$$

④ 차원의 정의를 이용하여 차원(d)을 추정하여라.

$$(\text{닮음비})^d = \text{크기비}$$

- 준비물: y^x 기능을 가진 계산기(각 학생당 1개씩)

활동지 5	또 다른 프랙털 도형	학년　　반　　번호 이름:

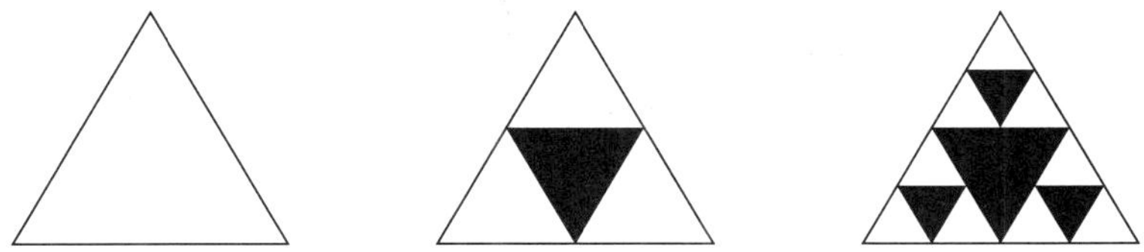

0단계　　1단계　　2단계

"정사각형 영역의 중앙 1/9에 정육면체를 하나씩 더하여" 만든 차원분열도형의 차원을 계산하여라.

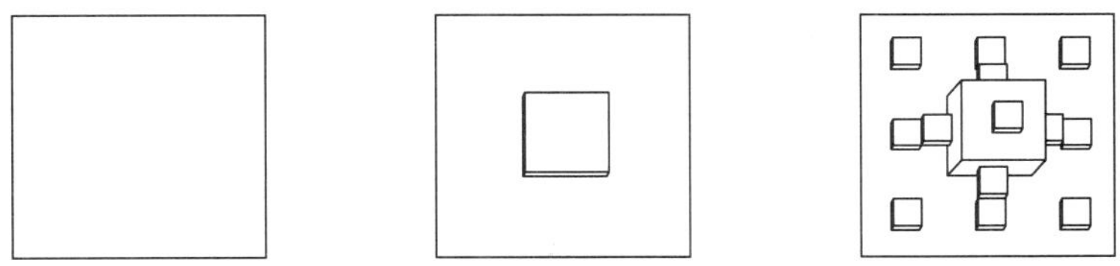

0단계　　1단계　　2단계

학생 탐구 사례

1단계　　2단계

② 닮음비를 구하여라.

$$닮음비 = \frac{새로운\ 도형의\ 길이}{원래\ 도형의\ 길이} = \frac{3}{1} = 3$$

③ 크기비를 구하여라.

$$크기비 = \frac{새로운\ 도형의\ 크기}{원래\ 도형의\ 크기} = \frac{4}{1} = 4$$

④ 차원의 정의를 이용하여 차원(d)을 추정하여라.

$(닮음비)^d = 크기비$

$3^d = 4$

$1 < d < 2$

$1.2 < d < 1.3$

$1.26 < d < 1.27$

$1.261 < d < 1.262$

$1.2618 < d < 1.2619$

2) 또 다른 프랙털 도형

준비물> Overhead Master 2, y^x 기능을 가진 계산기(각 학생당 1개씩)

[또 다른 프랙털 도형]

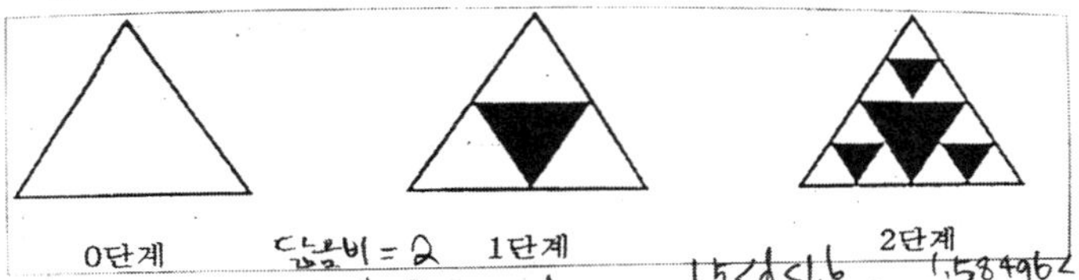

닮음비 = 2
크기비 = 3
$2^d = 3$
$1.5 < d < 1.6$
$1.58 < d < 1.59$
$1.584 < d < 1.585$
$1.584962 < d < 1.584997$
$1.584962 < d < 1.584963$

사각형 영역의 중앙 1/9에 정육면체를 하나씩 더하여" 만든 차원분열도형의 차원을 계
여라.

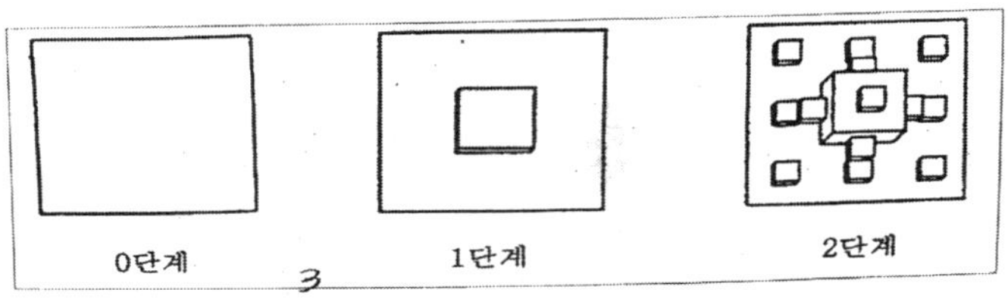

3
13
$3^d = 13$
$2.33 < d < 2.34$
$2.334 < d < 2.335$

4. 심화 활동

(1) 시어핀스키 삼각형

시어핀스키 개스킷의 기본적인 구성 단계

단계	0	1	2	3	4	5	…	n
남은 정삼각형 개수	1							

단계	0	1	2	3	4	5	…	n
남은 도형 넓이	1							

(2) 시어핀스키 양탄자

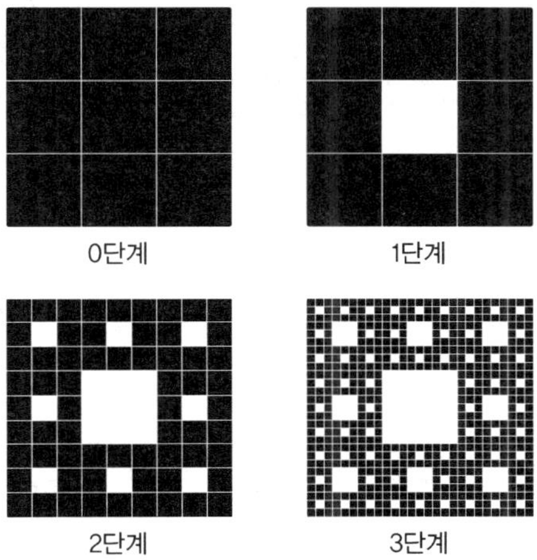

시어핀스키 양탄자의 기본적인 구성 단계

단계	0	1	2	3	4	5	…	n
남은 정사각형 개수	1							

단계	0	1	2	3	4	5	…	n
남은 도형 넓이	1							

(3) 시어핀스키 사면체

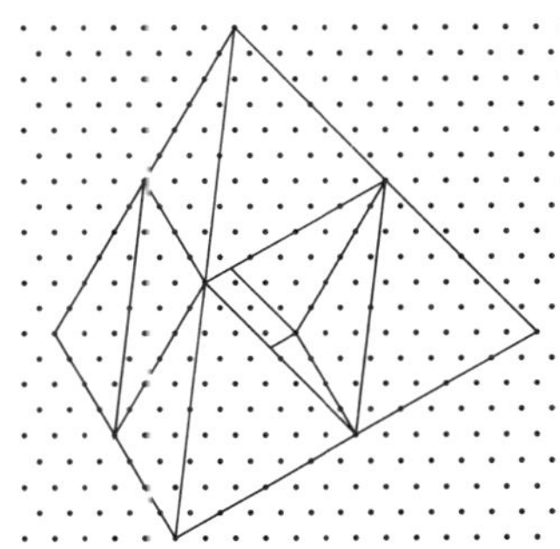

오른쪽의 그림과 같이 정사면체 모서리의 중점을 연결하여 꼭지점에 새로 만들어진 4개의 정사면체는 그대로 두고 나머지는 제거한다. 이 때 제거되는 도형을 그려보자.

단계	0	1	2	3	4	5	…	n
남은 정사면체 개수	1							

단계	0	1	2	3	4	5	…	n
남은 도형 부피	1							

학생 탐구 사례

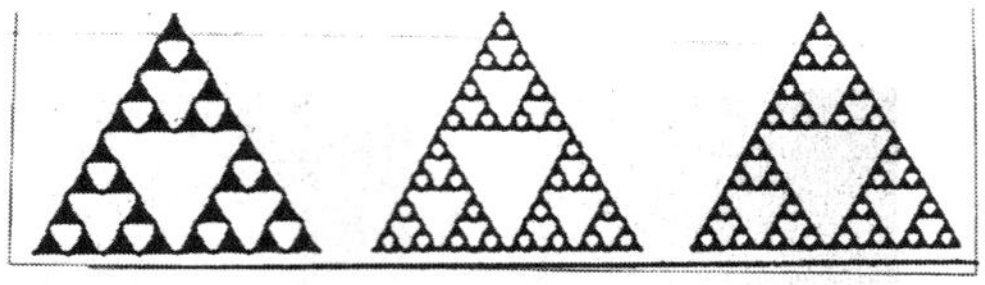

<그림 1> 시어핀스키 개스킷의 기본적인 구성 단계

(1) 정삼각형의 수

단계	0	1	2	3	4	5	…	n
수	1	3	9	27	81	243		3^n

(2) 정삼각형의 넓이

단계	0	1	2	3	4	5	…	n
넓이	1	3/4	9/16	27/64	81/256	243/1024		$(3/4)^n$

2. 시어핀스키 양탄자

(1) 정사각형의 수

단계	0	1	2	3	4	5	…	n
수	1	8	64	512	4096	32768		8^n

(2) 정사각형의 넓이

단계	0	1	2	3	4	5	…	n
넓이	1	8/9	64/81	512/729	4096/6561	32768/59049		$(8/9)^n$

3. 시어핀스키 사면체

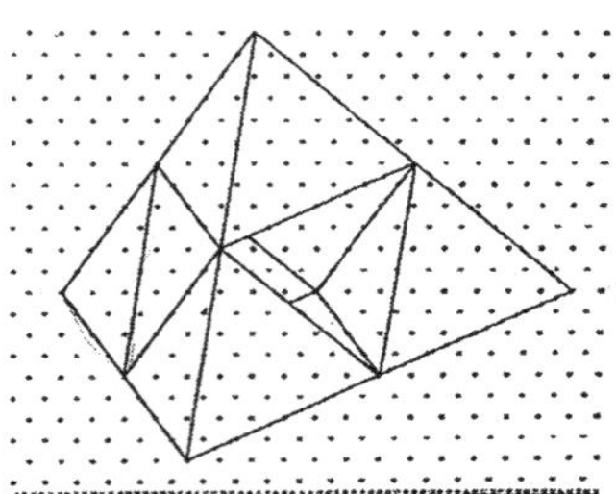

<그림 4>시어핀스키 사면체

(1) 위의 그림과 같이 정사면체 모서리의 중점을 연결하여 꼭지점에 새로 만들어진 4개의 정사면체는 그대로 두고 나머지는 제거한다. 이 때 제거되는 도형을 그려보자.

(2) 정사면체의 수

단계	0	1	2	3	4	5	…	n
수	1	4	16	64	256	1024		4^n

(3) 정사면체의 부피

단계	0	1	2	3	4	5	…	n
넓이	1	1/2	1/4	1/8	1/16	1/32		$1/2^n$

5. 탐구 문제

(1) 나무와 자기닮음

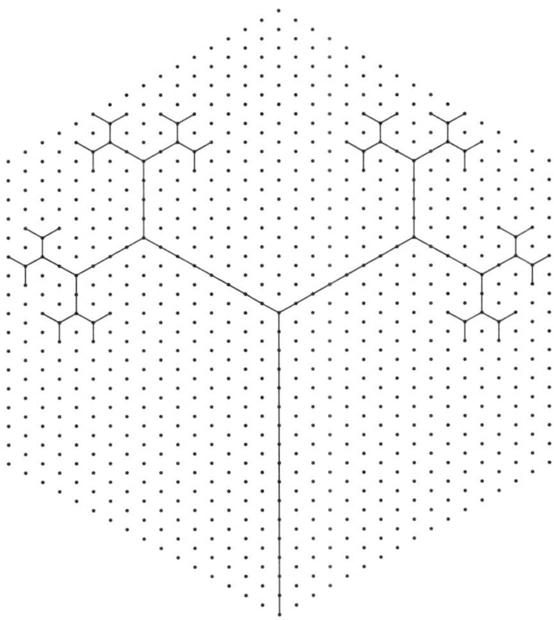

① 위의 그림에서 나무의 원 줄기는 길이가 1인 선분이다. 이를 0단계라 할 때 위와 같은 나무를 만들어가는 알고리즘을 말해보시오.

② 위와 같은 알고리즘을 무한히 반복하여 완성한 나무의 모든 가지들의 길이의 합을 구하고

그 이유를 밝히시오.

③ 완성한 나무에는 위의 그림에서 진하게 표시된 것과 같은 나선형을 찾을 수 있다. 이 나선형의 길이를 구하시오.

④ 어떤 그림의 부분들이 전체의 작은 복제라면 이 그림은 자기닮음이라 한다. 위의 나무가 완전히 성장한 완성한 나무라고 할 때 자기닮음의 부분을 찾으시오.

(2) 엄밀한 자기닮음

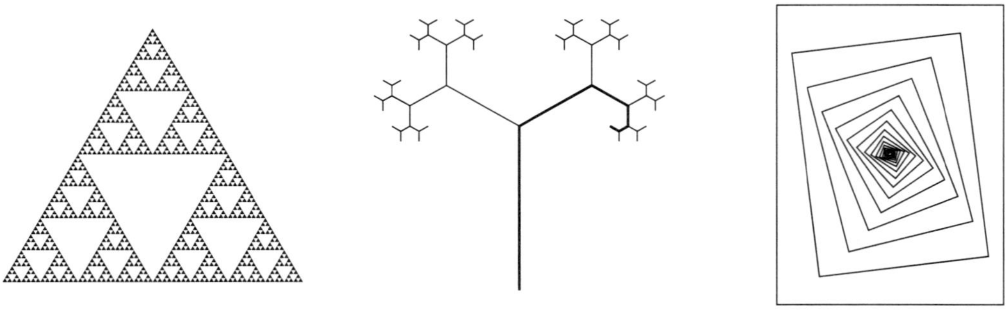

시어핀스키와 나무와 책의 표지

어떤 그림을 전체의 정확한 복제로 분해할 수 있다면 엄밀한 자기닮음이라 한다. 어떠한 부분이든지 전체와 똑같은 복제를 포함하는 경우를 말한다.

① 위의 그림의 세 번째는 어떤 책의 표지인데 그 표지에는 그 책을 들고 있는 손의 사진이 들어있다고 해보자. 이러한 알고리즘이 계속되어 완성한 책표지에 대하여 자기닮음과 엄밀한 자기닮음 여부를 밝히시오.

② 위의 그림의 두 번째인 완성한 나무에 대하여 자기닮음과 엄밀한 자기닮음 여부를 밝히시오.

③ 위의 그림의 첫 번째인 시어핀스키 삼각형에 대하여 자기닮음과 엄밀한 자기닮음 여부를 밝히시오.

(3) 파스칼의 삼각형과 시어핀스키 삼각형

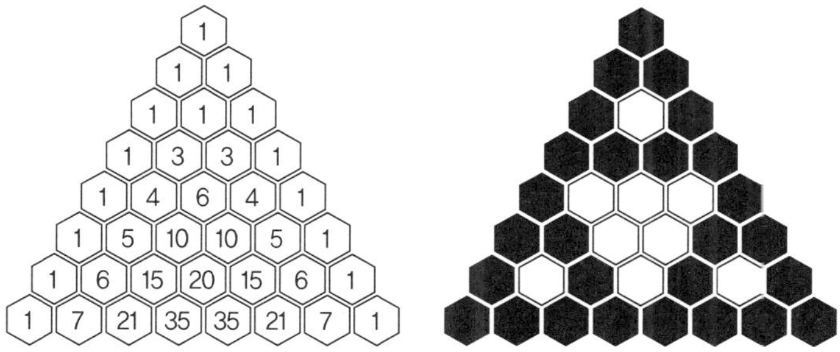

파스칼의 삼각형

① 파스칼 삼각형의 칸을 색칠하는 규칙을 찾으시오.

② 위의 규칙에 따라 파스칼의 삼각형의 각 칸을 칠하게 되면 처음 4행과 8행까지에서 어떤 기하학적인 패턴을 찾을 수 있는가?

③ 시어핀스키 삼각형의 1, 2단계를 나타내기 위해서는 파스칼의 삼각형 4행, 8행이 있어야 한다. 다음 빈 칸을 채우시오.

단계	0	1	2	3	4	5	…	n
행의 수	2	4	8					

④ 다음 피타고라스의 나무의 생성 알고리즘을 각각 말해보시오.

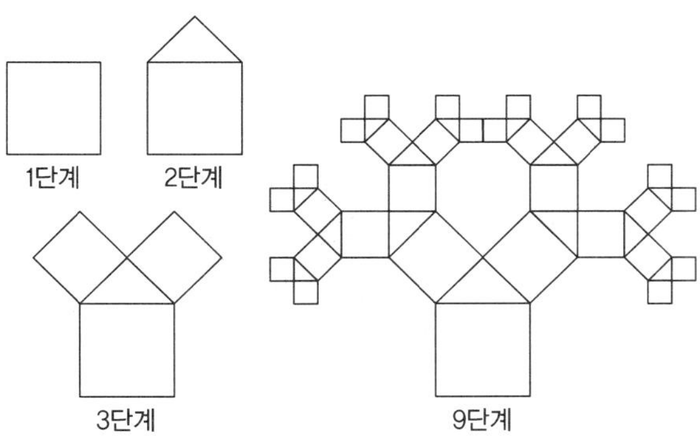

5. 심화 활동(2)

1. 나무와 자기닮음

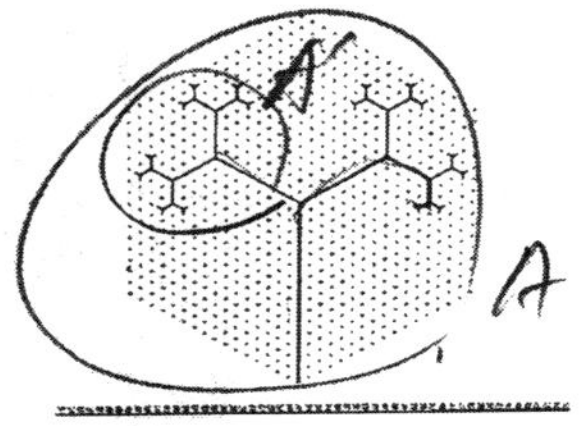

<그림 5> 나무

(1) 위의 그림에서 나무의 원 줄기는 길이가 1인 선분이다. 이를 0단계라 할 때 위와 같은 나무를 만들어가는 알고리즘을 말해보시오.

각 가지마다 120° 각도로 절반의 길이를 가지는 가지를 치고, 이를 재귀적으로 반복한다.

(2) 위와 같은 알고리즘을 무한히 반복하여 완성한 나무의 모든 가지들의 길이의 합을 구하고 그 이유를 밝히시오.

∞

$1+\frac{1}{2}\cdot 2+\frac{1}{4}\cdot 4+\cdots=\infty$

(3) 완성한 나무에는 위의 그림에서 진하게 표시된 것과 같은 나선형을 찾을 수 있다. 이 나선형의 길이를 구하시오.

2

$1+\frac{1}{2}+\frac{1}{4}+\cdots=2$

(4) 어떤 그림의 부분들이 전체의 작은 복제라면 이 그림은 자기닮음이라 한다. 위의 나무가 완전히 성장한 완성한 나무라고 할 때 자기닮음의 부분을 찾으시오.

그림에 표시함. (A, A')

엄밀한 자기닮음

1 단계

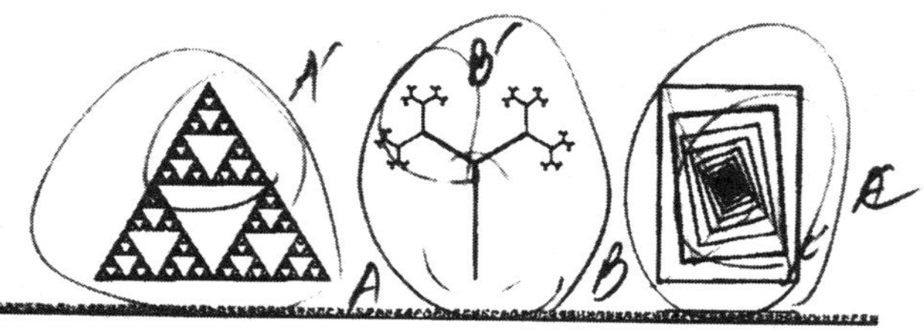

<그림 6> 책의 표지와 나무와 시어핀스키

어떤 그림을 전체의 정확한 복제로 분해할 수 있다면 엄밀한 자기닮음이라 한다. 어떠한 부분이든지 전체와 똑같은 복제를 포함하는 경우를 말한다.

(1) 위의 그림의 세 번째는 어떤 책의 표지인데 그 표지에는 그 책을 들고 있는 손의 사진이 들어있다고 해보자. 이러한 알고리즘이 계속되어 완성한 책표지에 대하여 자기닮음과 엄밀한 자기닮음 여부를 밝히시오.

(2) 위의 그림의 두 번째인 완성한 나무에 대하여 자기닮음과 엄밀한 자기닮음 여부를 밝히시오.

(3) 위의 그림의 첫 번째인 시어핀스키 삼각형에 대하여 자기닮음과 엄밀한 자기닮음 여부를 밝히시오.

3. 파스칼의 삼각형과 시어핀스키 삼각형

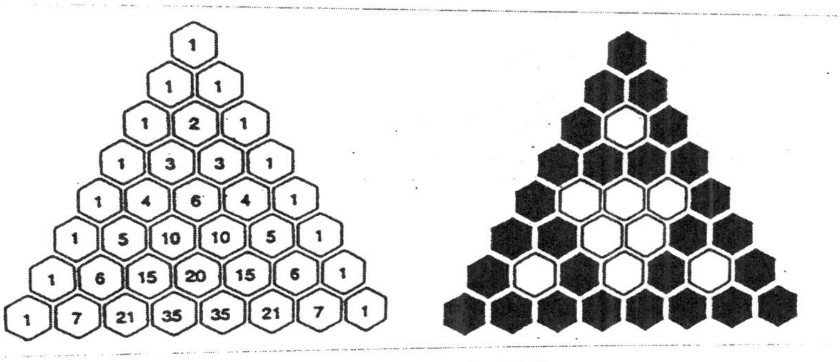

<그림 4> 파스칼의 삼각형

(1) 파스칼 삼각형의 칸을 색칠하는 규칙을 찾으시오.

홀수만 칠한다.

(2) 위의 규칙에 따라 파스칼의 삼각형의 각 칸을 칠하게 되면 처음 4행과 8행까지에서 어떤 기하학적인 패턴을 찾을 수 있는가?

시어핀스키 삼각형...?

(3) 시어핀스키 삼각형의 1, 2단계를 나타내기 위해서는 파스칼의 삼각형 4행, 8행이 있어야 한다. 다음 빈 칸을 채우시오

단계	0	1	2	3	4	5	…	n
행의 수	2	4	8	16	32	64		2^{n+1}

의 생성 알고리즘을 각각 말해보시오.

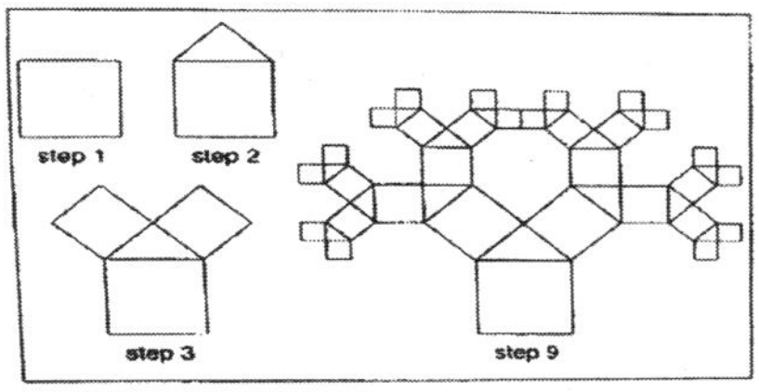

Figure 2.63 : Basic idea of a Pythagorean tree.

정사각형을 빗변으로 하는 직각이등변삼각형을 그리고 그 직각삼각형의 남은 두 변을 각각 한 변으로 하는 정사각형을 그린다.

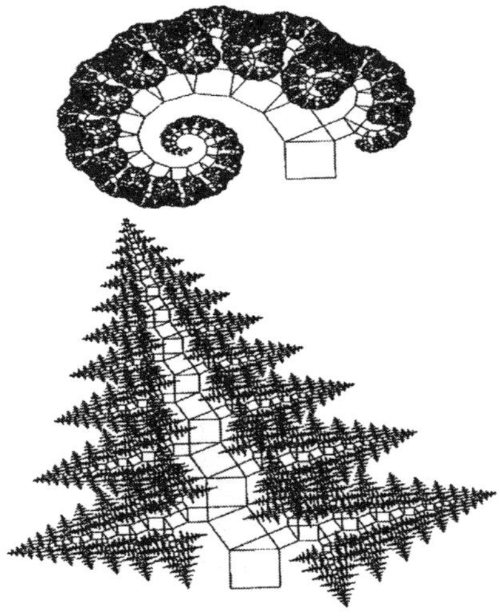

정사각형의 한 변을 빗변으로 하는 직각삼각형 (단, 라고 할 때, a>b)을 그리고 그 남은 두 변을 각각 한 변으로 하는 정사각형을 그린다.

위 모형과 비슷하지만, 직각삼각형의 배치를 a>b, b>a를 번갈아서 배치한다.

Figure 2.66 : The two constructions carried out some 50 times. Note that the size of the triangles is the same in both.

6. 평가 기준과 문제 만들기

■ 준비활동

- 주어진 선분을 삼등분하여 가운데 부분을 제거하는 칸토르 집합 생성 알고리즘을 이해하는가?
- 삼각형의 중점을 연결하여 만든 네 개의 삼각형 중에서 가운데 부분을 제거하는 시어핀스키 삼각형의 생성 알고리즘을 이해하는가?
- 파스칼의 삼각형애서 짝수 부분을 제거하여 시어핀스키 삼각형을 만들 수 있음을 이해하는가?

- 차원의 개념을 이해하는가?
- 차원의 정의를 이용하여 d차원 공간에서 "(닮음비)^d= 크기비"가 성립함을 이해하는가?
- 프랙털 도형에서의 프랙털 차원을 계산할 수 있는가?
- 시어핀스키 삼각형, 양탄자, 사면체 등에서의 도형의 개수와 넓이, 부피 등의 규칙성을 이해하는가?

■ 심화활동

- 여러 가지 프랙털 도형에서의 프랙털 차원을 계산할 수 있는가?
- 완성한 나무, 시어핀스키 삼각형, 책표지 등에서의 자기닮음과 엄밀한 자기닮음의 개념을 이해하는가?
- 파스칼의 삼각형과 시어핀스키 삼각형의 관련성을 이해하는가?
- 피타고라스의 나무의 생성 알고리즘을 이해하는가?

다음 문제를 풀고 이와 유사한 문제를 만들어 보자.

〈문제 1〉

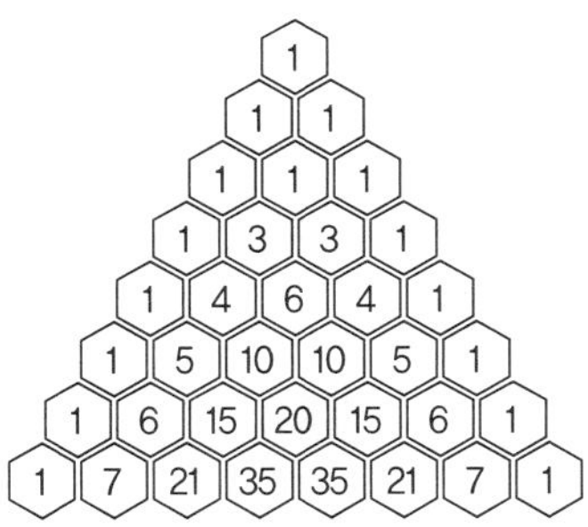

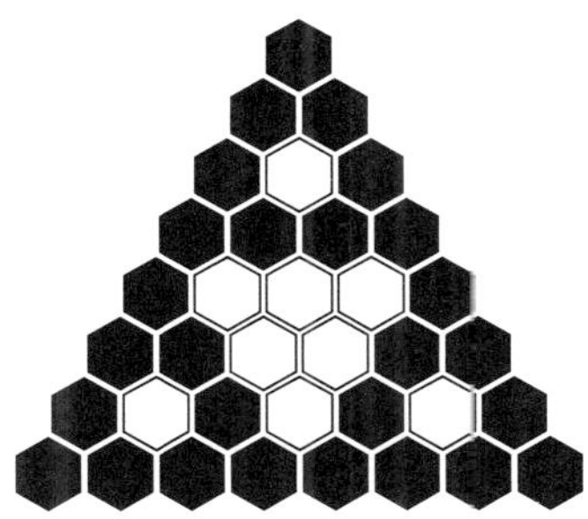

① 왼쪽 도형의 색칠하기 규칙을 설명하시오.

② 오른쪽 그림과 같이 정사면체 모서리의 중점을 연결하여 꼭지점에 새로 만들어진 4개의 정사면체는 그대로 두고 나머지는 제거한다. 이 때 원래의 정사면체의 부피가 1이라고 할 때 제거되는 도형의 부피를 구하시오. 이와 같은 방법으로 계속 제거할 때, n단계 후의 남은 도형의 부피는 얼마일까?

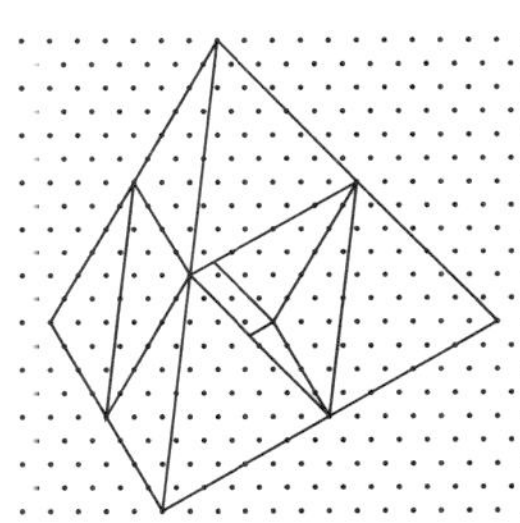

〈문제 2〉 다음 그림과 같이 주어진 정삼각형에 대한 물음에 답하시오.

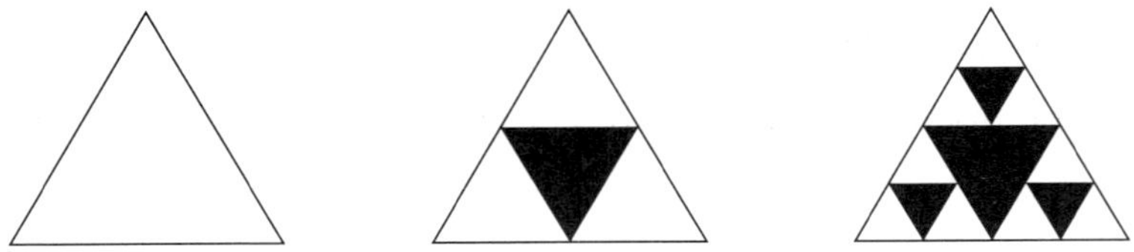

0단계　　　　1단계　　　　2단계

〈그림 1〉 시어핀스키 개스킷

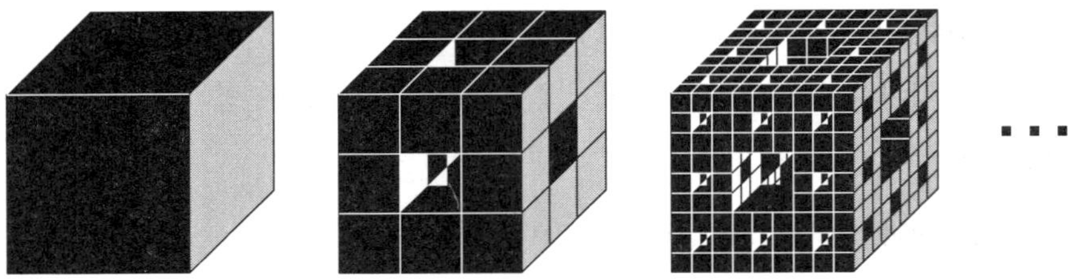

1단계　　　　2단계

〈그림 2〉 멩거의 스펀지

① 〈그림 1〉의 0단계에서 1단계로의 이행할 때, 주어진 정삼각형의 세 변의 중점을 연결하여 만들어지는 중앙의 색칠한 정삼각형을 없앤다. 1단계에서 2단계로 이행할 때도 마찬가지이다. 이처럼 계속한다고 하자. 0단계의 정삼각형의 넓이를 1이라 할 때, 1단계, 2단계, 3단계 도형의 넓이를 각각 구하시오.

② 〈그림 2〉는 정육면체의 앞면, 뒷면, 윗면의 중앙에서 단면 넓이의 $\frac{1}{9}$에 해당하는 정사각형 모양의 구멍을 뚫어 없애는 그림이다. 처음 0단계 정육면체의 부피가 1일 때, 1단계, 2단계, 3단계 도형의 부피를 각각 구하시오.

답 (1) 1단계 $\frac{3}{4}$, 2단계 $\left(\frac{3}{4}\right)^2$, 3단계 $\left(\frac{3}{4}\right)^3$

(2) 1단계 $\frac{20}{27}$, 2단계 $\left(\frac{20}{27}\right)^2$, 3단계 $\left(\frac{20}{27}\right)^3$

〈문제 3〉 오른쪽 색칠 보기표에 의해 다음 그림의 모든 행을 색칠해보자. 어떤 패턴을 볼 수 있는가? 파스칼의 삼각형이나 시어핀스키 삼각형과 어떤 관계가 있는가?

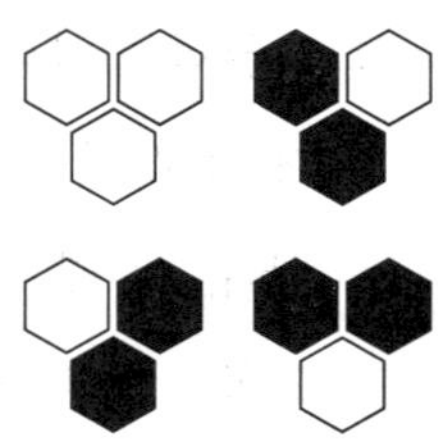

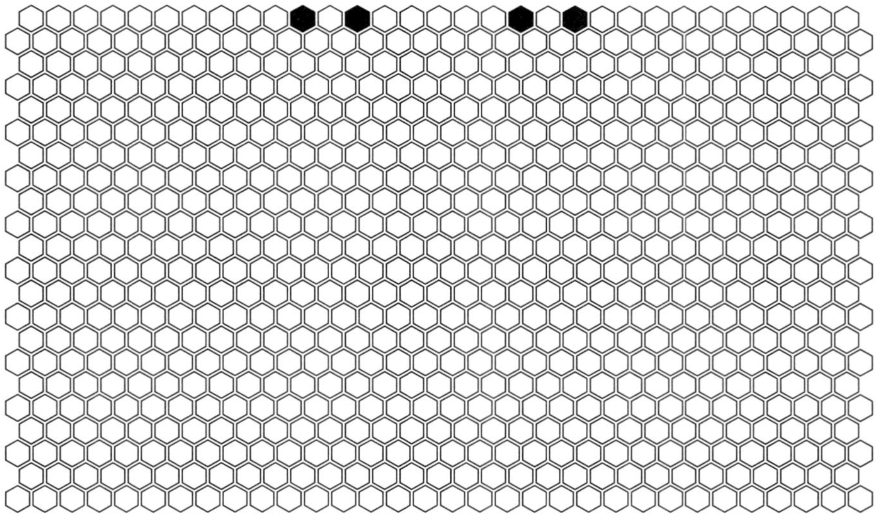

〈문제 4〉 정육면체 자르기

한 변이 3*cm*인 나무로 된 정육면체를 톱으로 잘라 한 변이 1*cm*인 정육면체 27개를 만들려고 합니다. 여섯 번보다 적은 수의 톱질로 가능할까요?

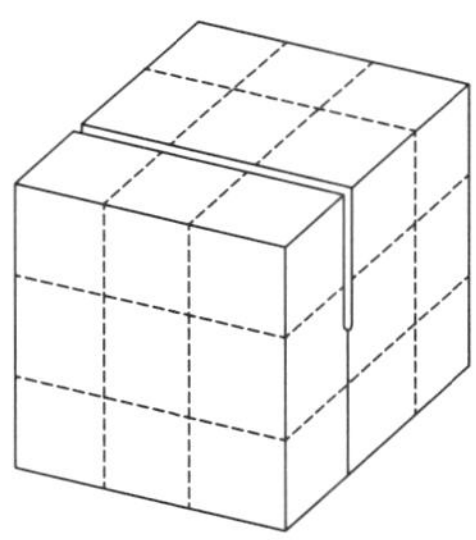

답 가운데 있는 정육면체 여섯 면을 잘라내려면 6번의 톱질을 해야 합니다.

〈문제 5〉 가로와 세로가 각각 3*cm*, 4*cm*인 직사각형 카드가 12장 있습니다. 이들을 접거나, 자르거나, 겹치지 말고 펼쳐서 배열할 때, 크기가 서로 다른 정사각형을 동시에 될 수 있는 대로 많이 만들어 보시오. (동시라는 조건이 없으면, 무수히 많은 정사각형을 들 수 있습니다.) 단, 같은 크기의 정사각형이 동시에 두 개 이상 되어서는 안 됩니다. 그림을 그려 나타내시오.

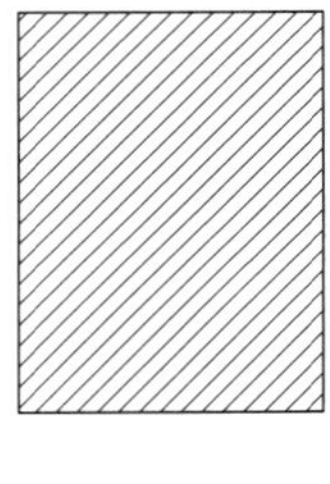

답

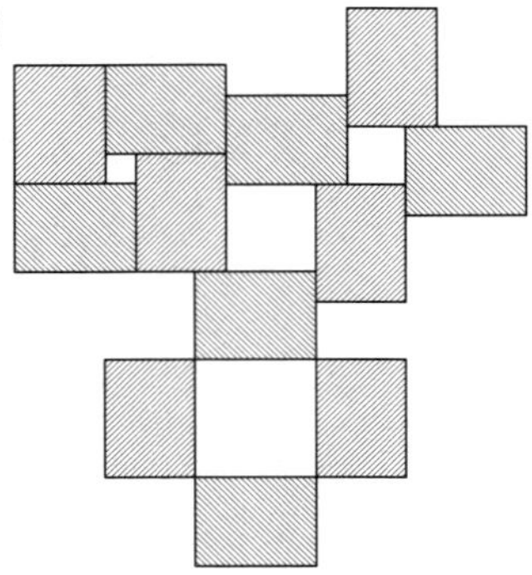

- 채점 기준: 3개 이상 만점

  2개 만점의 절반

  1개 만점의 $\frac{1}{3}$
- 유의사항: 주어진 조건에 충실하여야 함

제12장

카오스 게임

카오스는 그리스 신화에 등장하는 그리스 태초 신 중 하나이며, '텅 빈 공간' 또는 '대공허'를 의미한다. 카오스는 무(無) 또는 절대공간으로, 카오스 외에 처음으로 무언가가 나타나기 전까지는 어떤 것도 존재하지 않았다. 다른 전승으로는 그는 남성으로 나타나는데 자신이 생성한 여신 가이아인 딸과 결혼하고 그녀가 아이와 비롯하여 세계를 창조할 수 있도록 에로스를 사용하여 그녀에게 모든 권한을 준 것으로 나타난다. 즉, 배우자는 가이아이다(위키백과).

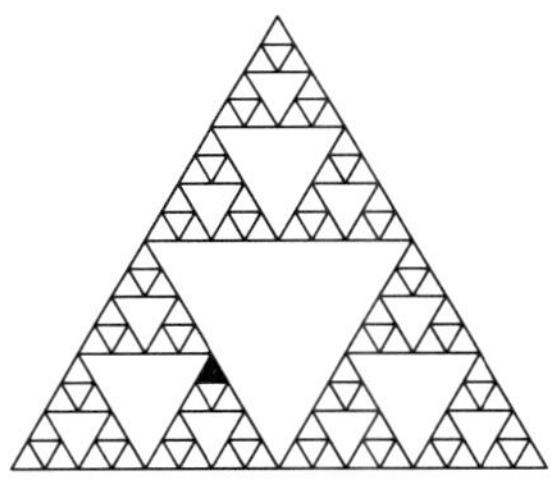

1. 탐구 개요 및 배경

① 임의적으로 보이는 카오스 게임에서 시어핀스키 삼각형의 구조화된 패턴이 나타난다. 이 결과에서 카오스 게임은 근본적으로 수학과 깊은 관계가 있음을 이해한다.

② 삼각형 내부의 임의의 한 점에서 출발하여 주사위로 결정한 꼭지 점을 향해 꼭지 점까지 거리의 $\frac{1}{2}$을 움직인다. 이와 같이 위치를 점으로 표시하고 계속해서 같은 방법으로 움직이는 과정을 카오스 게임이라 한다. 그 결과는 시어핀스키 삼각형의 구조적 패턴을 보여준다. 이 과정에서, 수 패턴, 기하 패턴, 확률, 표본, 유한집합과 무한 집합, 등비수열과 등비급수, 그한 개념 등과 관련지을 수 있다.

준비물

· 개별 준비물: 학생 1인당 주사위 1개

2. 준비 활동

카오스 게임: 삼각형 LTR의 내부의 한 점 x_0에서 시작하여 다음 알고리즘에 의해 x_1, x_2, x_3, x_4, x_5를 구하고 이들을 연결해보자.

① 주사위를 던져 나온 눈의 수에 따라 다음과 같이 점을 이동한다.

- 1 또는 4의 눈이 나올 때: L과의 중점으로 이동한다.
- 2 또는 5의 눈이 나올 때: T와의 중점으로 이동한다.
- 3 또는 6의 눈이 나올 때: R과의 중점으로 이동한다.

② 이전의 점과 새로운 중점을 연결한다.

③ 새로운 중점에서 시작하여 ①, ②를 반복한다.

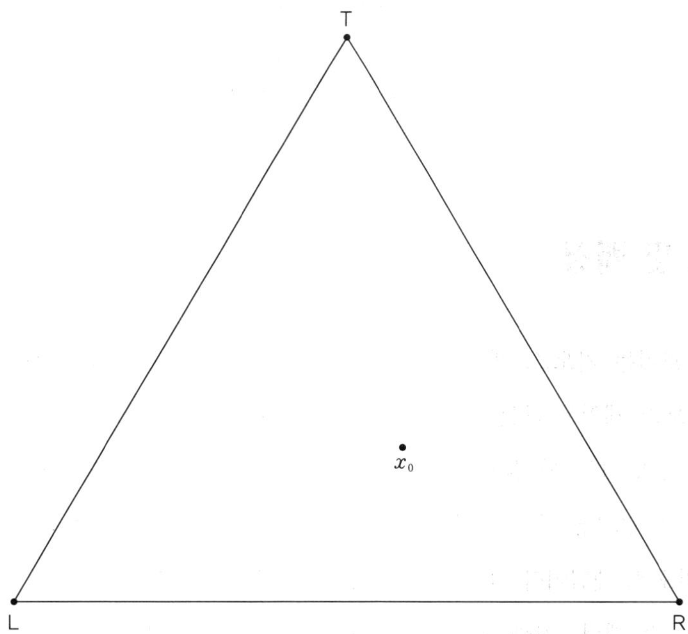

3. 탐구 활동

카오스 게임: 삼각형 LTR의 내부의 한 점 x_0에서 시작하여 다음 알고리즘에 의해 x_1, x_2, x_3, $\cdots$, x_{20}를 구하고 이들을 연결해보자.

- 1 또는 4의 눈이 나올 때: L과의 중점으로 이동한다.
- 2 또는 5의 눈이 나올 때: T와의 중점으로 이동한다.
- 3 또는 6의 눈이 나올 때: R과의 중점으로 이동한다.

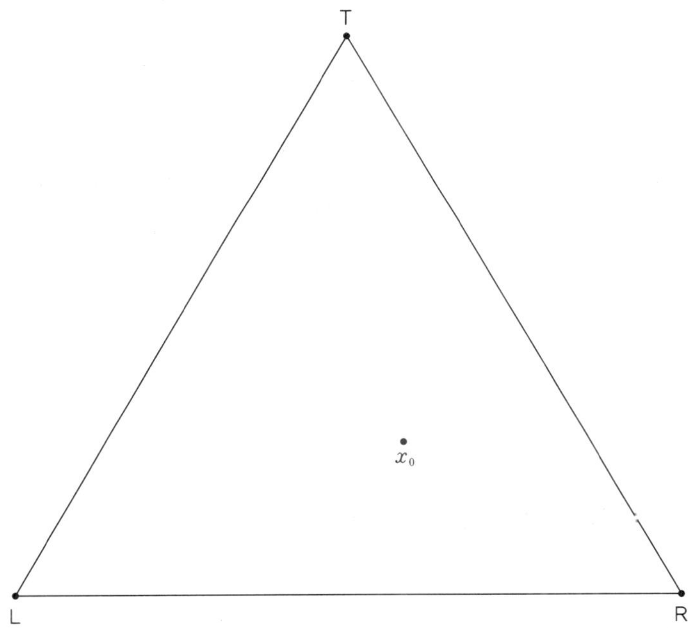

학생 탐구 사례

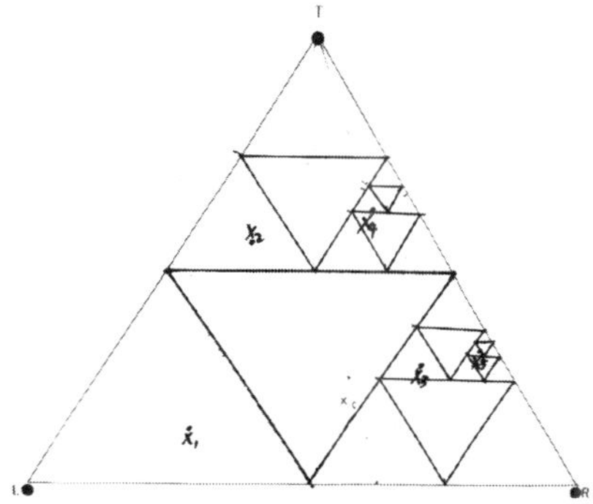

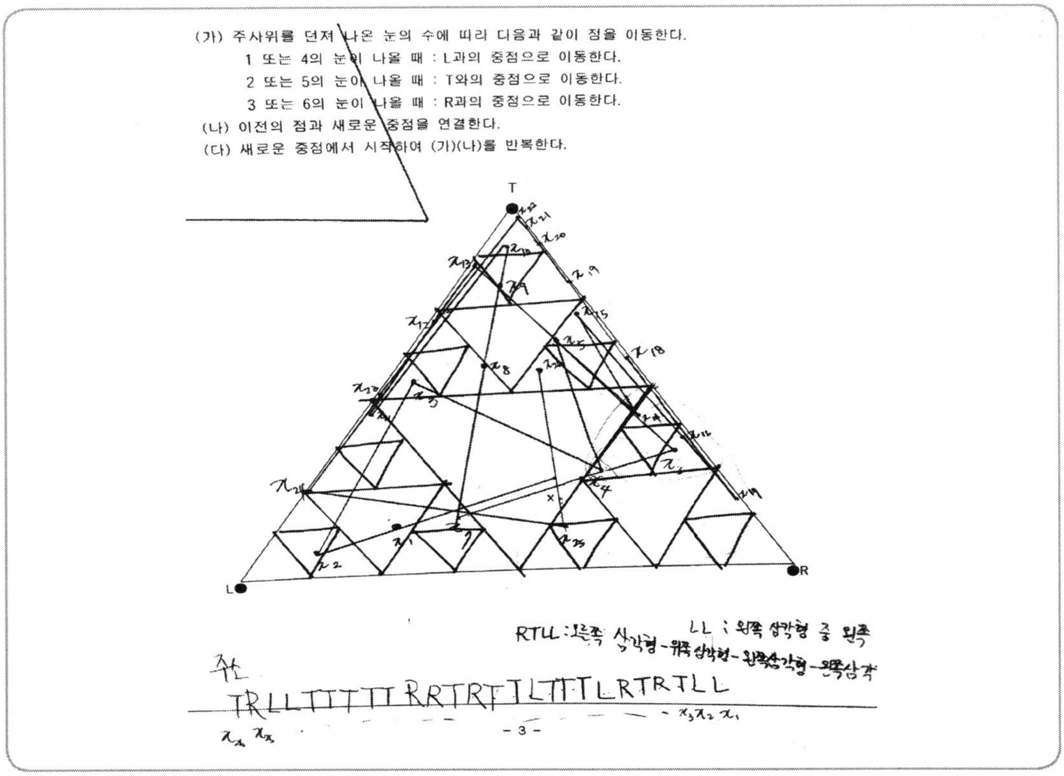

4. 심화 활동

(1) 카오스 게임과 시어핀스키 삼각형의 주소

다음 시어핀스키 삼각형의 주소 TLR은 제 1단계 시어핀스키 삼각형의 위쪽 T내부의, 왼쪽 L(제 2단계 시어핀스키 삼각형) 내부의, 오른쪽 R(제 3단계)에 있는 작은 삼각형의 주소이다.

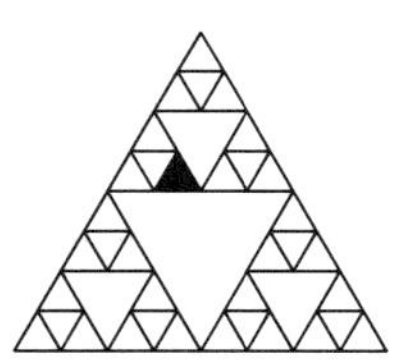

TLR

이와 같은 방법으로 다음의 각 주소가 나타내는 삼각형의 위치를 색칠하시오.

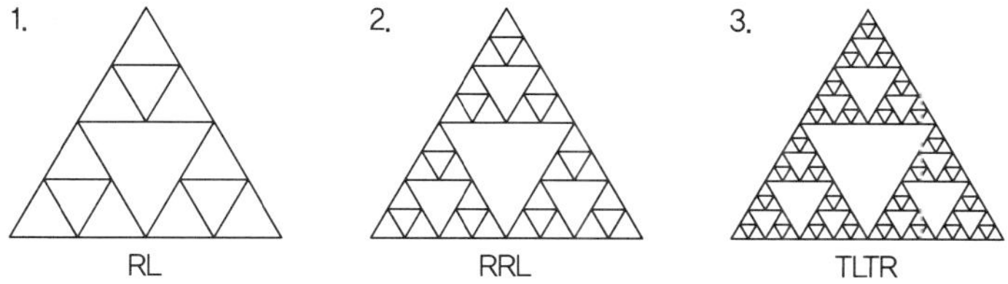

다음과 같이 색칠한 삼각형의 주소를 밝히시오.

(2) 카오스게임과 시어핀스키 삼각형

① x_0을 삼각형 TLR 내부의 어디에서 시작하건 관계없이 x_1은 1단계 삼각형 R의 내부에 있는가? 왜 그런가?

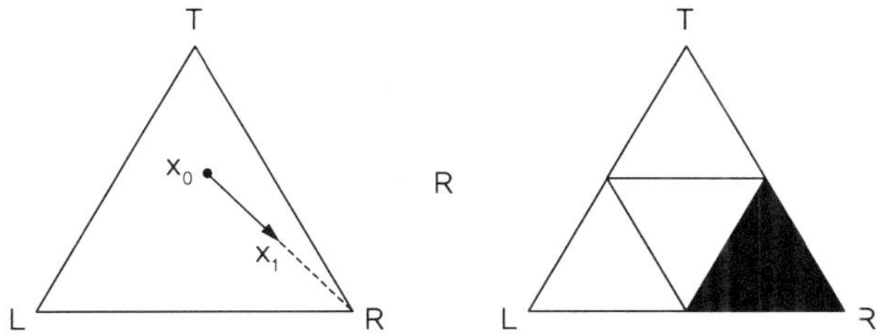

② x_1을 1단계 삼각형 R의 내부의 어디에서 시작하건 관계없이 x_2는 2단계 삼각형 LR의 내부에 있는가? 왜 그런가?

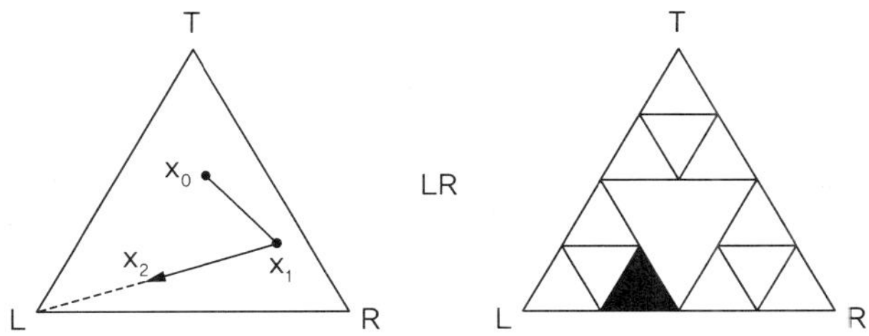

③ x_2를 2단계 삼각형 LR의 내부의 어디에서 시작하건 관계없이 x_3는 3단계 삼각형 TLR의 내부에 있는가? 왜 그런가?

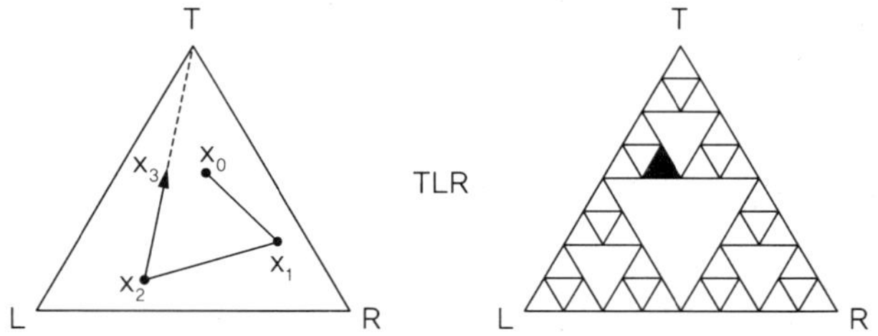

④ 카오스 게임의 순서와 시어핀스키 삼각형의 위치와의 관계를 설명하시오.

학생 탐구 사례

4. 심화 활동

1. 카오스 게임과 시어핀스키 삼각형의 주소

(1) 시어핀스키 삼각형의 주소

다음 시어핀스키 삼각형의 주소TLR은 제 1단계 시어핀스키 삼각형의 위쪽 T내부의, 왼쪽 L (제 2단계 시어핀스키 삼각형) 내부의, 오른쪽 R(제 3단계)에 있는 작은 삼각형의 주소이다.

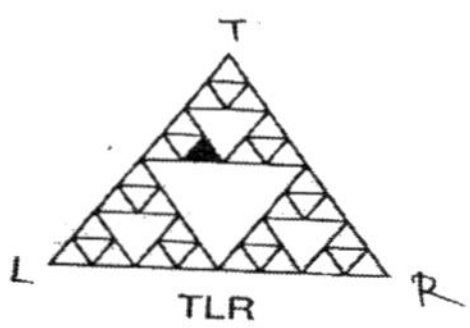

이와 같은 방법으로 다음의 각 주소가 나타내는 삼각형의 위치를 색칠하시오.

※ 다음의 각 주소가 나타내는 삼각형의 위치를 색칠하라.

1.

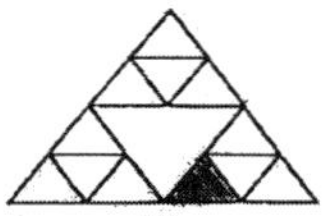

RL

2.

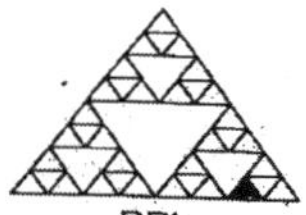

RRL

3.

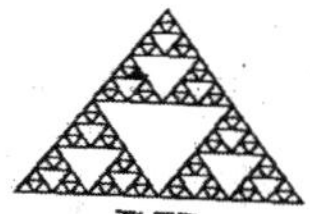

TLTR

다음과 같이 색칠한 삼각형의 주소를 밝히시오.

4.

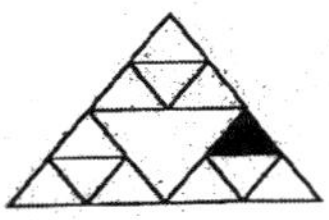

RT

5.

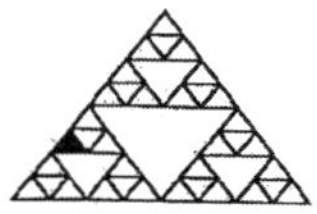

LTL

6.

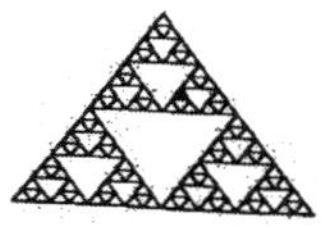

TRLT

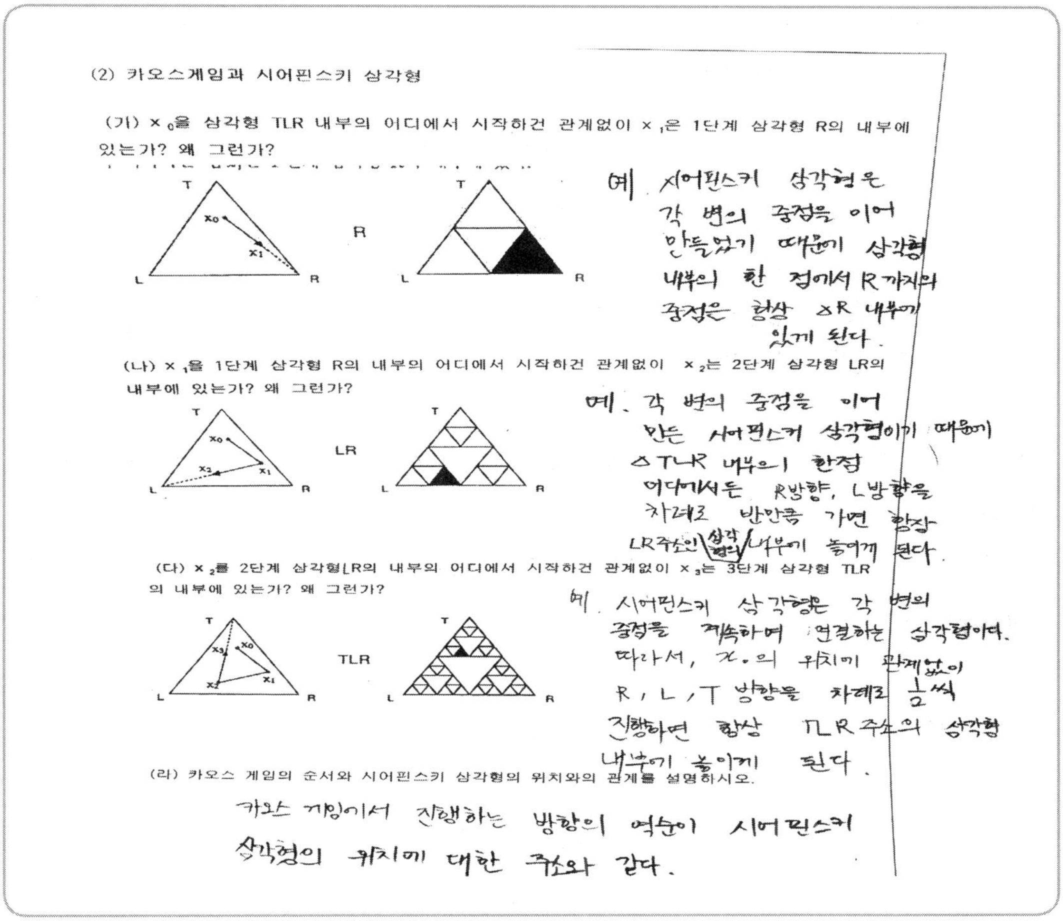

(2) 카오스게임과 시어핀스키 삼각형

(가) x_0을 삼각형 TLR 내부의 어디에서 시작하건 관계없이 x_1은 1단계 삼각형 R의 내부에 있는가? 왜 그런가?

예) 시어핀스키 삼각형은 각 변의 중점을 이어 만들었기 때문에 삼각형 내부의 한 점에서 R까지의 중점은 항상 △R 내부에 있게 된다.

(나) x_1을 1단계 삼각형 R의 내부의 어디에서 시작하건 관계없이 x_2는 2단계 삼각형 LR의 내부에 있는가? 왜 그런가?

예. 각 변의 중점을 이어 만든 시어핀스키 삼각형이기 때문에 △TLR 내부의 한점 어디에서든 R방향, L방향을 차례로 반만큼 가면 항상 LR주소인 삼각형의 내부에 놓이게 된다.

(다) x_2를 2단계 삼각형LR의 내부의 어디에서 시작하건 관계없이 x_3는 3단계 삼각형 TLR의 내부에 있는가? 왜 그런가?

예. 시어핀스키 삼각형은 각 변의 중점을 계속하여 연결하는 삼각형이다. 따라서, x_0의 위치에 관계없이 R, L, T 방향을 차례로 $\frac{1}{2}$씩 진행하면 항상 TLR 주소의 삼각형 내부에 놓이게 된다.

(라) 카오스 게임의 순서와 시어핀스키 삼각형의 위치와의 관계를 설명하시오.

카오스 게임에서 진행하는 방향의 역순이 시어핀스키 삼각형의 위치에 대한 주소와 같다.

(3) 카오스 게임의 이해

0단계 TV 화면 1단계 TV 화면 2단계 TV 화면 3단계 TV 화면 4단계 TV 화면

1단계: L, T, R

2단계: LL, TL, RL, ____, ____, ____, ____, ____, ____

3단계:

카오스 게임을 열 번 반복하여 LTRRTRLLRT을 얻었다. 여기서 게임을 10회 반복하는 동안 도달하는 2단계 삼각형들의 주소는 다음과 같이 구할 수 있다.

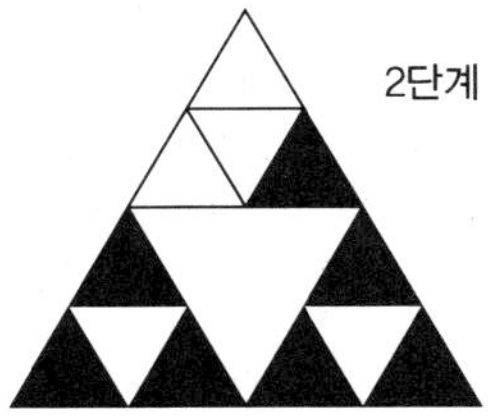

2단계 삼각형들의 주소

게임 코드 L T R R T R L L R T	던진 횟수
R T	2
L R	3
L L	4
R L	5
T R	6
R T	7
R R	8
T R	9
L T	10

한 번에 세 문자씩 묶으면 도달하는 3단계 삼각형 8개의 주소를, 네 문자씩 묶으면 4단계 삼각형들의 주소를 얻는다.

주사위를 20회 던져 얻은 문자열 TRRLRTLRTLLRRRTTLRTT에서 17개의 4단계 문자열을 구하고 이로 인하여 밝아질 4단계 삼각형을 색칠하시오.

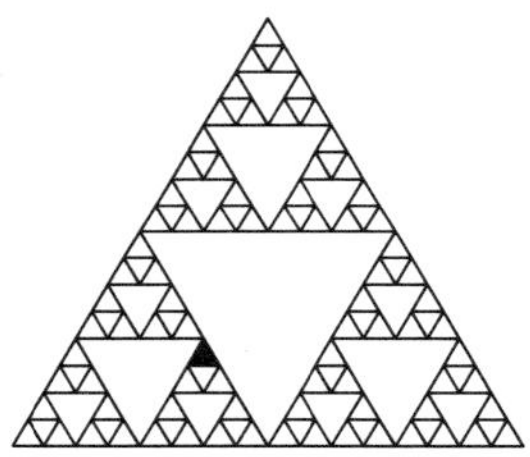

(4) 표본 추출과 카오스 게임

① 주사위를 던져 나온 결과에 따른 문자 L, T, R을 적은 문자열을 만들고 이로부터 만든 두 문자로 된 문자열을 적으시오. 이에 대응하는 2단계 삼각형 9개를 모두 색칠할 때까지 계속하시오.

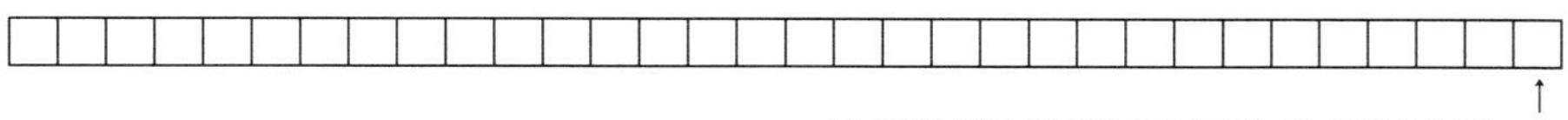

첫 번째 던진 주사위의 결과를 여기서부터 적는다.

1.	4.	7.
2.	5.	8.
3.	6.	9.

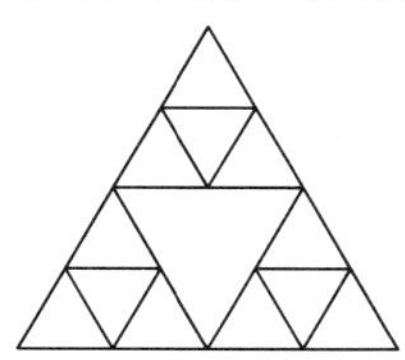

② 각자가 구한 회수의 평균과 중앙값, 최빈값 등을 구하시오.

- 주사위를 2회 던져 4번 그림의 삼각형에 도달할 확률을 구하시오.
- 주사위를 3회 던져 5번 그림의 삼각형에 도달할 확률을 구하시오.
- 주사위를 4회 던져 6번 그림의 삼각형에 도달할 확률을 구하시오.

- 주사위를 3회 던져 4번 그림의 삼각형에 도달할 확률을 구하시오.
- 주사위를 4회 던져 5번 그림의 삼각형에 도달할 확률을 구하시오.
- 주사위를 5회 던져 6번 그림의 삼각형에 도달할 확률을 구하시오.

학생 탐구 사례

2. 카오스 게임의 이해

(1) 시어핀스키 삼각형의 단계별 TV 화면

1단계 : L, T, R
2단계 : LL, TL, RL, LT, TT, RT, LR, TR, RR
3단계 : LLL, LLR, LLT, LRL, LRR, LRT, LTL, LTT, LTR,
RLL, RLR, RLT, RRL, RRR, RRT, RTL, RTT, RTR,
TLL, TLR, TLT, TRL, TRR, TRT, TTL, TTT, TTR

(2) 시어핀스키 삼각형의 2단계 화면

카오스 게임을 열 번 반복하여 LTRRTRLLRT을 얻었다. 여기서 게임을 10회 반복하는 동안 도달하는 2단계 삼각형들의 주소는 다음과 같이 구할 수 있다.

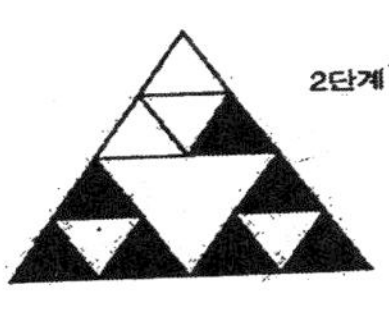

삼각형들의 주소

게임 코드	L T R R T R L L R T	던진 횟수
	R T	2
	L R	3
	L L	4
	R L	5
	T R	6
	R T	7
	R R	8
	T R	9
	L T	10

한 번에 세 문자씩 묶으면 도달하는 3단계 삼각형 8개의 주소를, 네 문자씩 묶으면 4단계 삼각형들의 주소를 얻는다.

주사위를 20회 던져 얻은 문자열 TRRLRTLRTLLRRRTTLRTT에서 17개의 4단계 문자열을 구하고 이로 인하여 밝아질 4단계 삼각형을 색칠하시오.

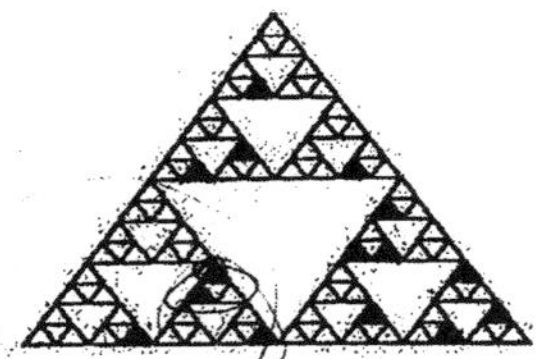

(2) 표본추출과 카오스 게임

(가) 주사위를 던져 나온 결과에 따른 문자 L, T, R을 적은 문자열을 만들고 이로부터 만든 두 문자로 된 문자열을 적으시오. 이에 대응하는 2단계 삼각형 9개를 모두 색칠할 때까지 계속하시오.

첫 번째 던진 주사위의 결과를 여기서부터 적는다.

1. LL	4. TR	7. LT
2. TL	5. LR	8. RR
3. RT	6. TT	9. RL

(나) 각자가 구한 회수의 평균과 중앙값, 최빈값 등을 구하시오.

1. 주사위를 2회 던져 4번 그림의 삼각형에 도달할 확률을 구하시오.

2. 주사위를 3회 던져 5번 그림의 삼각형에 도달할 확률을 구하시오.

3. 주사위를 4회 던져 6번 그림의 삼각형에 도달할 확률을 구하시오.

4.

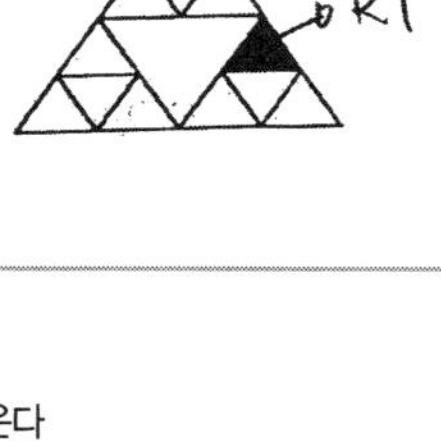

5.

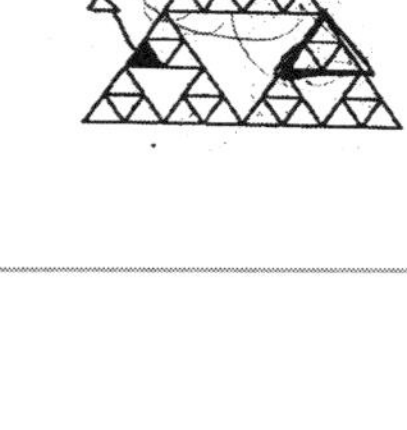

6.

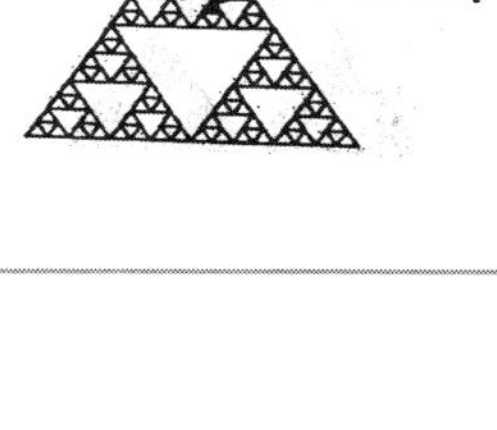

4. 주사위를 3회 던져 4번 그림의 삼각형에 도달할 확률을 구하시오.

5. 주사위를 4회 던져 5번 그림의 삼각형에 도달할 확률을 구하시오.

6. 주사위를 5회 던져 6번 그림의 삼각형에 도달할 확률을 구하시오.

5. 탐구 문제

다음 문제를 풀고, 이와 같은 문제해결 전략을 이용하여 풀 수 있는 유사한 문제를 하나씩 만들어 보시오.

(1) 그림이나 도표 그리기

〈문제 1〉 6*cm*, 9*cm*, 11*cm* 길이의 세 막대를 이용하여 14*cm* 길이를 잴 수 있는가?

(2) 규칙성 찾기

〈문제 2-1〉 다음 암호문을 해독하여라.

9 5-14-10-15-25 18-1-9-14-25 4-1-25-19

〈문제 2-2〉 다음과 같은 ◇ 연산규칙은?

2◇4 = 8 5◇3 = 13 3◇5 = 11 9◇7 = 25

(3) 조직화된 목록 만들기

〈문제 3〉 세 개의 화살이 다음과 같은 과녁의 3점, 4점, 9점 중 어느 하나에 반드시 적중한다고 할 때, 서로 다른 총점의 경우의 수는?

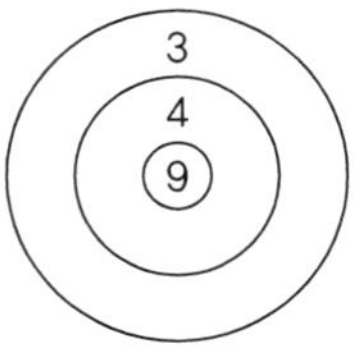

다음과 같은 문제해결 전략을 이용하여 풀 수 있는 유사한 문제를 하나씩 만들어 보시오.

(4) 표 만들기

〈문제 4〉 두 개의 주사위 위에 적절한 수를 써넣어 두 주사위의 눈의 합이 1에서 12까지의 수가 나올 확률이 같도록 하려면 어떻게 해야 할까?

(5) 문제를 단순화하기

〈문제 5〉 어떤 주택가 대로변에 150개의 주택의 번지가 1번지에서 150번지까지 연속적으로 주어져 있다. 번지수에 숫자 7이 적어도 하나 포함된 번지수는 모두 몇 개인가?

(6) 시행 착오

〈문제 6〉 다음 그림과 같은 도형을 4개의 합동인 도형으로 분할하여라.

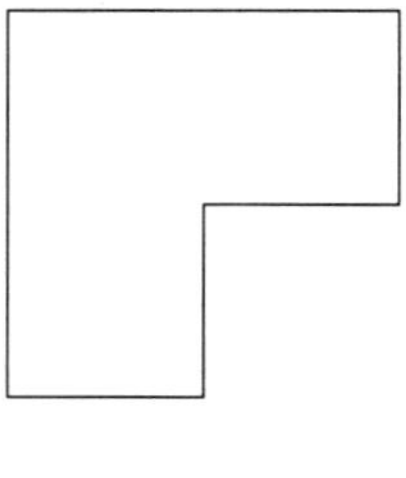

다음과 같은 문제해결 전략을 이용하여 풀 수 있는 유사한 문제를 하나씩 만들어 보시오.

(7) 실험하기

〈문제 7〉 다음 그림과 같이 이쑤시개가 배열되어 있다. 여기서 이쑤시개 3개만을 옮겨 정사각형 5개를 만들어라.

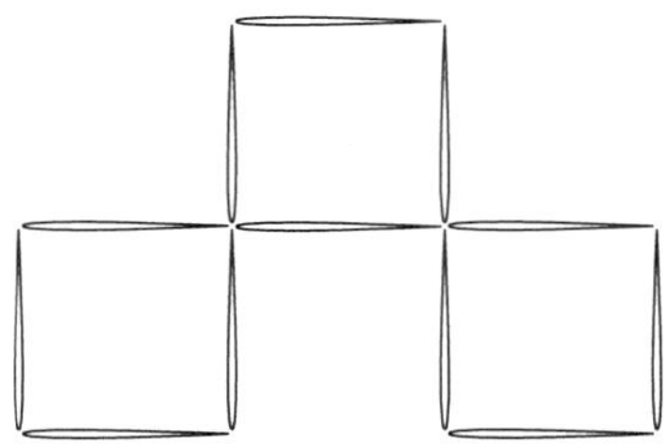

(8) 문제의 실연

〈문제 8〉 32명의 학생을 대상으로 차례로 1번에서 32번까지 번호를 붙여 짝수번호의 학생은 일으켜 세운다. 그래도 앉아있는 학생을 대상으로 다시 1번부터 번호를 붙여 역시 짝수번호의 학생은 일으켜 세운다.

(9) 거꾸로 풀기

〈문제 9〉 갑이 을과 병에게 그들이 각자 가지고 있는 액수의 돈을 주었다. 그 다음에는 을이 갑과 병에게 그들이 각자 가지고 있는 액수의 돈을 주었다. 마지막으로 병이 갑과 을에게 그들 각자가 가지고 있는 액수의 돈을 주었다. 그랬더니 갑, 을, 병 각자는 모두 24000원의 돈을 가지게 되었다. 이들은 처음에 얼마씩의 돈을 가지고 있었는가?

(10) 식 세우기

〈문제 10〉 사과 두 개는 바나나 한 개와 밤 한 개의 무게의 합과 같고, 바나나 한 개는 밤 아홉 개의 무게와 같다. 사과 한 개의 무게는 밤 몇 개의 무게와 같은가?

(11) 연역적 추론의 이용

〈문제 11〉 다음과 같은 전개도를 이용하여 만들 수 있는 주사위는?

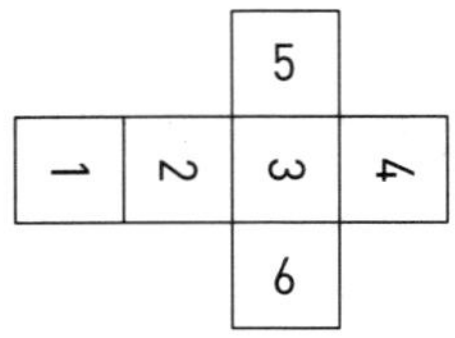

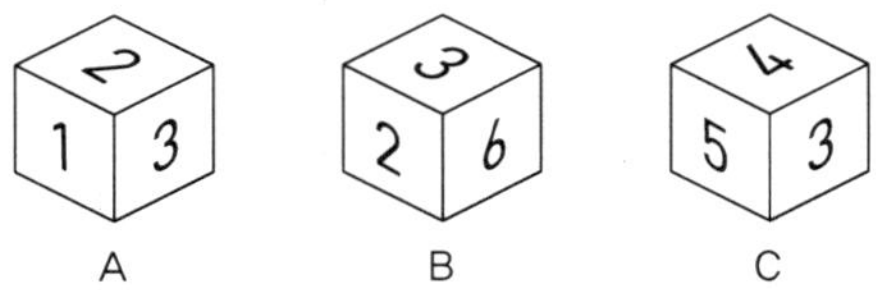

(12) 고정관념 바꾸기

〈문제 12〉 다음 그림과 같이 주어진 9개의 점을 모두 지나는 선분 4개를 그리되 종이에서 연필을 떼지 말고 그려보아라.

〈문제 13〉 다음 그림과 같이 좌표평면 위에 반지름이 10인 원 위의 어떤 점 Q에서 x축, y축에 내린 수선의 발을 각각 P, R이라 할 때, 직사각형 OPQR에서의 선분 PR의 길이는?

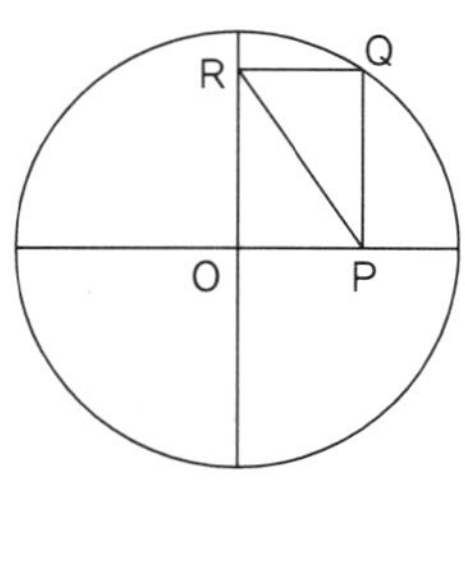

학생 탐구 사례

5. 탐구 문제

다음 문제를 풀고, 이와 같은 문제해결 전략을 이용하여 풀 수 있는 유사한 문제를 하나씩 만들어 보시오.

① 그림이나 도표 그리기

<문제 1> 6*cm*, 9*cm*, 11*cm* 길이의 세 막대를 이용하여 14*cm* 길이를 잴 수 있는가?

11+9−6=14

② 규칙성 찾기

<문제 2-1> 다음 암호문을 해독하여라.

9　5-14-10-15-25　18-1-9-14-25　4-1-25-19

I　ENJOY　RAINY　DAYS

<문제 2-2> 다음과 같은 ◇ 연산규칙은?

2◇4=8　5◇3=13　3◇5=11　9◇7=25

a◇b = 2a+b

③ 조직화된 목록 만들기

<문제 3> 세 개의 화살이 다음과 같은 과녁의 3점, 4점, 9점 중 어느 하나에 반드시 적중한다고 할 때, 서로 다른 총점의 경우의 수는?

10

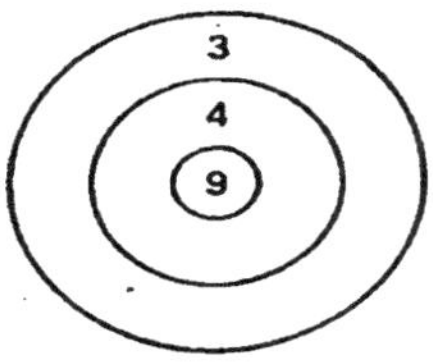

333 9　444 12
334 10　449 17
339 15　499 22
344 11　999 27
349 16
399 21

다음과 같은 문제해결 전략을 이용하여 풀 수 있는 유사한 문제를 하나씩 만들어 보시오.

④ 표 만들기

<문제 4> 두 개의 주사위 위에 적절한 수를 써넣어 두 주사위의 눈의 합이 1에서 12까지의 수가 나올 확률이 같도록 하려면 어떻게 해야 할까?

(0, 0, 0, 6, 6, 6)
(1, 2, 3, 4, 5, 6)

⑤ 문제를 단순화하기

<문제 5> 어떤 주택가 대로변에 150개의 주택의 번지가 1번지에서 150번지까지 연속적으로 주어져 있다. 번지수에 숫자 7이 적어도 하나 포함된 번지수는 모두 몇 개인가?

24개

⑥ 시행 착오

<문제 6> 다음 그림과 같은 도형을 4개의 합동인 도형으로 분할하여라.

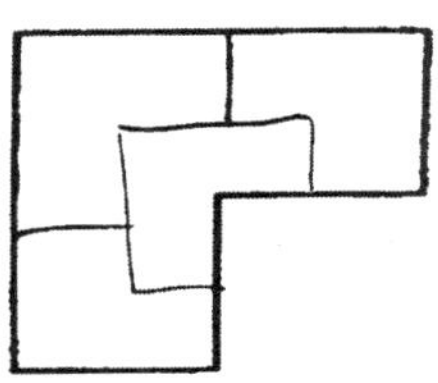

다음과 같은 문제해결 전략을 이용하여 풀 수 있는 유사한 문제를 하나씩 만들어 보시오.

⑦ 실험하기

<문제 7> 다음 그림과 같이 이쑤시개가 배열되어 있다. 여기서 이쑤시개 3개만을 옮겨 정사각형 5개를 만들어라.

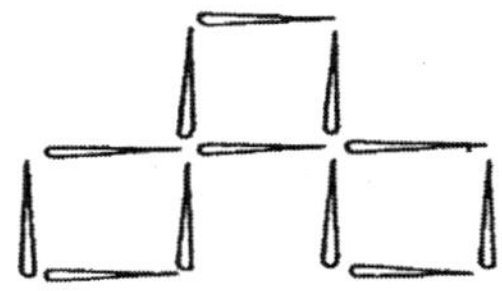

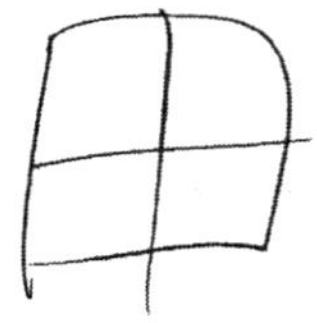

⑧ 문제의 실연

<문제 8> 32명의 학생을 대상으로 차례로 1번에서 32번까지 번호를 붙여 짝수번호의 학생은 일으켜 세운다. 그래도 앉아있는 학생을 대상으로 다시 1번부터 번호를 붙여 역시 짝수번호의 학생은 일으켜 세운다.

①

⑨ 거꾸로 풀기

<문제 9> 갑이 을과 병에게 그들이 각자 가지고 있는 액수의 돈을 주었다. 그 다음에는 을이 갑과 병에게 그들이 각자 가지고 있는 액수의 돈을 주었다. 마지막으로 병이 갑과 을에게 그들 각자가 가지고 있는 액수의 돈을 주었다. 그랬더니 갑, 을, 병 각자는 모두 24000원의 돈을 가지게 되었다. 이들은 처음에 얼마씩의 돈을 가지고 있었는가?

갑: 39000원, 을: 21000원, 병: 12000원

⑩ 식 세우기

<문제 10> 사과 두 개는 바나나 한 개와 밤 한 개의 무게의 합과 같고, 바나나 한 개는 밤 아홉 개의 무게와 같다. 사과 한 개의 무게는 밤 몇 개의 무게와 같은가?

5개

⑪ 연역적 추론의 이용

<문제 11> 다음과 같은 전개도를 이용하여 만들 수 있는 주사위는?

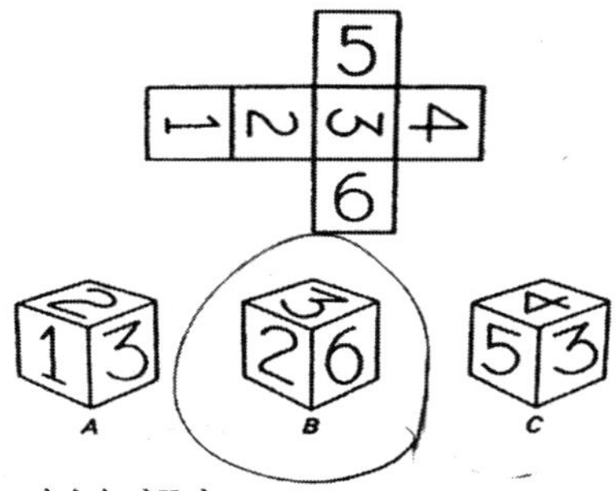

⑫ 고정관념 바꾸기

<문제 12> 다음 그림과 같이 주어진 9개의 점을 모두 지나는 선분 4개를 그리되 종이에서 연필을 떼지 말고 그려보아라.

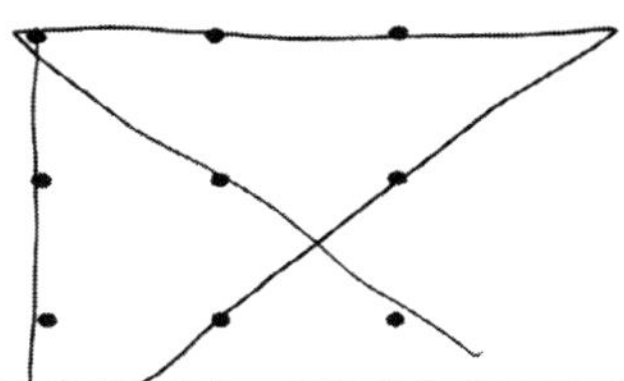

<문제 13> 다음 그림과 같이 좌표평면 위에 반지름이 10인 원 위의 어떤 점 Q에서 x축, y축에 내린 수선의 발을 각각 P, R이라 할 때, 직사각형 OPQR에서의 선분 PR의 길이는?

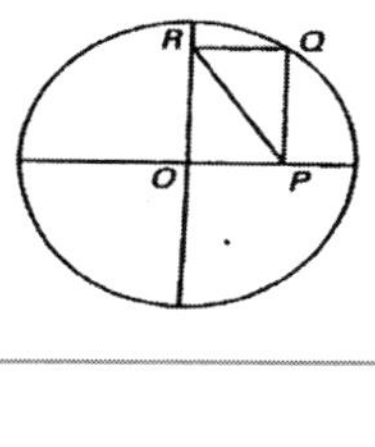

10

6. 평가 기준과 문제 만들기

■ 준비활동

- 카오스 게임의 규칙에 따른 게임을 잘 수행하는가?

■ 심화활동

- 카오스 게임과 시어핀스키 삼각형과의 관계를 이해하는가?
- 카오스 게임을 TV 화면과 관련지어 이해할 수 있는가?
- 카오스 게임을 확률 통계와 관련지어 이해할 수 있는가?]

다음 문제를 풀고 이와 유사한 문제를 만들어 보시오.

〈문제 1〉 카오스 게임에서 주사위를 두 번 던졌을 때 점이 놓인 삼각형을 다음과 같이 색칠하였다. 이 상태에서 주사위를 한 번 더 던져 세 번 던졌을 때와 네 번 던졌을 때 점이 놓일 수 있는 삼각형, 3개와 9개를 각각 색칠하시오.

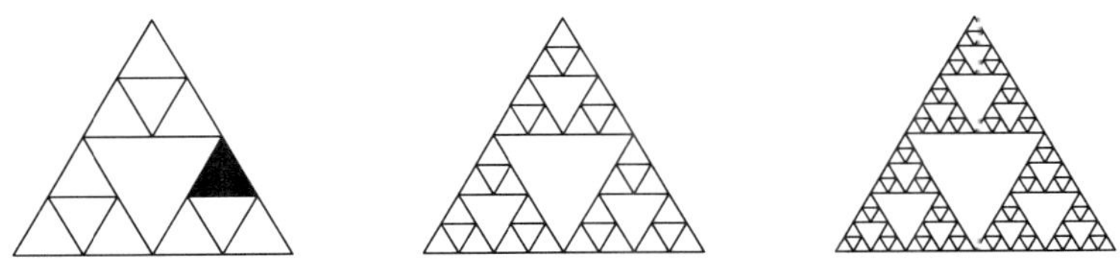

주사위를 두 번 던졌을 때 주사위를 세 번 던졌을 때 주사위를 네 컨 던졌을 때

〈문제 2〉 카오스 게임에서 주사위 던지기의 결과에 할당한 이동 방향을 다음과 같이 변경하였을 경우를 생각해보자.

1의 눈이 나올 때: 꼭지점 L과의 중점으로 이동한다. 2 또는 3의 눈이 나올 때: 꼭지점 T와의 중점으로 이동한다. 4, 5 또는 6의 눈이 나올 때: 꼭지점 R와의 중점으로 이동한다.

이 때, 주사위를 2회 던져 2단계 삼각형 9개에 점이 도달할 확률을 각각 구하시오.

〈문제 3〉 상자 기어오르기

거미 한 마리가 정육면체 모양의 나무 상자의 밑면의 모서리를 따라서 한 바퀴 도는데 4분이 걸립니다. 만약 같은 속도로 가장 짧은 길을 택하여 바닥의 한 꼭짓점 B에서 출발하여 반대쪽 꼭짓점 A까지 간다면 시간이 얼마나 걸릴까요?

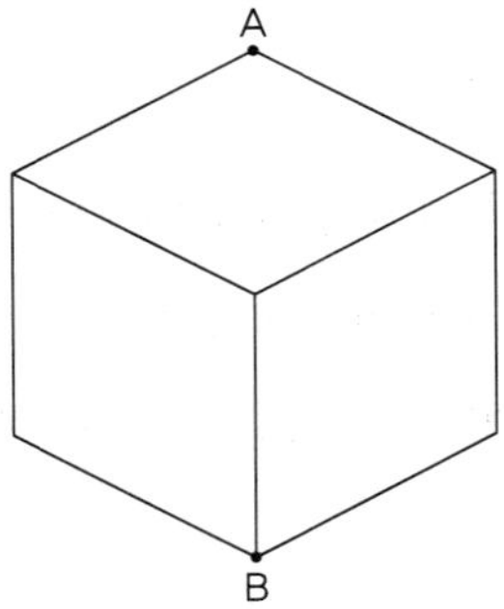

답 $\sqrt{5}$분

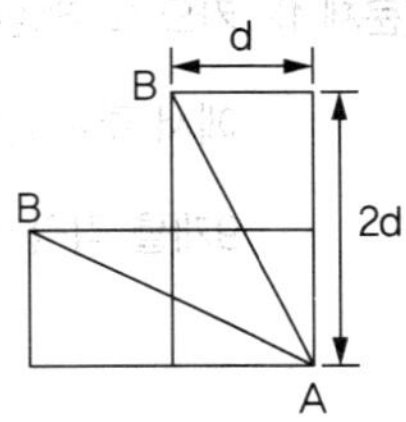

〈문제 4〉 흥미로운 곱셈

다음 곱셈에서 ○에는 0이 아닌 숫자가 이용된다. 곱셈의 결과, 가장 작은 다섯 자리 수 11111이 되려면 세 자리수와 두 자리 수는 각각 얼마이어야 할까요?

```
   ○○○
×   ○○
──────
 1 1 1 1 1
```

답 $271 \times 41 = 11111$

〈문제 5〉 정사면체는 정삼각형 3개가 한 꼭짓점에 모여 이루어진 다면체이므로, 한 꼭짓점의 면각의 크기의 합은 60°×3 = 180°이다. 그리고 결손각이란 각 꼭짓점에서의 평면과 면각의 합의 차이를 나타내는 각, 즉 360° −(각 꼭짓점에서의 면각의 합)을 말하므로 각 꼭짓점에서의 정사면체의 결손각은 360° −180°= 180°이며 이러한 결손각의 합은 180°×4 = 720°이다. 그리고 정사면체의 면각의 크기의 총합은 180°×4 = 720°이다. 이와 같은 방법으로 정육면체, 정팔면체, 정십이면체, 정이십면체에 대한 다음 표의 빈칸을 완성하시오.

	각 면을 이루는 정다각형의 한 내각의 크기	한 꼭짓점에 모이는 면의 갯수	한 꼭짓점의 면각의 합	결손각의 크기 의 합	면각의 크기의 총합
정사면체	60°	3	180°	720°	720°
정육면체					
정팔면체					
정십이면체					
정이십면체					

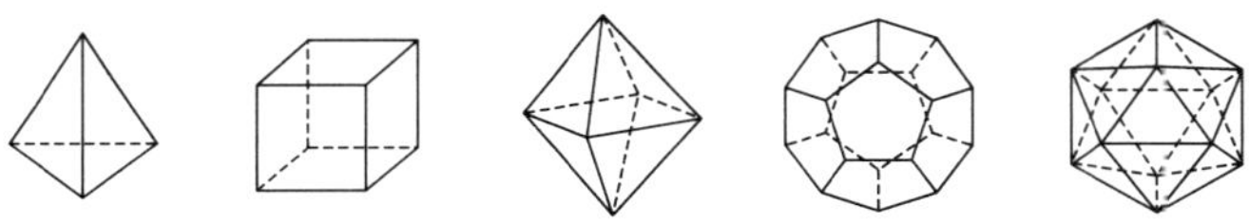

정사면체　　정육면체　　정팔면체　　정십이면체　　정이십면체

정다면체의 겨냥도

〈문제 6〉 다음은 각각 5개의 선분 $\overline{AB}$, $\overline{BC}$, $\overline{CD}$, $\overline{DE}$, $\overline{EA}$의 길이가 서로 같은 별모양 5각형과 12개의 선분 $\overline{AB}$, $\overline{BC}$, $\overline{CD}$, $\overline{DE}$, $\overline{EF}$, $\overline{FG}$, $\overline{GH}$, $\overline{HI}$, $\overline{IJ}$, $\overline{JK}$, $\overline{KL}$, $\overline{LA}$의 길이가 서로 같은 별모양 12각형이다.

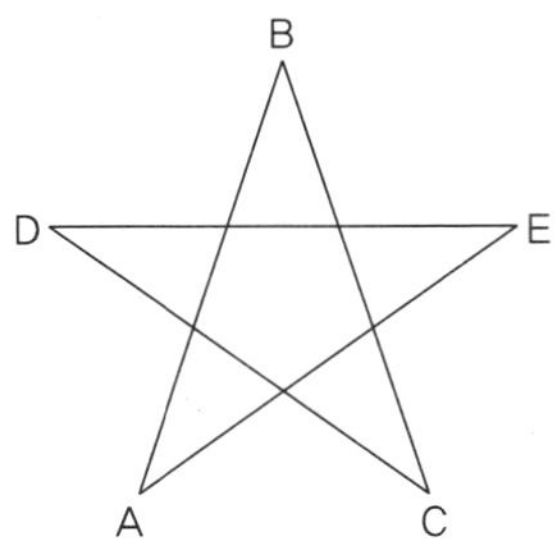

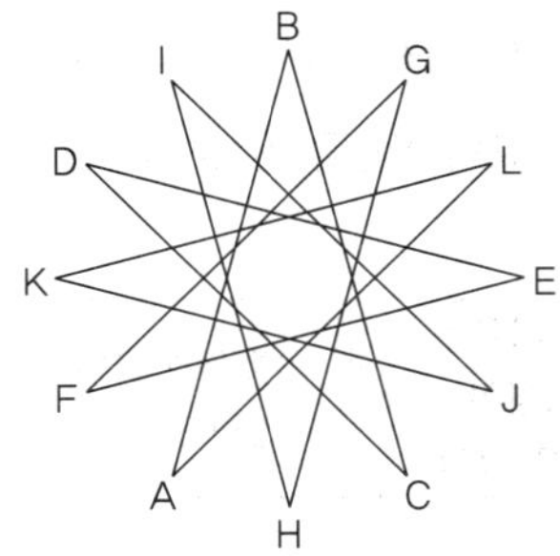

① 별모양 5각형에서 한 내각 $\angle ABC$의 크기는 얼마인가? 왜 그런가?

답 36°

② 별모양 12각형에서 한 내각 $\angle ABC$의 크기는 얼마인가? 왜 그런가?

답 30°

제3부 | 처음부터 시작하기

제01장 수 개념과 수 감각

제02장 자리 값

제03장 문제 해결: 덧셈과 뺄셈

제04장 문제 해결: 곱셈과 나눗셈

제05장 기하와 측정

제01장

수 개념과 수 감각

1. 탐구 개요 및 배경

고대 동굴의 벽화에 사냥꾼이 잡은 코뿔소 그림 하나와 그 옆에 줄 4개가 그려져 있다면, 그것의 의미는 코뿔소 네 마리를 의미하는 것으로 볼 수 있다. 네 마리의 코뿔소를 세는 것으로부터 숫자 4가 대응되는 데는 오랜 시간이 걸렸다. 이렇게 수는 일대일 대응 개념으로 만들어졌다. 수 세기는 어린이들도 조기에 획득할 수 있는 능력이지만, 누구나 100까지 셀 수 있는가? 100까지 셀 수 있다고 해서 다음과 같은 것들도 다 잘 할 수 있다고 볼 수 있을까?

① 수 읽기, 가령 "그것은 3입니다."

② 수 쓰기, 시각용 과제

③ 어떤 집합수를 대응시키는 기수의 원리, 즉 콩 5개를 세어서 "몇 개?"라는 질문에 답하기

④ 어떤 수가 얼마나 큰지에 대한 직감, 즉 "15는 10과 50 중 어느 수에 더 가까운가?"

⑤ 수를 이용한 합리적인 추측하기, 즉 "작은 항아리는 100마리 이상의 금붕어를 담을 수 없다."

⑥ (세지 않고) 한 번 보거나 추상적인 생각으로 부분－전체 관계 이해하기, 즉 "나는 두 개의 초록 병마개와 3개의 자주 병마개를 가지고 있다."

이러한 복잡한 일련의 상호 연관된 개념을 함께 다룰 때 "수 감각"의 발전을 기대할 수 있다. 수 감각이란 수와 측정의 도구가 어떤 주어진 문화 내에서 작동하는 방법에 기초한 상식을 이용하는 것이다. 그것은 답의 합리성에 대한 인식과 특정 문제 해결에 필요한 정확성의 수준을 필요로 한다. 그것은 학생들이 오류를 감지해내고 수학 도전에 접근하는 가장 논리적인 방법을 선택하는 것을 돕는다.

2. 준비 활동: 수 개념과 수 세기

(1) 다음 신문 기사 내용에 사용된 수 개념을 각각 말해보시오.

> "한국 축구 대표 팀의 등번호 10번 선수가 50m를 혼자 몰고 가서 슛을 날려 2골을 넣어 상대팀을 누른 어제 밤 경기를 시작으로 하여, 예선 성적 1위로 준결승전에 진출하게 되었다."

① 기수

물건의 개수를 세기 위하여 "양"을 표시할 때의 수로, 기수는 여러 가지 대상을 세고 분류하는 데 사용된다. 집합수 개념으로 집합의 원소의 개수를 말한다.

② 측정수

측정값을 나타낼 때 사용하는 것으로, 길이, 넓이, 부피, 몸무게, 시간 등을 측정하여 나타낸 수가 측정수이다.

③ 순서수

상대적인 위치나 물건의 순서와 같이 "위치"를 나타내는 데 사용하는 수이다. 첫째, 둘째, 셋째 등의 서수와 집의 번지수 등이 이에 해당된다.

④ 이름수

양의 의미 없이 물건을 구별하기 위하여 사용하는 수이다. 즉, 물건을 범주화하고 코드화하기 위해 사용하는 수로, 운동선수의 등번호, 자동차 번호, 주민등록번호 등이 이에 해당된다.

(2) 다음 어린이들이 사용하고 있는 서로 다른 수 세기 기술은 무엇인가?

- 민주는 모래놀이를 할 때, 물건을 직접 가리키지 않고 "하나, 둘, 셋, 넷" 하고 반복해서 센다.
- 동우는 구슬을 순서대로 가리키면서 "하나, 둘, 셋, 넷" 하고 세어서 "내 구슬은 네 개야"라고 말한다.
- 현희는 "구슬가방에서 네 개를 가져올게."라고 말하고 나서, "하나, 둘, 셋, 넷"하고 세어 구슬 네 개를 꺼낸다.
- 지호는 갖고 있는 구슬을 "하나, 둘, 셋, 넷, 다섯"하고 세고 나서, 동우와 현희보다 구슬이 더 많다고 결론 내린다.

① 말로 세기

수 개념 형성의 첫 단계로 단조로운 노래나 무의미한 멜로디로서의 세는 활동을 말한다. 취학 전 아동은 점차 수와 사물의 양을 관련짓고 사물의 크기를 비교하는 데에도 익숙해지겠지만, 말로 세기는 수를 이해한 단계는 아니지만, 수 개념을 형성해가는 첫 번째 단계이다.

② 하나씩 세기

물건의 개수를 알기 위해서 사물을 하나씩 차례로 세어나가는 것을 말한다.

③ 묶음 만들기

묶음에 있는 물건의 수를 세어 전체 물건의 수를 구하는 하나씩 세기와는 달리, 정해진 수만큼 물건을 세어 만드는 것을 말한다.

④ 양 비교하기

'두 개(또는 그 이상)의 묶음이 같은지 또는 다른지를 결정하여 크기의 순서를 정하는 것(어느 것이 더 큰가를 결정하는 것)을 말한다.

(3) 세는 수에 한계가 있는 다음 철수의 경우에 대하여 생각해봅시다.

- 학습부진아인 철수에게 셀 수 있는 만큼 세어보라고 시켰더니, 삼십구까지 세고 멈추었다.
- 그러고 나서 "일, 이, 삼, 사"하고 혼자서 세더니 "사십"이라고 하였다.
- 그 다음 빠르게 사십일부터 사십구까지 세고 다시 멈추었다.
- 또 다시 혼자서 "일, 이, 삼, 사, 오"를 세더니 "오십"이라고 말하였다.
- 다시 빠르게 오십일에서 오십구까지 세고 다시 멈추었다.
- 이렇게 일의 단위를 세고 나서 다음에 오는 십의 단위를 결정하였다. 철수는 100까지 셀 때 이러한 과정을 반복하였다.

① 100까지 세기 위하여 무엇을 알아야 하는가?

② 수 세기에 대하여 철수가 알게[된 것은 무엇인가?

③ 철수는 100까지 효과적으로 세기 위하여 어떤 기술을 익혀야 하는가?

④ 100까지 셀 때 어느 수에서 가장 크게 어려움을 느끼게 되는가?

3. 탐구 활동: 교구를 이용한 수 개념 지도

(1) 손가락과 5틀과 10틀

손가락을 이용한 수 세기는 인류의 수 개념 발달에서 큰 역할을 하였으므로, 학교수학의 본질적인 요소가 되어야 한다. 10까지 손가락 패턴을 만들고 지도할 필요가 있다. 도미노를 활용하는 것도 중요한 방법이 될 수 있다.

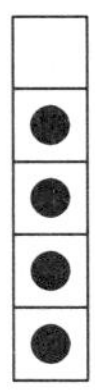

5보다 하나 적은,
4를 나타내는 5틀

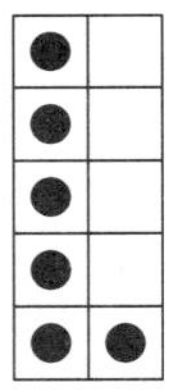

5보다 하나 많은,
6을 나타내는 10틀

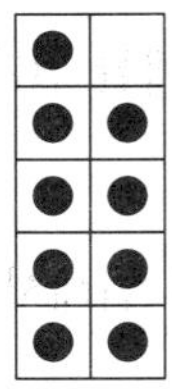

5보다 넷 많은,
10보다 하나 적은
9를 나타내는 10틀

(2) 퀴즈네어 색막대

퀴즈네어 막대는 벨기에의 교사인 조지 퀴즈네어(Ceorge Cuisenaire)가 악보에서 음의 높낮이에 힌트를 얻어 만든 교구로, 수들의 관계를 서로 다른 높낮이와 길이, 색깔로 나타낸 수학 학습 교구이다. 퀴즈네어 막대의 구성은 주황색, 파란색, 갈색, 검은색, 진한 녹색, 노란색이 각각 4개씩 있고, 보라색 6개, 밝은 녹색이 10개, 빨간색 12개, 흰색 22개 등 모두 74개로 이루어졌으며, 규격은 밑넓이가 $1cm^2$인 정사각형 모양, 높이는 $1cm$부터 $10cm$까지인 직사각기둥 모양의 막대이다 (김성준 등, 2014).

퀴즈네어 막대는 길이별로 배열했을 때 계단모양으로 배열되며, 각 막대는 1cm씩 차이가 난다. 막대에 눈금이나 길이가 주어지지 않은 것은 단위막대의 길이를 지도 내용에 따라 임의로 정하여 이용할 수 있도록 하기 위함이다. 퀴즈네어 막대는 다음과 같은 학습 내용에 이용될 수 있다.

가르기와 모으기에 의한 기본적인 수 개념 및 수 감각을 형성·개발시킬 수 있다. 아울러 교환법칙과 결합법칙 등 대수법칙을 지도할 수 있다.

〈문제〉 퀴즈네르 색막대 활용 방법 탐구

1 = 1, 2 = 1+1, 3 = 1+1+1임을 퀴즈네어 막대 활동을 통하여 다음과 같이 설명할 수 있다.

> 흰색 막대의 길이가 1이라면 빨간색 막대는 흰색 막대 2개를 연결한 것과 같으므로 빨간색 막대의 길이는 2이고, 연두색 막대는 흰색 막대 3개를 연결한 것과 같으므로 연두색 막대의 길이는 3이다.

① $5 = 1+4 = 2+3 = 3+2 = 4+1$이 성립함을 퀴즈네어 막대를 이용하여 설명하시오.

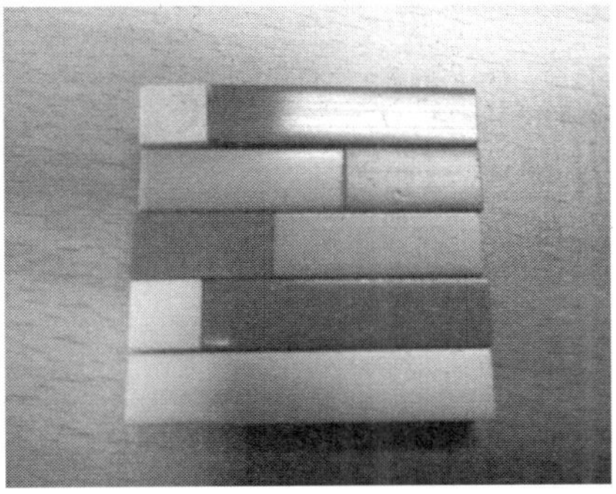

아울러 이를 여러 가지 다른 방식으로 표현해보시오.

> 가령, 1 더하기 4는 5, 4 더하기 1은 5, 5는 1과 4의 합, 5는 4와 1의 합
> 5 빼기 1은 4, 5 빼기 4는 1,
> 덧셈에 관한 교환법칙, 덧셈과 뺄셈의 역연산 관계…

② $7 = 1+6 = 2+5 = 3+4 = 4+3 = 5+2 = 6+1$이 성립함을 설명하시오.

아울러 이를 여러 가지 다른 방식으로 표현해보시오.

③ 10 = 1+9 = 2+8 = 3+7 = 4+6 = 5+5 = 6+4 = 7+3 = 8+2 = 9+1이 성립함을 설명하시오.

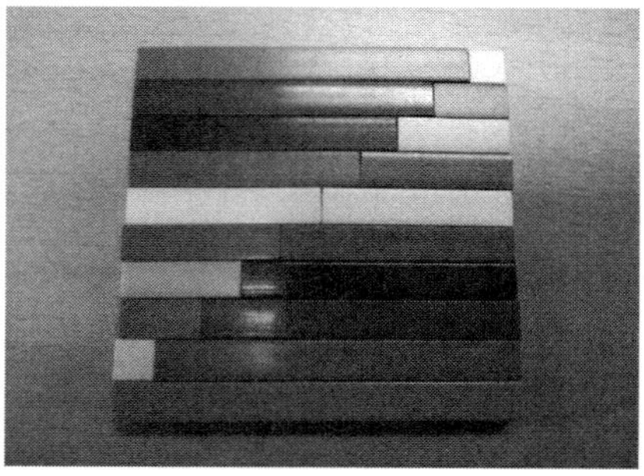

아울러 이를 여러 가지 다른 방식으로 표현해보시오.

가령, 합이 10이 되는 수는 1과 9, 2와 8, 3과 7, 보수, …

그 밖에도 다양한 수학 문제를 해결하거나 게임 활동을 통하여 논리적 추론 능력을 신장을 위한 도구로도 활용될 수 있다.

(3) 도미노

도미노는 길이의 비가 1 : 2인 직사각형 모양의 조각에 점이 찍혀 있는 교구이다. 오늘날 흔히 말하는 조그만 조각들을 연달아 늘어놓았다 한 번에 넘어뜨리는 놀이는 도미노 놀이의 변형이다.

수학교구로 이용되는 도미노는 작은 직육면체 조각 위에 정사각형 두 개가 그려져 있고, 각각의 정사각형 안에 0에서 6(또는 9)까지의 점이 찍혀 있는 6 − 6 도미노(또는 9 − 9 도미노)가 있다.

도미노는 다음과 같은 학습 내용에 이용될 수 있다.

① 눈의 수를 이용하여 사칙 계산을 이해할 수 있다.

$3+8=11$	$1+8=9$	$4+9=13$	$9+0=9$
$8-3=5$	$8-1=7$	$9-4=5$	$9-0=9$
$3\times4=12$	$1\times8=8$	$4\times9=36$	$7\times9=63$

② 정사각형 각 눈의 수를 분자와 분모로 하여 분수의 개념 및 사칙 계산을 할 수 있다.

$$\frac{1}{8}+\frac{3}{8}=\frac{4}{8}=\frac{1}{2} \qquad \frac{3}{8}-\frac{1}{8}=\frac{2}{8}=\frac{1}{4}$$

$$\frac{4}{9}+\frac{5}{9}=\frac{9}{9}=1 \qquad \frac{5}{9}-\frac{4}{9}=\frac{1}{9}$$

4. 수 세기 원리

어린 아동이나 부진아가 수를 센다는 것은 성인이나 보통의 학생이 수를 센다는 것과는 다를 수 있다. 어린 아동의 수 세기 능력은 몇 가지 원리에 의해 지배되며 이들 중 몇 가지 원리를 고

수하는 것은 몇 가지 구성 요소 과정의 동시 적용을 요한다는 사실을 알 수 있다. 성공적인 수 세기에는 이 모든 원리의 동시 적용이 포함되지만 동시에 적용하는 능력이 제한되어있거나 부분적인 능력을 가진다는 것은 능력의 완전한 결여와는 다른 것이다. 처음 세 가지 원리는 절차의 규칙, 즉 세는 방법(how to count)을 다루며, 네 번째 원리는 셀 수 있는 것에 대한 규정, 즉 셀 내용(what to count)을 다룬다. 마지막 원리는 다른 네 가지 원리의 특성에 대한 합성을 다룬다(Gelman and Gallistal, 1986).

(1) 일대일 원리

모든 세기 모형은 일대일 원리의 사용을 가정한다. 일대일 원리는 어떤 배열에 있는 각 항목에 대해 단지 한 개의 표시가 사용되는 방식으로 그 배열의 항목을 분명한 표시(표찰, 수칭, 수찰)로서 나타내는 것을 포함한다. 이 원리에 따르면, 분할하기(partitioning)와 표찰달기(tagging)가 동시에 율동적으로 적용되어야 한다.

이 원리에는 3가지 유형의 오류가 발생할 수 있다.

① 한 항목을 한 번 이상 표시하거나 항목을 빠뜨리기 같은 분할 과정에서의 오류

② 같은 표찰을 두 번 사용하는 것과 같은 표찰 철회 과정에서의 오류

③ 그 두 과정을 완전하게 동시에 적용하지 못하는 것, 예를 들면 아동이 항목을 이미 센 범주로 전이하고 나서 동시에 표찰 철회를 중단하지 못하는 경우가 있다. 그는 항목을 전이하기를 마치기 전에, 혹은 마친 후에 표찰 철회를 중단할 수 있다. 또한 그는 표찰 철회 과정을 분할 과정과 병행시킬 수가 없어서 두 과정을 함께 출발하고 함께 중단할지라도 철회한 표찰의 수가 전이한 항목의 수와 다르게 된다.

(2) 안정된 순서의 원리

세기에는 배열에 있는 항목에 임의적인 표찰을 배정할 수 있는 능력 이상의 무엇이 포함된다. 아동이 수찰을 표찰로서 사용할지라도 세는 절차를 다 알고 있다고 결론지을 수는 없다. 부가적으로 안정된 순서의 원리를 사용할 수 있어야 한다. 배열에 있는 항목에 대응하기 위해 아동이 사용하는 표찰(수칭)은 반복가능하고 안정된 순서로 정열되거나 선택되어야 한다. 이 원리는 배열에 있는 항목의 수만큼 긴 안정된 목록을 사용하도록 요구한다.

컴퓨터와는 달리 인간 정신이 길고 안정되게 회상할 수 있는 임의적인 이름이나 낱말 목록을 형성하는 데에는 한계가 있음이 잘 알려진 바이다. 어린 아동의 수리 능력 발달에는 처음 12, 13개의 수 낱말에 대한 기계적 학습과 그 다음부터는 수 낱말을 산출하기 위한 생성규칙이 포함된다고 생각된다.

(3) 기수의 원리

위의 두 원리는 표찰을 선정하기와 표찰을 한 집합에 있는 항목에 적용하기를 포함한다. 기수의 원리는 그 계열에서 마지막 표찰이 특별히 중요하다는 뜻이다. 앞의 포찰 중에 그 어느 것과도 달리 이 표찰은 전체로서의 그 집합의 성질을 표상한다. 이 성질에 대한 형식적인 명칭은 그 집합에 대한 기수이다. 더 비형식적으로 말하자면, 그 집합에 있는 마지막 항목에 적용된 표찰은 그 집합에 있는 항목의 수를 나타낸다.

그래서 수칭을 배정하고 고정된 순서대로 배정할 수 있는 것 이외에도 아동은 배정된 마지막 수칭을 끌어내어 그 배열의 수량을 표상한다. 그 배열의 수량을 나타내기 위해 한 특정한 수칭을 선정하고 사용하는 것이 부가적인 처리 단계를 요구하는 한, 기수의 원리는 일대일 원리 및 안정된 순서의 원리와 발달적인 관계를 가진다.

(4) 추상화의 원리

앞의 세 가지 원리는 세기 과정의 작용에 관한 세는 방법의 원리이다. 추상화의 원리에서는 앞의 원리를 어떠한 실체의 배열이나 집단에도 적용할 수 있다는 것이다. 물리적 실체와 비 물리적 실체를 구분하지 않는다. 어린 아동이 정신이나 상상력의 순수한 산물, 혹은 이질적인 물체의 집합에도 세기를 적용할 수 있다고 깨달을 지는 생각해볼 문제이다.

추상화의 원리는 세는 방법의 원리가 아니라 적용가능성의 범위에 관한 것이다. 다시 말해서, 어떤 항목이든 제한적인 것이 아니라 허용적으로 적용할 수 있다. 다만, 발달적인 문제는 각기 다른 연령의 아동이 세기에 포함될 수 있는 사물의 가능한 범위가 무엇이라고 생각할까 하는 것이다.

(5) 순서무관의 원리

세기의 순서는 무관하다는 것이다. 즉, 항목에 표찰을 다는 순서, 그래서 어느 항목이 어떤 표찰을 받는가 하는 것은 무관하다는 것이다. 다시 말해서, "세는 방식은 상관없다."는 것이다. 왼쪽에서 오른쪽으로 정열된 토끼, 트럭, 개, 그리고 고양이의 직선배열이 있을 때, 성인은 한 시행에서 토끼를 하나, 다른 시행에서는 고양이를 하나라고 부르는 것이 완전히 옳다는 것을 인식하지만 어린 아동은 그렇지 않다고 인식하는 경우도 있을 수 있다는 것이다.

세는 순서의 무관성을 이해하는 아동은 의식적으로 혹은 무의식적으로 다음과 같은 사실을 안다고 볼 수 있다.

① 센 항목은 하나 혹은 둘이라기보다는 사물이다(추상화의 원리).

② 언어적 표찰은 임의적이며 일시적으로 물체에 배정되며 세기가 끝나면 이 물체에 고착되지 않는다.

③ 세는 순서에 관계없이 똑같은 기수가 나타난다.

일반적으로 순서무관의 원리는 세기에서 많은 부분이 임의적이라는 사실에 관한 것이다. 이 원리는 앞의 4가지 원리를 적용한 결과 혹은 그 결과의 결여에 관한 지식이다.

제**02**장

자리 값

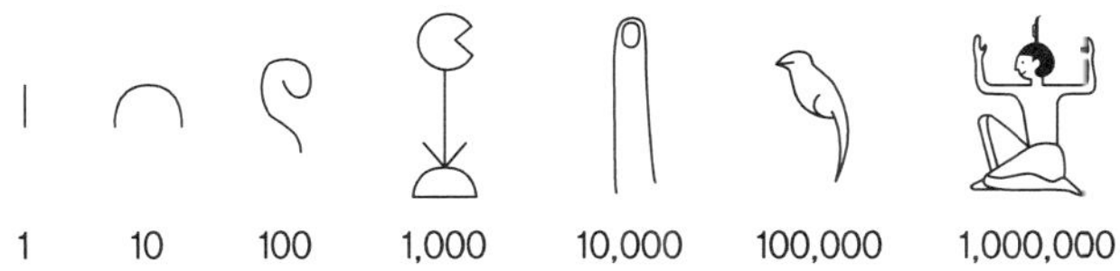

숫자에 대한 이집트 상형문자

1. 탐구 개요 및 배경

고대문명사회에서는 조약돌이나 막대기, 돌이나 항아리에 자극을 내어 표시하는 방법 등으로 수를 나타내기도 하였다. 상업의 발전과 세금 수납의 필요성과 더불어 문명사회가 도래할수록 10까지의 수를 나타내는 방법 뿐 아니라 10을 위한 특별한 표기법이 필요하게 되었다. 가령, 이집트인들은 상형(그림)문자를 이용하여 1은 막대기 하나, 10은 가축의 족쇄, 100은 밧줄 한 사리, 1,000은 연꽃, 10,000은 손가락, 100,000은 올챙이, 1,000,000은 머리위로 손을 들고 있는 신을 형상화하였다.

현재의 아라비아 숫자는 인도인들이 만든 0을 토대로 만들어져, 아랍을 거쳐 유럽으로 전파되어 로마숫자와 함께 쓰이다가 16세기경에 보편화되었다. 십진기수법은 위치적 기수법으로 밑이 10인 경우에 각 자리값이 10의 거듭제곱 꼴로 나타내어짐을 의미한다.

$$b^4 + b^3 + b^2 + b + 1$$

가령, $b = 10$인 경우, $34022 = 3\times(10{,}000)+4\times(1{,}000)+0\times(100)+2\times(10)+2\times(1)$을 의미한다.

2. 준비 활동: 자리 값 개념과 전략

(1) 자리 값 개념의 여러 가지 사례 파악

두 자리 수 56에 대한 다음 다섯 가지 서로 다른 개념이 존재함을 발견하였다(Fuson et al. 1997).

① 하나씩 세어 56까지

하나씩 세어 56까지 센다. 다시 말해서 56은 1이 56개 모여서 된 것이다.

② 10과 1

30, 40, 50과 같이 10이 포함되어 있음을 알고 있다. 그러나, 29를 센 다음 그 다음에 나올 수를 임의로 뒤섞어 29, 40, 31, 60, 50이 오는 것으로 판단할 수도 있다. 하나씩 50개 다음에 하나씩 6개를 세어 56개를 이해한다.

③ 10의 연속수열과 1

10씩 세어 10, 20, 30, 40, 50을 센 다음 51, 52, 53, 54, 56을 센다. 자리 값 개념이 형성되어 있는 경우이다.

④ 10의 단위

10의 단위로 센다. 1십, 2십, 3십, 4십, 5십을 센 다음 1을 더해 나간다. 십이라는 말을 생략하고 그 존재를 함의하면서, (십이) "하나, 둘, 셋, 넷, 다섯"이라고 말한다. 그 다음에 일을 더해나간다. 50과 6이 되어 56. 이 경우에는 자리 값 개념을 잘 이해하고 있음을 알 수 있다.

⑤ 통합 수열－분리된 10과 1

자동적으로 10과 1의 개념을 이용한다. 가령, "민수는 56봉지의 과자를 가지고 있다. 10봉지를 담을 수 있는 상자에 이 과자를 담으려면 상자 몇 개가 필요할까?"라는 문제에서 어떤 학생이 "5"라고 대답한다. 교사가 "어떻게 그걸 알 수 있니?"라고 질문하자, 학생이 "그냥 알 수 있어요. 10씩 다섯이면 50이므로 다섯 상자를 채웠어요."라고 대답한다.

(2) 표준화된 전략 이외의 다양한 전략 탐색

받아 올림이 있는 여러 자리 수 덧셈의 표준 알고리즘은 각 자리 값 대로 나란히 세로로 배열한 다음 오른쪽에서 차례로 더하여 받아 올리고 하는 방식의 표준 알고리즘을 이용한다. 그러나 어떤 학생은 왼쪽에서부터 더해나갈 수도 있다.

$$\begin{array}{r} 673 \\ +\ 241 \\ \hline \end{array}$$

① 표준 알고리즘

"3과 1을 더하면 4이므로 4를 쓴다. 7과 4를 더하면 11이므로, 1을 쓰고 1은 올린다. 6 더하기 2는 8이므로, 1을 더하여 9를 쓴다."

② 학생이 발견한 접근법

"600과 200을 더하여 800을 구한다. 그 다음에 70과 40을 더하면 110이 된다. 800과 110을 더하면 910이 된다. 그 다음에 3더하기 1은 4가 되므로 답은 914이다."

표준알고리즘이 해로운 두 가지 이유는 학생들이 사고를 포기하게 한다는 것과 자리 값 개념을 잊어버리게 하여 수 감각 발전을 저해한다는 점이다(Kamii and Dominick, 1998). 다양한 전략에는 다음과 같은 여러 가지 전략을 생각해볼 수 있다.

| 표 1 | 사칙연산을 위한 여러 가지 전략

〈덧셈을 위한 부분 합 전략〉	〈뺄셈을 위한 더하기 전략〉
$\begin{array}{r} 168 \\ +\ 318 \\ \hline 400 \\ 70 \\ 16 \\ \hline 486 \end{array}$	생각해보면 $\begin{array}{r} 51 \\ -\ 25 \\ \hline \end{array}$ $\begin{array}{r} 25+25 \\ +1 \\ \hline 26 \end{array}$
〈뺄셈을 위한 부분 차 전략〉	**〈곱셈을 위한 부분 곱 전략〉**
음수가 이용됨 $\begin{array}{r} 854 \\ -\ 268 \\ \hline 600 \\ -10 \\ -4 \\ \hline 586 \end{array}$	$\begin{array}{r} 23 \\ \times\ 48 \\ \hline 24 \\ 160 \\ 120 \\ 800 \\ \hline 1104 \end{array}$

3. 탐구 활동: 교구를 이용한 십진 기수법 지도

(1) 십진 블록

헝가리 출신의 디너스(Dienes)는 위치적 기수법의 원리의 이해를 돕기 위해 십진 블록을 고안했다.

① 1 모형

가장 작은 블록은 가로, 세로, 높이가 각각 1*cm*인 정육면체로 이것을 1 모형 또는 단위(unit: 단위 모형)라고 한다.

② 10 모형

1cm^3인 정육면체가 10개인 직육면체를 막대(long: 십 모형)라 하고 10을 나타내며 10 모형이라고 한다.

③ 100 모형

1cm^3인 정육면체가 100개인 직육면체를 판(flat: 백 모형)이라 하며 이것은 100을 나타내며 100 모형이라고 한다.

④ 1000 모형

가장 큰 블록은 1cm^3인 정육면체가 1000개인 정육면체로 이것은 1000을 나타내며 입체(cube: 천 모형)라 하고 1000 모형이라고 한다.

십진 블록으로 나타낸 1139

탐구 문제 다음 수를 십진 블록으로 표시해보시오.

29 17 234 478 953 1234 5680 3254

(2) 연결 큐브

연결 큐브는 10가지 색깔이 있으며, 정육면체 모양으로 정육면체끼리 서로 연결할 수 있도록 돌기와 구멍이 있다. 하나하나가 연결되어 어떤 길이의 막대도 만들 수 있으므로 수 개념 지도에 유용하다. 3차원 도형이기 때문에 패턴 탐구와 공간 개념, 추론, 측정 지도에도 유용하다.

연결 큐브는 다음과 같은 학습 내용에 이용될 수 있다.

① 큐브끼리 연결하여 자릿값 지도나 수 개념이나 수 감각을 개발하는 모델로 이용할 수 있다.

② 큐브끼리 연결하여 퀴즈네어 막대처럼 이용함으로써 사칙 계산 원리를 이해하는데 도움을 준다.

③ 막대그래프를 표현하고 색깔을 이용한 배열로 규칙성을 탐구하는데 이용할 수 있다. 또 주머니에서 여러 색의 큐브를 꺼내는 이용을 통하여 확률 게임이나 표본 추출의 도구로 이용할 수 있다.

④ 스냅 큐브를 연결하여 소마 큐브를 만들어서 입체 구성 및 공간 감각을 신장시킬 수 있는 교구로 이용할 수도 있다.

⑤ 인수로서의 수를 표현하고 최대공약수와 최소공배수를 발견하는 과정을 이해하는데 이용할 수 있다.

4. 여러 자리 수 개념

십진수를 이해하려면, 열 개씩, 백 개씩, 천 개씩 셀 수 있다는 것을 알아야 한다. 예를 들어, 산가지 36개를 36개의 개별 산가지로 파악할 수도 있고, 열 개 묶음 산가지 3개와 산가지 6개로 파악할 수도 있다(김수환 등, 2006).

(1) 열 개씩 묶기 위한 문제 상황

〈곱셈 문제〉 교실에 도넛 5상자가 있다. 각 상자에는 도넛 10개가 있다. 그 이외에도 3개의 도넛이 있다면 모두 몇 개의 도넛이 있겠는가?

① 한 개씩 세기

수철은 산가지가 10개씩 들어있는 산가지 묶음 5개를 만들었다. 그 다음에 3개의 산가지를 추가하였다. 그 다음에는 53개의 산가지를 일일이 세었다.

② 한 개씩 세기

영희는 이 문제 해결을 위하여 연결 큐브를 사용하였다. 10개씩 연결된 막대 5개를 놓고, 3개의 연결되지 않은 낱 개 모형을 놓았다. 영희는 그 막대들 중의 하나를 다음과 같이 세었다. "1, 2, 3, 4, 5, 6, 7, 8, 9, 10 [다음 막대를 집어서 낱 개 모형을 계속해서 센다.] 11, 12, … " "51, 52, 53. 모두 53개 있어요."

③ 열 씩 세기

현수도 5개의 묶음 막대와 3개의 낱개 모형을 놓았지만, 1개씩이 아닌 10개씩 세었다. "10, 20, 30, 40, 50, 51, 52, 53."

④ 열 씩 세기

현정이는 현수와 유사한 반응을 보이지만 구체물을 사용하지 않았다. "자, 10, 20, 30, 40, 50[셀 때마다 손가락을 접는다.], 51, 52, 53[다시 손가락으로 낱개를 기억한다.] 53개를 가지고 있어."

⑤ 자리 값 활용

준호는 즉시 대답하였다. "53, 자, 10개씩 묶음 도넛이 5상자 있어. 10개 묶음 5개는 50이고, 도넛이 3개 더 있으니까 53이 되어요."

〈측정 나눗셈 문제〉 진철이는 54송이의 꽃을 꺾어서 한 다발에 10송이씩 묶어 꽃다발을 만들었다. 꽃다발을 몇 개나 만들었겠는가?

① 한 개씩 세기

수철과 영희는 54개의 산가지를 세었다. 이들은 10개의 산가지로 묶음을 만들고 묶음의 수

'5'를 세었다.

② 열 씩 세기

현수는 50송이를 나타내기 위하여 10개 묶음 막대 5개를 놓고 나머지 4 송이를 나타내기 위해 산가지 4개를 놓았다. 현수는 잠시 그것들을 바라본 후에 10개 묶음 막대를 센다. "5."

③ 열 씩 세기

현정은 "10, 20, 30, 40, 50."과 같이 10개씩 센다. 셀 때마다 현정은 손가락을 하나씩 접는다. 50에 이르렀을 때 현정은 자신이 5개의 손가락을 접었다는 것을 확인하고 "5"라고 대답한다.

④ 자리 값 활용

준호는 즉각 "5, 왜냐하면 54에는 10이 5개 있기 때문에."라고 대답한다.

(2) 학생들의 문제해결 전략

십진수 개념을 이해하지 못한 학생들도 자신들에게 의미 있는 방식으로 여러 자리 수 문제를 해결할 수 있으며, 그것이 십진수 개념 이해의 증진에도 도움이 된다. ① 한 개씩 세기, ② 열 씩 이용하는 직접적인 모델링 등이 그것이다. 다음은 ③ 학생들이 만들어낸 알고리즘을 살펴보자.

| 표 2 | 학생들의 전략

문제	점진적 전략	자리 값 활용 전략	보수 전략
〈결과 미지 첨가하기〉 바구니에 딸기 28개가 있는데 35개를 더 따면 모두 몇 개가 되는가?	"20과 30은 50, 8을 더하면 58. 2를 더 더하면 60이고, 그것보다 3이 더 많으니까 63이다."	"20과 30은 50. 8더하기 5는 8더하기 2와 3이 더 많아서 13이다. 50과 13은 63이다."	"30과 35는 65가 될 것이다. 하지만 문제는 30이 아니라 28이므로, 2가 더 작아서 63이다."
〈결과 미지 덜어내기〉 바구니에 딸기 75개가 있는데 26개 먹고 나면 몇 개 남는가?	"70 빼기 20은 50이고, 6을 더 빼면 44. 하지만, 75의 5가 더 있으니 49이다."	"70 빼기 20은 50이다. 5빼기 6은 남은 50에서 1을 마저 빼야 하니까 49이다."	"75 빼기 25라면 50이 되지만 문제는 26이므로 1을 더 빼야 한다. 49이다."
〈변화량 미지 첨가하기〉 바구니에 딸기 47개가 있는데 몇 개를 더 따야 75개가 되는가?	"47과 3은 50이고, 20을 더 따면 70이다. 70이 되려면 23을 더 따야 한다. 그리고 5를 더 따야 하므로 28이다."	십의 자리와 일의 자리를 따로 계산하는 전략은 일반적으로 변화량 미지 첨가 문제 해결에 사용되지 않는다.	"만약 문제가 45개였다면 30이 될 것이다. 하지만 문제는 47이므로 2가 더 작다. 28이다."

제03장

문제해결: 덧셈과 뺄셈

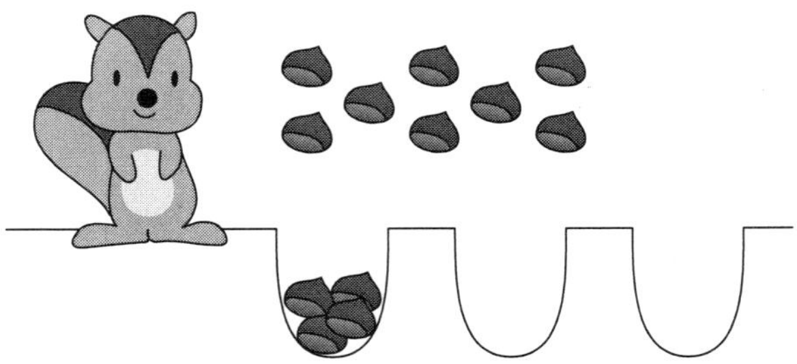

다람쥐는 알밤을 저장하기 위하여 구멍 세 개를 파서 각각 4개씩 묻었다. 알밤 몇 개를 묻었나요?

1. 탐구 개요 및 배경: 문제해결과 실제 상황의 문제

문제해결은 특별한 하나의 장에서 다루어야 할 것이 아니라 수학의 전체 분야에서 학습자가 창의적이고 인내심 있는 사고를 지속적으로 할 수 있도록 제공되어야 한다. 수학을 잘하는 학생뿐 아니라 상대적으로 부진한 학생들도 그들의 수준에서 흥미롭고, 도전적인 문제 상황에서 문제해결에 적극적으로 참여할 수 있는 환경을 제공하는 것이 중요하다. 사회와 과학 등 거의 모든 교육과정이 논리적이고 융통성 있는 사고를 강조하고 있는 바, 수학은 학생들이 많은 종류의 추론을 할 수 있는 교과 중의 하나이다. 그들은 수학이 실제 세계를 어떻게 설명하는 지를 보고, 듣고, 이야기하며, 만지고 발견하게 해주어야 된다.

① 문제 해결 과정을 통하여 새로운 수학 지식을 만든다.
② 수학뿐 아니라 다른 상황이나 교과에서 발생하는 문제를 해결한다.
③ 문제를 해결하기 위하여 다양한 전략을 적용하도록 한다.
④ 수학 문제 해결 과정을 점검하고 반성하도록 한다.

실제 상황의 문제란 알고 있는 지식이나 자료를 활용하면 곧 바로 해결되는 것을 의미하지는 않는다. 문제를 갖는다는 것은 분명하게 인식한 목표달성을 위하여 적절한 행동을 취하지만, 그 목표가 즉각 성취되지는 않을 수도 있는 상황을 말한다. 학생들은 그 문제에 대한 교사의 풀이 방법을 기억하기보다는 자신의 문제 해결을 실행할 필요가 있다. 가장 좋은 문제는 가게에서 물건을 사는 것과 같이 일상생활이나, 공룡과 같이 어린 학생들의 자연스러운 관심과 흥미를 갖게 하는 상황에서 비롯된다.

2. 준비 활동: 문제 해결 단계와 문제 유형

(1) 문제 해결 단계

개방형 문제의 경우, 폴리아의 문제해결 4단계 중 1~3단계는 개별학습자가, 4단계 반성은 전체 학생이 각자의 생각을 공유하는 계기로 삼을 수 있다.

① 문제의 이해

어린 학생들은 그 문제를 여러 번 반복적으로 낭송하여 완전히 이해될 때까지 큰 소리로 읽게 한다. 학생이 문제의 일부분을 잘못이해하년 교사는 좀 더 잘 설명해줄 필요가 있다. 가령,

학교를 마치고 친구 두 명과 함께 집으로 돌아왔다. 엄마가 초콜릿 5개를 갖다 주셨다. 친구 두 명과 함께 초콜릿을 어떻게 똑같이 나누어 먹을 수 있을까?

한 학생이 그 문제의 위쪽에 사람 4인을 그린다. 교사는 잘못을 알아차리고, 인형 상자를 그 학생에게 보여주면서, "어느 인형이 너야? 친구들은 어느 인형이지? 몇 사람이 초콜릿을 나누어 먹어야 할까?" 그 학생은 사람 1인을 지운다.

교사는 각 학생들에게 색종이 초콜릿 5장씩을 나누어주고서, 그 학급 학생들은 여러 가지 다양한 방법으로 문제를 해결하는 다음 단계로 나아간다.

② 계획 수립

어린 학생들은 형식적인 수업 없이도 다양한 전략들을 이용한다.

- 직접적인 모델: 전체 문제에 대하여 물건이나 손가락을 물리적으로 옮겨 하나부터 센다.
- 세기 전략: 문제의 일부에 관하여 어떤 출발점을 생각하고 그 수로부터 세어 올라가거나 거꾸로 센다.
- 수에 관한 지식: "수에 관한 지식을 응용하여 만든 지식"을 이용하거나 문제 해결을 위하여 쉽게 떠올릴 수 있는 지식을 이용한다.

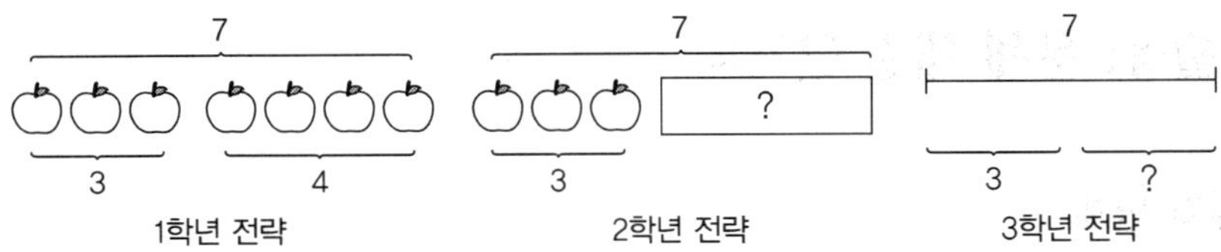

대부분의 어린 학생들은 직접적인 모델, 세어 올라가기, 수에 관한 지식 등과 같은 비형식적인 전략들을 이용한다. 단순한 그림이나 도표를 그리는 것을 배우면 학생들이 수학의 힘을 얻는데 도움이 된다. 어린 학생들도 어른들처럼 새로운 문제 상황에 직면하면, 예상과 확인이나 시행착오 전략 등을 이용한다. 시행착오나 시행 성공 접근 방법은 어떠한 문제해결 상황에서도 일부가 된다.

③ 계획 실행

그들이 선택한 전략을 수행한다. 5개의 초콜릿을 3인의 학생에게 배분하는 초콜릿 배분 문제를 다시 생각해보자. 어떤 학생들은 각 초콜릿을 같은 크기의 작은 조각으로 나눈다. 초콜릿 조각이 책상 위에 수북하다. 교사가 돕는다. "여분의 조각이 남으면 어떻게 하지?" 다행히 어떤 학생은 여분의 조각을 더 작은 조각으로 3등분하여 나눌 수도 있다. 그러나 어떤 학생은 아빠에게 드리거나 개에게 준다고 할 수도 있다.

계획 실행 단계에서 어떤 학생은 실망하여 잠시 쉬고 싶어 할 수도 있다. 그 문제에 상당한 시간을 할애하였다면, 그들은 그 문제를 잠시 접어둘 수도 있다. 아마 그들은 함께 검토해보거나 그들이 어떻게 시작해야 할지를 물어볼 수도 있다. 새로운 출발이 도전적인 문제 상황에 대한 신선한 통찰을 제공해줄 수도 있다.

보통 문제는 말로 진술되어 있으며, 그 말이 수학 기호의 언어로 번역되어야 한다. 어린 학생들이 그 문제에 관하여 어떻게 생각하는지 하는 이야기를 쓸 때, 그들은 이 과제를 부가적인 과제로 볼 수 있다. 그들은 그들이 첫째, 둘째, 혹은 그 다음에 무엇을 하였는지를 잘 잊어버린다. 그들은 그들의 생각을 문자로 나타내는 것을 싫어한다. 많은 어린 학생들은 한 장의 종이 위에 공간을 현명하게 사용하여 그들의 풀이를 진술할 수 없다. 그들은 물건들을 한 쪽 구석에 채워 넣어 전체 구도에 맞추지 못한다. 가령, 1학년 학생이 단추를 담은 접시 3개의 그림을 그린다고 하자. 접시 하나에 7개의 빨간 단추를 그린다고 해보자.

그러나 "접시"를 나타내는 원이 너무 작아서 그 위에 7개의 작은 원을 그려 넣을 수 없을 수 있다. 3단계를 신중하게 준비하는 교사는 학생들이 이러한 장애 국면을 당하지 않도록 돕기 위하여 사전에 종이를 3등분으로 접거나, 그려진 원 등을 제공할 수도 있다. 이 단계는 모든 학생들이 성공하도록 하기 위한 인내심, 융통성, 창의성을 요한다. 어떤 학생들이나 협력 집단은 다른 사람이나 집단보다 먼저 끝낼 수도 있기 때문에, 그들은 그들의 생각을 확장하는 독립적인 탐구를 필요로 한다.

④ 반성 단계

이 단계는 교사가 시간을 갖고 학생들이 서로 결과를 공유하도록 하는 단계이다. 학생들은 호기심도 많고 모험적이어서 단순한 문제도 여러 가지 다양한 방법으로 풀기도 한다. 교사는 각 풀이를 잘 듣고, 학급 전체가 서로 잘 듣는 방법에 관한 지도를 필요로 한다. 학생들은 가끔 다른 학생들이 말하고 있는 중에도 그들의 생각을 공유하기 위하여 목소리를 높이는 경우가 있다. 교사는 토론의 초기에 남학생 뿐 아니라 여학생도 세심하게 불러주어야 한다. 또한 수줍음이 많은 학생은 떠들썩한 외향적인 성향의 학생들에 압도되어 중요한 통찰도 발표를 보류하고 있을 수 있다. 영어 표현이 서툰 학생들이 그런 것처럼, 이러한 학생들은 특별한 주의를 기울여줄 필요가 있다. 교사는 그 문제에 관한 학급 전체학생이 생각하는 모든 서로 다른 방법을 알 필요가 있다.

직접적인 모델 전략이 수에 관한 지식을 응용하여 만든 지식보다 발달적으로 덜 복잡할지라도 어떠한 시도가 다른 시도보다 "더 나은" 접근 방법이라고 규정되지는 않는다. 오답이 제시되었을 때, 어린 학생들은 그들의 학급 친구들이 정답을 설명할 때 그들의 마음을 바꾼다. 가령, 영수가 오답을 제시할 때, 교사는 논평하기를 "영수가 이렇게 생각하였다. 누가 정답을 말해 볼래? 누가 다른 방법으로 생각해 볼래?" 수학에 관하여 말하고 수학에 관하여 써 보는 연습은 어린 학생들의 수학 교실에서는 필수적인 활동들이다. 다른 학생들의 답을 들으면서, 학생들은 여러 가지 다양한 문제해결 선택에 관한 어떤 새로운 통찰을 획득한다. 학생들은 그들이 말하고 싶은 것을 알고 있으면서도 그 말을 어떻게 표현하는 지를 어려워할 수도 있다. 그들은 결과가 어른들에게 이해되지 않는다 할지라도, 생각을 크게 말로 나타낼 시간을 가질 필요가 있으며, 그들의 노력을 도와줄 필요가 있다. 많은 구두 풀이나 지필 풀이가 매우 경험있는 교사들에게마저도, 완전히 놀랄만한 성과로 드러나기도 한다. 이러한 반응들이 어린 학생들을 가르치는 기쁨과 즐거움의 일부이기도 하다.

(2) 문제 유형

초등학생들이 어려워하는 문장제의 유형을 다음 [표 3]과 같이 분류할 수 있다.

| 표 3 |　여러가지 문제 유형

문제유형	결과 미지수 $a+b=?,\ a-b=?$ 차이 모름	변화 미지수 $a+?=c,\ a-?=c$ 비교량 모름	초기 값 미지수 $?+b=c,\ ?-b=c$ 준거량 모름
첨가 유형 첨가하기	사탕 5개에, 사탕 3개를 더 받으면 모두 몇 개?	사탕 5개에서 몇 개를 더 받으면 사탕 8개?	사탕 몇 개에서 3개를 더 받으면 8개?
구잔 유형 들어내기	사탕 8개에서, 사탕 5개를 주고 나면 몇 개?	사탕 8개에서 몇 개를 주고나면 3개?	사탕 몇 개에서 5개를 주고 나면 3개?
합병 유형 부분/전체	알사탕 5개와 자루사탕 3개이면 사탕이 모두 몇 개?	알사탕 5개와 자루 사탕 몇 개를 더하면 사탕 8개?	알사탕 몇 개와 자루사탕 3개를 합치면 사탕 8개?
등화 유형 같게하기	아름 사탕 8개, 다운 사탕 5개, 다운은 몇 개를 더 가져야 아름과 이와 같아지나?	아름 사탕 8개, 다운 사탕 가짐, 다운 3개 더 가지면 아름과 같아진다. 다운 몇 개?	아름 사탕 몇 개, 다운 사탕 5개, 다운 3개 더 가지면 아름과 같아진다. 아름 몇 개?
구차 유형 비교	사탕 8개와 사탕 5개의 차이는?	사탕 8개와 몇 개의 차이가 3개?	사탕 5개보다 3개 더 많은 사탕은 몇 개?

3. 탐구 활동: 십진 기수법과 십진 블록

(1) 십진 블록은 수와 자릿값의 개념과 덧셈과 뺄셈의 원리를 이해하는 데 도움을 준다.

각 자리 값은 곱하기 십(×10)에 의해 더 큰 자리로 하나씩 이동한다. 즉, 1 모형 10개가 모이면 10 모형 하나로, 10 모형 10개가 모이면 100 모형 하나로, 100 모형 10개가 모이면 1000 모형이 된다.

십진 블록으로 나타낸 1139

〈문제〉 십진블록을 이용한 덧셈과 뺄셈

위의 그림을 십진 기수법으로 나타내면 1139가 된다. 다음 수를 십진 블록을 이용하여 나타내고 이들을 십진 블록을 이용하여 계산해보자.

① 23+89

② 346+857

③ 94－49

④ 108－83

⑤ 1234－965

(2) 단위 블록을 막대, 판, 입체, 판, 막대, 단위모형으로 바꾸어 가며 소수 개념과 그 사칙 계산 원리의 이해를 도울 수 있다. 자연수 십진 기수법에서의 1000 모형의 입체를 1이라 하고, 100 모형의 판을 $\frac{1}{10}$, 10 모형의 막대를 $\frac{1}{100}$, 1 모형을 $\frac{1}{1000}$이라고 한다면, 각 자릿값은 곱하기 십분의 일 $\left(\times\frac{1}{10}\right)$에 의해 더 작은 자리로 하나씩 이동하여 소숫점 아래 첫째, 둘째, 셋째 자리가 된다.

<문제> 십진블록을 이용한 소수의 덧셈과 뺄셈

아래의 그림을 십진 기수법으로 나타내면 1.139가 된다. 다음 수를 십진 블록을 이용하여 나타내고 이들을 계산해보자.

① 0.023+0.089

② 0.346+0.857

③ 0.094－0.049

④ 0.108－0.083

⑤ 1.234－0.965

4. 덧셈과 뺄셈: 학생의 풀이 전략

가장 기본적인 전략으로서, 학생들은 각 문제에 기술된 행위나 관계를 직접적으로 모델링하기 위해 구체물(산가지) 또는 손가락을 사용했다. 시간이 흐르면서, 학생들의 전략은 더 추상화되고, 효율적인 것으로 바뀌었다. 직접적인 모델링 전략을 그보다 더 추상적인 수세기 전략으로 대체하고, 다시 수에 관한 지식을 이용하는 전략으로 대체하였다(김수환 등, 2006).

| 표 4 |　직접적인 모델링 전략

문제	전략 설명
〈결과를 모르는 첨가하기〉 영미는 토마토 3개를 가지고 있는데, 5개를 더 땄다. 영미는 모두 몇 개 가지고 있는가?	〈모두 합하기〉 3개 모둠과 5개로 이루어진 모둠을 만든다. 이 두 모둠을 모아서 모두 센다.
〈변화량을 모르는 첨가하기〉 철수는 땅콩 3개를 가지고 있는데 현주에게 몇 개 더 받아 8개가 되었다. 몇 개를 더 받았는가?	〈얼마까지 첨가하기〉 3개로 된 한 모둠을 만들고 모두 8개가 될 때까지 구체물을 더한다. 더해진 구체물을 세어 정답을 구한다.
〈결과를 모르는 덜어내기〉 바다표범 8마리가 놀고 있다가 3마리가 헤엄쳐 사라졌다. 몇 마리가 남았는가?	〈얼마에서 덜어내기〉 8개로 이루어진 한 모둠을 만들고 3개를 덜어낸다. 남아있는 구체물의 수를 세어 구한다.
〈변화량을 모르는 덜어내기〉 8명이 버스에 타고 있다가 몇 명이 내려 버스에는 3명이 남아있다. 몇 명이 내렸는가?	〈얼마까지 덜어내기〉 8개로 이루어진 한 모둠을 센다. 남은 개수가 3이 될 때까지 구체물을 덜어내고 덜어낸 구체물의 수로 구한다.
〈차이를 모르는 비교〉 영주는 막대기 3개를, 덕수는 막대기 8개를 기지고 있다. 덕수는 영주보다 막대기 몇 개를 더 가지고 있는가?	〈짝짓기〉 3개 모둠과 8개 모둠의 원소를 1대 1로 짝짓기 하여 큰 모둠에 남아 있는 구체물의 수로 구한다.
〈처음을 모르는 첨가하기〉 은지는 책을 몇 권 가지고 있다가 도서관에서 3권 더 빌려와 8권이 되었다. 처음에 몇 권 가지고 있었는가?	〈시행착오(예상과 확인)〉 일단 몇 개(가령 4개) 모둠을 만들고 3개를 더한 후 전체를 센다. 8개가 아니라면 처음의 고둠을 다르게 만들어 정답을 구한다.

| 표 5 |　수 세기 전략

문제	전략
〈결과를 모르는 첨가하기〉 영미는 토마토 3개를 가지고 있는데, 5개를 더 땄다. 영미는 모두 몇 개 가지고 있는가?	〈처음 수부터 세기〉 3에서 시작하고 5개를 더 센다. 정답은 세는 과정에서 얻은 마지막 수이다.
〈결과를 모르는 첨가하기〉 영미는 토마토 3개를 가지고 있는데, 5개를 더 땄다. 영미는 모두 몇 개 가지고 있는가?	〈큰 수부터 세기〉 5에서 시작하고 3개를 더 센다. 정답은 수 세기 과정에서 얻은 마지막 수이다.
〈변화량을 모르는 덜어내기〉 8명이 버스에 타고 있다가 몇 명이 내려 버스에는 3명이 남아있다. 몇 명이 내렸는가?	〈얼마까지 덜어내기〉 8에서 거꾸로 세어 남은 개수가 3이 될 때까지 계속 센다. 정답은 센 수의 개수이다.
〈변화량을 모르는 첨가하기〉 철수는 땅콩 3개를 가지고 있는데 현주에게 몇 개 더 받아 8개가 되었다. 몇 개를 더 받았는가?	〈얼마까지 세기〉 3에서 시작해서 8이 될 때까지 계속 센다. 정답은 센 수의 개수이다.
〈결과를 모르는 덜어내기〉 바다표범 8마리가 놀고 있다가 3마리가 헤엄쳐 사라졌다. 몇 마리가 남았는가?	〈거꾸로 세기〉 8에서 거꾸로 3번 센다. 세는 과정에서 얻은 마지막 수가 정답이다.

(1) 직접적인 모델링 전략

위의 [표 4]와 같이 모두 합하기, 얼마까지 첨가하기, 얼마에서 덜어내기, 얼마까지 덜어내기, 짝짓기, 시행착오 등 6가지 전략이 있다.

(2) 수 세기 전략

수 세기 전략은 구체물을 가지고 직접 모델링하는 것보다 더 추상적이며 효율적이다. 학생들은 문제에 제시된 행위나 관계를 반드시 구체물로 나타내지 않아도 됨을 알았을 때, 위의 [표 5]와 같이 이러한 전략을 사용한다.

(3) 수에 관한 지식

문장 제를 풀 때, 학생들은 직접적인 모델링과 수 세기 전략만 사용하지 않는다. 학교 안팎에서 수에 관한 지식을 배우기 때문에 이러한 지식을 문제해결에 적용한다. 어떤 수 결합에 대해서 먼저 학습하고, 다른 수 결합을 포함하는 문제를 풀기 위해서 기억된 수에 관한 지식을 사용한다. 두 배(즉, 4+4, 7+7)를 먼저 학습한 후에 일반적으로 다른 수 결합을 배운다. 그리고 합이 10이 되는 것(즉, 7+3, 4+6)을 비교적 일찍 학습한다.

개구리 6마리가 토란잎에 앉아 있었는데, 8마리가 더 왔다. 그러면 몇 마리의 개구리가 그곳에 있는가?

승 희: 6더하기 6은 12이고, 거기에 2를 더하면 14

대 현: 8더하기 8은 16이지만, 8더하기 6은 2가 작으므로, 14

성 우: 자, 8에서 1을 빼어 6에 주면 7이 되므로, 7더하기 7은 14

은 주: 8에 2를 더하면 10이고 거기에 4를 더하면 14

제04장

문제해결: 곱셈과 나눗셈

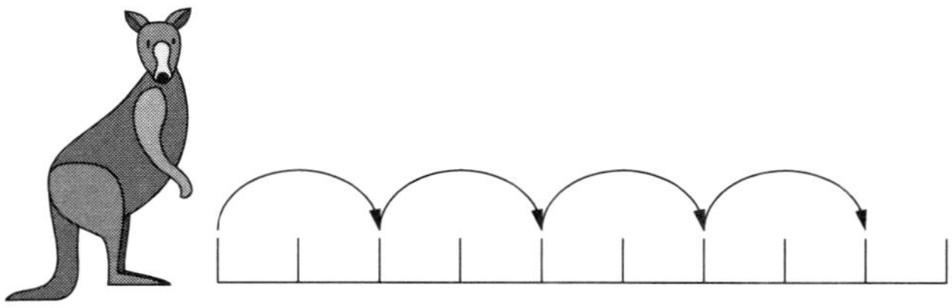

캥거루가 한 번에 2m씩 4번 뛰면 얼마나 갈까요?

1. 탐구 개요 및 배경: 곱셈과 나눗셈을 위한 문제 상황

어린 학생들은 똑같이 나누어 가지거나 어떤 모둠을 동일한 양으로 분배하는 개념을 이해하는 능력이 있을까? 이러한 논리적인 사고는 세는 능력과는 독립적인 것으로 보인다(Smith, 2009). 9개의 과자를 3명의 어린이들에게 똑같이 나누어 가지라고 해보자. 한 어린이가 세 인형에게 각각 과자 하나씩 주고 나서 나머지는 자기가 먹어도 되냐고 물었다. 인형들이 "정말로 배고프다."는 말을 듣고, 자신은 나중에 먹기로 하고, 그 과자들이 없어질 때까지 각 인형에게 과자를 나누어주었다.

25명의 군인을 몇 줄로 세워야 남는 학생이 없을까? 2줄, 3줄, 4줄로 세워보아도 한 명이 남는다. 오래도록 어렵게 생각한 어떤 학생이 5명씩 5줄로 세우면 됨을 알아낸다. "왜 25명을 두 줄로 세우면 한 명이 남을까?"

어떤 학생은 무당벌레를 그리고, 어떤 학생은 100 도표를 책상 위에 붙인다. 그들은 12를 찾은 다음 10을 찾고 또 2를 찾은 다음 25가 되기 위해서는 1이 더 있어야 함을 알아낸다. 어떤 학생은 12+12 = 24임을 알아서 하나가 남는다는 것을 알아내었다. 어떤 학생은 군인들에 동그라미를 그려 짝을 짓고, 어떤 학생은 20명(10+10)과 5명(짝으로 나눌 수 없다.)을 따로 나누었다. 학생들은 그들의 답을 공유하고 그 문제 해결을 계속한다.

어린 학생들은 일상생활에서, 그리고 사회나 과학 교과서에서 곱셈과 나눗셈을 해야 하는 상황을 많이 직면한다. 그럼에도 불구하고 수학 시간에서는 아직 곱셈과 나눗셈을 다루지 않은 상황이 생기기도 한다. 곱셈이란 두 인수가 주어져 있을 때, 그 곱을 구하는 데 이용되는 연산이다. (즉, 인수×인수 = 곱). 나눗셈은 어떤 사람이 그 곱(전체)과 한 인수를 알고 있을 때 이용된다. 즉, 피젯수÷젯수 = 몫+나머지

덧셈과 뺄셈에서는 일대일 대응을 필요로 하는 상황을 다루었지만, 곱셈과 나눗셈에서는 관계가 일대다 대응으로 변한다.

2. 준비 활동: 곱셈과 나눗셈을 위한 준비

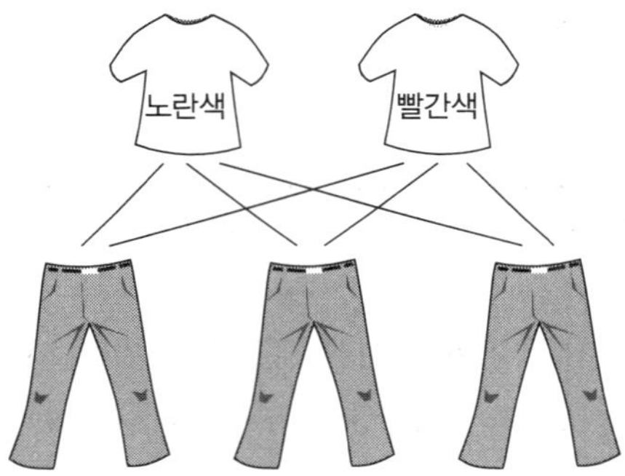

셔츠 색 2가지와 바지 색 3가지

아주 어린 학생들에 대한 가장 최초의 도전 중의 하나가 바로 집합이나 집단 개념이다. 수학 용어로 2+3은 2개의 물체와 3개의 물체를 더하는 것이다. 집단 문제 중의 하나로, 2×3은 1 : 2의 대응이 결정되었음을 의미한다. 가령, 한 상자에 과자 2개가 들어있다. 2씩 세 집단, 즉 3상자가 있다.

어린 학생들은 단추나 조개 등과 같은 대상들을 분류하는 경험을 많이 가지고 있다. 그들은 경험에 관하여 이야기를 나누고 그 집단이나 묶음에 어떤 수를 할당할 수 있다. "나는 빨간 단추 한 묶음을 가지고 있는데, 거기에는 6개의 단추가 있어." 그 생각을 좀 더 확장하면, 어린 학생들은 대상의 사진을 수집한다. 가령, 어떤 학생이 잡지에서 3개의 자동차 사진을 잘라 붙이고 있다. 각 자동차는 바퀴가 4개씩 있으므로, 바퀴는 모두 12개이다. 또는 작은 상자에 8개의 크레

용이 들어있다. 어린 학생이 2상자를 테이프로 묶었다. 2상자에는 크레용이 모두 16개 들어있다.

어린 학생들의 세기에 대한 열정에 근거한 또 다른 활동은 뛰어 세기 이다. 많은 유치원 학생들은 하나씩 뿐 아니라 열씩 센다. 둘씩이나 다섯씩 세는 것도 좋아한다. 다섯씩 세는 것은 곱셈과 나눗셈을 위해서 뿐 아니라 시간 공부에도 좋다. 어떤 학생들은 4씩 세기 위하여 2씩 세기의 2배를 하기도 한다.

곱셈 문제해결을 위한 준비는 직사각형을 직사각형이 아닌 도형과 구별 지음으로써 제고된다. 목욕탕 타일이 훌륭한 교구가 된다. 모든 직사각형은 네 각을 가진다. 어린 학생들은 모눈 종이에 그들이 할 수 있는 만큼의 많은 직사각형을 만들 수 있다. 직사각형 연습은 나중에 행과 열의 배열이나 도표 만들기에도 유용하다.

3. 탐구 활동: 곱셈의 여러 가지 의미

(1) 곱셈 문제의 여러 가지 표현

① 다음 그림은 곱셈 4×3을 여러 가지 방법으로 나타낸 것이다. 이 중 잘못된 것을 찾아보시오.

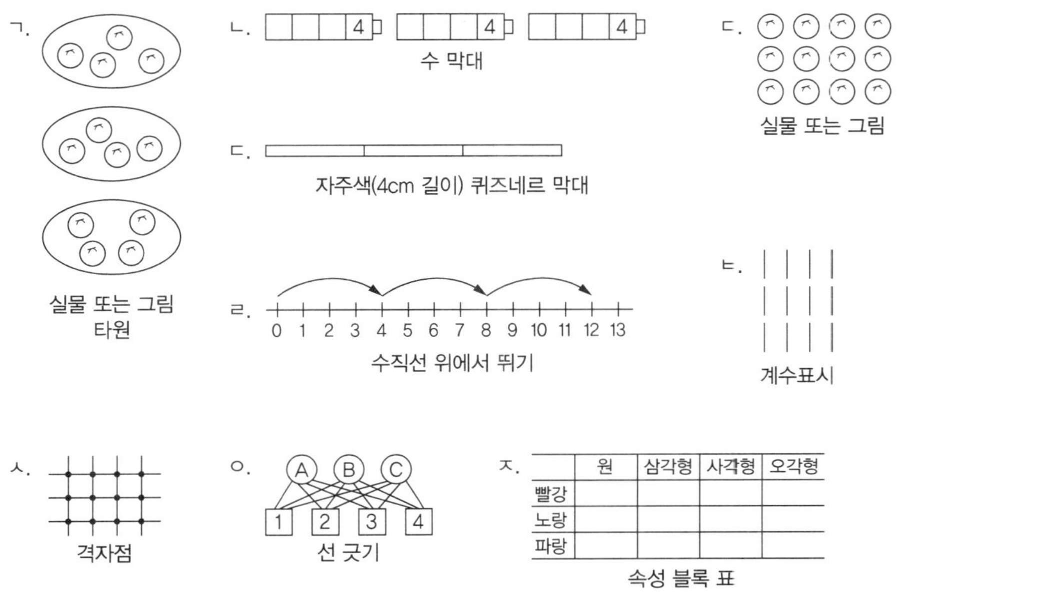

ㅊ.

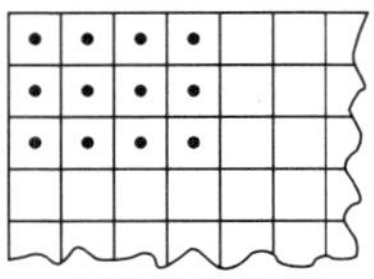

모눈종이 위의 점

ㅋ.

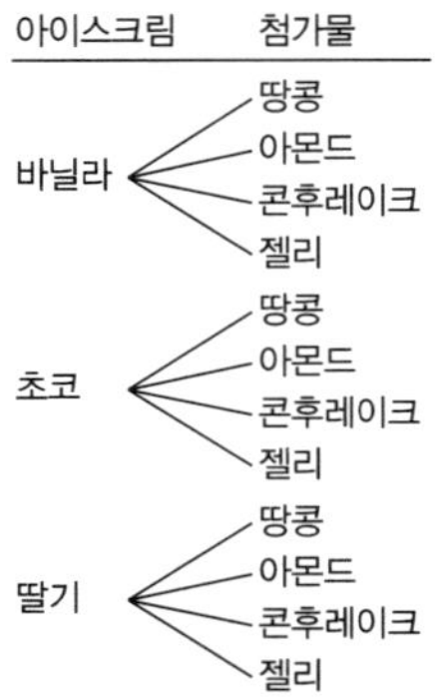

수형도

ㅍ.

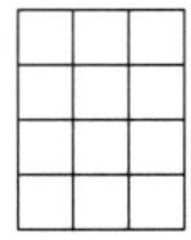

10진 블록

ㅎ.

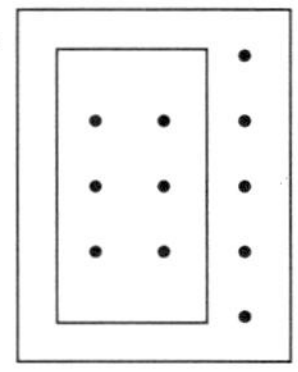

기하판

② 곱셈 4×5를 나타내는 여러 가지 방법을 위의 그림 위에 추가하여 그려보시오.

(2) 십진 블록으로 곱셈 설명하기

십진 블록은 곱셈의 원리를 이해하는데 이용할 수 있다. 예를 들어 직사각형 배열을 이용하여 부분 곱으로 전개한 후, 전체 합을 구하는 원리와 알고리즘을 이해할 수 있다.

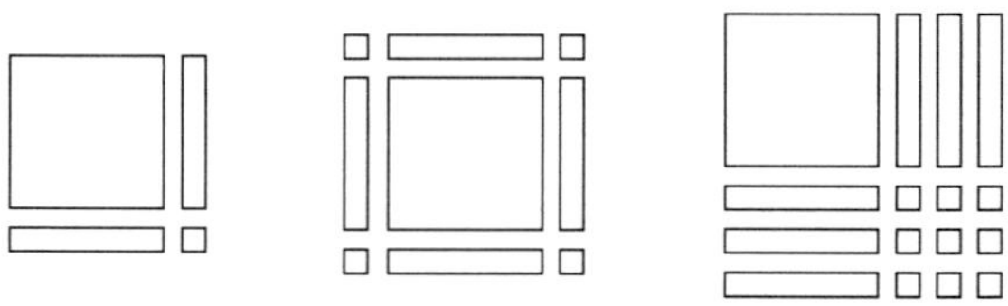

100모형, 10모형, 1모형으로 제곱수 만들기

이는 자연수의 곱셈과 다항식의 전개와 대수방정식의 인수분해가 서로 관련이 있음을 보여주는 사례이다.

대수막대에서의 x 네모($x^{\square}$)는 x^2으로 $x=10$일 때 십진 블록에서의 100 모형이다. x 막대는 $x=10$일 때 십진 블록에서의 10 모형이다. 1 네모는 1 모형이다.

$x^{\square}+2x+1$	$x^{\square}+4x+4$	$x^{\square}+6x+9$
$(x+1)(x+1)$	$(x+2)(x+2)$	$(x+3)(x+3)$

2차 방정식의 인수분해 원리를 구현한 구체물

〈문제〉 십진블록을 이용한 곱셈

위의 그림은 121 = 11×11, 144 = 12×12, 169 = 13×13이다. 다음 곱셈을 십진 블록을 이용하여 나타내고 이들을 계산하시오.

① 14×12

② 23×35

③ 114×12

4. 곱셈과 나눗셈: 문제 유형과 학생의 풀이 전략

(1) 묶거나 분할하여 해결하는 문제

〈문제 상황〉 하윤이는 과자 5봉지를 가지고 있다. 각 봉지에는 과자가 3개씩 들어있다. 하윤이가 가지고 있는 과자는 모두 15개이다.

위와 같은 문제 상황으로부터 다음과 같이 사물의 총수를 구하는 곱셈 문제, 묶음의 수를 구하는 측정 나눗셈 문제, 각 묶음에 속한 사물의 수를 구하는 분할 나눗셈 문제 등 3가지 문제 유형을 만들어낼 수 있다.

| 표 6 | 곱셈, 측정 나눗셈 문제, 분할 나눗셈 문제

곱셈	하윤이는 과자 5봉자를 가지고 있다. 각 봉지에는 과자가 3개씩 들어있다. 하윤이가 가지고 있는 과자는 모두 몇 개인가?
측정 나눗셈 (포함제)	하윤이는 가지고 있는 과자는 모두 15개이다. 한 봉지에 3개씩의 과자를 담는다면 몇 봉지를 담을 수 있는가?
분할 나눗셈 (등분제)	하윤이는 가지고 있는 과자는 모두 15개이다. 과자를 5봉지에 똑같이 나누어 담는다면 각 봉지에는 몇 개의 과자가 드어 있겠는가?

(2) 문제해결 전략

① 직접적인 모델링 전략

| 표 7 |　구체물 이용 전략

문제	전략
〈곱셈〉 재인이는 연필 4상자를 가지고 있다. 각각의 상자에는 연필이 6자루 있다. 재인이는 연필을 모두 몇 자루 가지고 있는가?	〈묶기 전략〉 각 묶음에 6개씩 4모둠을 만든다. 모두 세어 답을 구한다.
〈측정 나눗셈〉 재인이는 연필 24자루 가지고 있다. 연필은 한 상자에 6자루씩 포장되어 있다. 연필은 모두 몇 상자인가?	〈측정 전략〉 24개의 산가지를 각 묶음이 6개씩 되도록 묶는다. 묶음의 수를 세어 답을 구한다.
〈분할 나눗셈〉 재인이는 연필 24자루 가지고 있다. 연필을 4개의 상자에 골고루 담으려고 한다. 한 상자에 연필은 몇 자루씩 담을 수 있을까?	〈분할 전략〉 24개의 산가지를 4묶음의 상자에 골고루 하나씩 넣는다. 한 묶음에 들어있는 산가지의 수를 세어 답을 구한다.

② 수 세기 전략과 더하기 전략

덧셈, 뺄셈과 마찬가지로 학생들은 점차적으로 직접적인 모델링 전략을 수 세기 전략으로 바꾼다. 곱셈과 측정 나눗셈 문제 해결을 위하여 뛰어 세기와 2배화 전략 등도 이용된다.

| 표 8 |　여러 가지 전략의 변화와 발전

문제	전략
〈곱셈〉 선생님은 종이 5장을 가지고 있다. 각각의 종이에는 스티커가 4장씩 붙어있다. 스티커는 모두 몇 장이겠는가?	〈뛰어 세기와 더하기의 조합, 2배화 전략〉 호연이는 "자, 보세요. 4, 8, 12, [쉬고] 13, 14, 15, 16 [쉬고] 17, 18, 19, 20, 스티커 20장이요."라고 답하였다.
〈측정 나눗셈〉 어떤 식당에서는 샌드위치 하나에 치즈 4조각씩 집어넣는다. 치즈 24조각으로 샌드위치 몇 개를 만들 수 있겠는가?	〈뛰어 세기 전략〉 영희는 "음, 4, 8, 12, 16, 20, 24."라고 말하면서 손가락을 하나씩 접었다. 세기를 마치고 6개의 손가락이 접혀있는 것을 보면서 "6, 샌드위치 6개를 만들 수 있어요."라고 대답하였다.
〈분할 나눗셈〉 교실에 24명의 학생이 있는데, 한 팀에 속한 학생 수가 같아지도록 하면서 6개의 팀으로 나누려고 한다. 각 팀은 몇 명의 학생으로 이루어지겠는가?	〈시행착오 전략〉 영희는 "3, 6, 9, 12, 18."이라고 세면서, 손가락을 한 개씩 접었다. 6개의 손가락을 모두 접었을 때, "아니, 너무 작은 수가 나오네. 4에서 시작해보자. 4, 8, 12, 16, 20, 24. 됐다. 각 묶음에 4명씩 있어요."

③ 수에 관한 지식을 응용하여 만든 지식

덧셈, 뺄셈과 마찬가지로, 학생들은 특정 곱셈에 관한 지식을 다른 것보다 먼저 배운다. 학생들이 쉽게 배울 수 있는 특정한 곱셈 지식이 있다. 예를 들면, 5나 9의 배수는 특정의 패턴을 보여준다.

> 껌 한 통에 7개씩 들어있다. 6통에 있는 껌은 모두 몇 개이겠는가?
> – 7이 5개이면 35이니까 7을 한 번 더 더하면 42가 됩니다.

> 각 상자에 복숭아가 7개씩 들어있다. 8상자에는 복숭아가 몇 개나 들어 있는가?
> – 7이 9개이면 63이지만, 8통이니까 7을 한 번 빼면 56이 됩니다.

④ 나머지를 처리하는 방법

나눗셈 연산에서의 나머지 처리방법도 다음 [표 9]와 같이 여러 가지가 있다.

| 표 9 | 나눗셈의 나머지 처리 방법

20명의 사람들이 영화관에 갈 예정이다. 한 차에는 6명이 탈 수 있다고 하자. 차가 몇 대 필요할까?	올림 4대
케이크 하나 만드는 데 계란 3개가 필요하다. 17개의 계란으로 몇 개의 케이크를 만들 수 있겠는가?	버림 5개
상점에 농구공 26개가 있고, 각 상자에 공을 3개씩 넣어 포장하려고 한다. 가능한 한 많은 상자에 공을 넣는다고 할 때, 남는 공은 몇 개인가?	나머지 2개
빵 17개를 3명의 학생들에게 똑같이 나누어줄 때 한 한생이 가지게 되는 빵의 양은 얼마인가?	분수 $5\frac{2}{3}$

(3) 곱셈과 나눗셈 문제

| 표 10 | 십진 기수법 개념을 발전시키는 곱셈, 나눗셈 문제

묶기 (나머지 없는 경우)	수로 나타내시오. 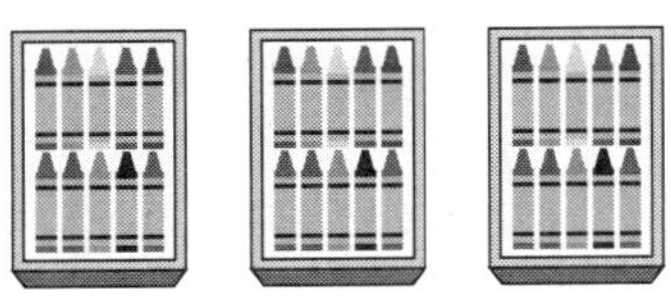	민정이는 크레용 3상자를 가지고 있다. 각 상자에는 10개의 크레용이 있다. 민정이가 가지고 있는 크레용은 모두 몇 개인가?

묶기 (나머지 있는 경우)	수로 나타내시오. 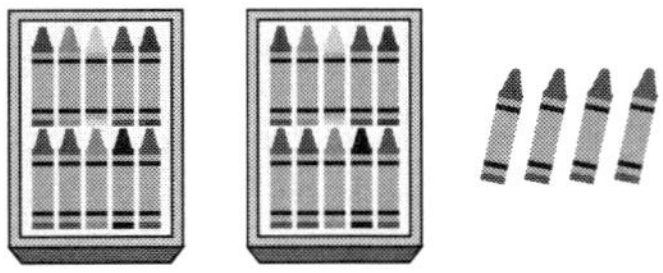	기영이는 크레용 2상자를 가지고 있다. 각 상자에는 10개의 크레용이 있다. 그리고 4개의 크레용을 더 가지고 있다. 기영이가 가진 크레용은 몇 개인가?
측정 나눗셈	10씩 묶고 수로 나타내시오. 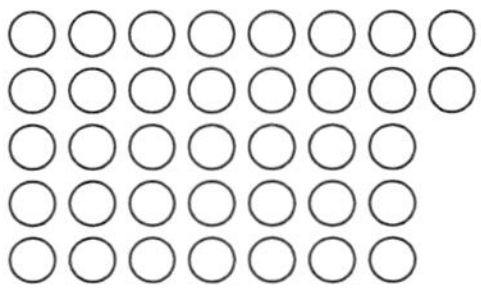 37에는 10이 몇 개 있는가?	명철이는 37개의 탁구공을 가지고 있다. 이것을 10개씩 한 상자에 넣는다면 몇 상자를 채우겠는가? 남은 탁구공은 몇 개인가?

(4) 기타 곱셈과 나눗셈 문제

셀 수 있는 사물을 묶고 분할하는 지금까지와의 문제와는 달리 셀 수 없으면서 비율이나 승법적인 비교를 해야 하는 문제도 있다.

① 유사한 문제: 비율, 가격, 승법적인 비교 문제

| 표 11 | 유사한 문제

문제 유형	곱셈	측정 나눗셈	분할 나눗셈
묶기/ 분할하기	토마토 4그루가 있다. 한 그루에 6개의 토마토가 달려있다. 토마토는 모두 몇 개인가?	토마토 몇 그루가 있다. 한 그루에 6개의 토마토가 달려있다. 토마토의 총 개수가 24개라면 모두 몇 그루인가?	토마토 4그루가 있다. 한 그루에 같은 개수의 토마토가 열려있다. 토마토의 총 개수가 24개라면 한 그루에는 몇 개의 토마토가 달려 있는가?
비율	1시간에 3*km*를 걷는다면 5시간 동안에는 몇 *km* 걷겠는가?	1시간에 3*km*를 걷는다면 15*km*를 걷는데 몇 시간이 걸리겠는가?	15*km*를 일정한 속도로 걷는데 5시간이 걸렸다면 1시간에는 얼마나 걷겠는가?
가격	파이 1개의 값은 400원이다. 파이 7개의 값은 얼마인가?	파이 1개의 값은 400원이다. 2800원으로 파이 몇 개를 살 수 있는가?	파이 7개를 2800원에 샀다. 파이 1개의 가격이 일정하다면 얼마인가?
승법적인 비교	동물원에 있는 기린은 캥거루보다 키가 3배 크다. 캥거루가 1*m*라면 기린의 키는 얼마인가?	기린의 키는 3*m*이고 캥거루의 키는 1*m*이다. 기린은 캥거루보다 몇 배 더 키가 큰가?	기린의 키는 3*m*이다. 기린은 캥거루보다 키가 3배 더 크다. 캥거루의 키는 몇 *m*인가?

② 대칭적인 문제: 넓이, 배열, 조합 문제

한 농부가 한 변의 길이는 6*m*이고 이웃한 변의 길이는 8*m*인 직사각형 모양의 채소밭을 가꾸고 있다. 이 농부가 가꾸고 있는 채소밭의 넓이는 몇 m^2인가?

한 농부가 직사각형 모양의 채소밭을 가꾸고 있다. 한 변의 길이는 6*m*인 채소밭은 만들 수 있는 공간이 있다고 한다. 넓이가 48m^2인 채소밭을 만들기 위해서는 이웃한 변의 길이를 몇 *m*로 만들어야 하는가?

한 변의 길이가 8*cm*이고 다른 한 변의 길이가 9*cm*인 종이가 있다고 하자. 이 종이 위에 한 변의 길이가 1*cm*인 정사각형을 그린다면 몇 개를 그릴 수 있는가?

2학년 학생들이 연극을 하기 위하여, 각 줄에 4개씩 의자를 놓으면서 모두 4줄을 배치한다고 하자. 모두 몇 개의 의자를 놓아야 하는가?

어느 아이스크림 가게에는 3종류의 아이스크림콘과 4가지 맛의 아이스크림이 있다. 아이스크림의 맛과 콘 종류를 생각할 때, 최대로 몇 종류의 아이스크림이 있겠는가?

제05장

기하와 측정

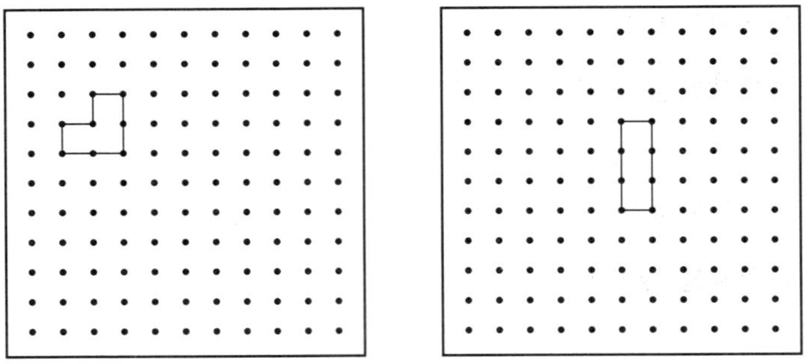

기하판과 도형

1. 탐구 개요 및 배경

공간 감각이란 인간의 환경과 대상들에 대한 직관적인 느낌을 말한다. 공간 감각을 발전시키기 위하여 학생들은 공간상의 물체의 위치, 방향, 관점, 도형과 물체의 모양과 크기, 그리고 모양의 변화가 크기에 어떻게 관련되는지 하는 등 기하학적인 관계에 주안점을 둔 많은 경험을 가져야 한다(NCTM, 1989).

어린 학생들은 위상기하학의 주제부터 먼저 학습한다. 위상 기하학에서 재료나 교구는 수학적 탐구를 위하여 압착하여 쥐어짜거나 늘어뜨릴 수 있다. 가령, 점토로 만든 공은 뱀으로 만들어도 위상적으로는 서로 동형이다. 유클리드 기하학에서는 구와 원기둥이 서로 다른 도형이지만, 위상기하학에서는 서로 동형이다.

기하판과 고무 밴드는 많은 서로 다른 모양을 만드는 데 유용한 도구이다. 위상 기하학은 원이나, 정사각형과 같은 공통의 모양을 그리는 능력보다는 대상이나 장소 또는 사건들 간의 관계를 탐구하는 학문이다. 일반적으로 어린 학생들은 공간 능력의 발전을 위하여 운동장이나 체육관 등 큰 공간, 블록 쌓기 등이 가능한 마루나 방 등 중간 크기의 공간, 레고 블록 놀이가 가능한 작은 공간 등 다양한 크기의 공간에서 위상기하학적인 경험을 할 필요가 있다. 네 가지 위상기하학의 개념은 근접성, 분리, 순서, 둘러쌈이다.

(1) 근접성은 위치, 방향, 거리에 관한 질문에 관한 것이다.

"내가 어디에 있는가?", "당신은 어디에 있는가?", (안과 밖, 위와 아래, 앞과 뒤) "어느 방향?" (향하여와 멀어져, 우회와 관통, 앞으로와 뒤로) "그것은 어디에 있는가?" (가까이와 멀리, 가까워짐과 멀어짐)

(2) 분리는 전체 대상을 개별 요소나 부분으로 구성되어 있음을 이해하는 능력이다.

어린 학생들은 사람의 모습을 눈과 입과 팔과 다리를 위한 나뭇가지를 가진 계란 모양으로 그린다. 미완성으로 그린 그 뒤에, 손가락, 발가락 등을 더 그린다. 부분과 전체 개념은 집짓기, 퍼즐, 블록 쌓기 경험과 함께 점차적으로 생겨난다. 장난감 자동차에 바퀴가 달리고, 아기 곰이 스웨터와 모자를 쓴다. 집에도 트럭을 위한 차고가 만들어진다. 쌓기 나무 블록 1000개를 쌓아 1000모형을 만드는 것은 나중에 자리값 개념 이해에도 도움이 된다.

분리는 또한 경계를 인식하는 것과도 관련되어 있다. 체육관에 붙어있는 노란 테이프 선은 공간을 둘로 나눈다. 학생들은 교사가 달리기 신호를 보내기까지는 노란 선 뒤에 서있다. 강은 도시를 둘로 나눈다.

(3) 순서는 대상이나 사건의 계열에 관한 것이다.

순서를 나타내는 두 가지 공통적인 방법은 "처음부터 끝까지"와 거꾸로 "끝에서 처음으로"이다. 순서는 또한 사물들이 보기에 좋게 공간상에 배열하거나 규칙을 만드는 것에 관한 것이다. 어린 학생들은 첫째, 둘째, 셋째와 같은 낱말을 사용하기 이전부터 그림 카드를 이용하여 하루의 일과의 계열을 학습한다. 거꾸로 세기나 지난주의 사건들을 이야기하는 것과 같은 계열의 역순은 초등학교 1학년 학생들에게는 쉽지 않은 것이다.

(4) 폐포는 주변 대상들에 의해 안과 밖이 둘러싸이거나 닫히는 것을 말한다.

직선상의 어떤 한 점은 양쪽의 점들에 의해 둘러 쌓여 있다. 3차원 공간에서 울타리는 동물을 가둘 수 있으며, 뚜껑 있는 깡통은 곡물을 담을 수 있다. 둘러쌈은 전문적으로는 내부 영역을 말하지만, 기하학적으로는 세 가지 차원이 있다. 가령 개집의 경우 개가 생활하는 둘러싸인 공간, 지붕이나 벽면 등 둘레나 경계 차원, 개가 뛰어 놀 수 있는 집 바깥 공간이 있다. 어린 학생들은 가끔 내부 영역과 경계를 혼동한다.

2. 준비 활동: 모양과 기하 개념

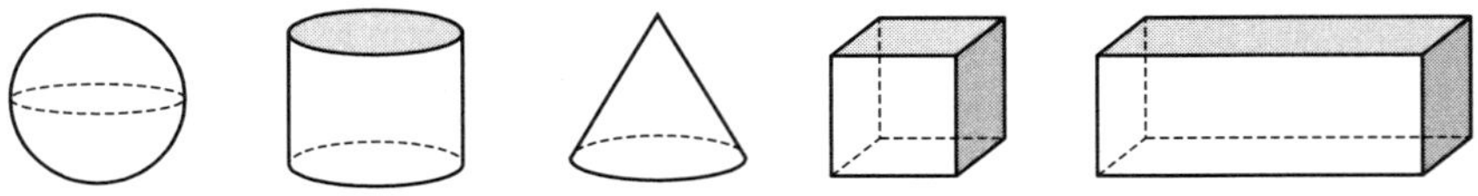

입체도형

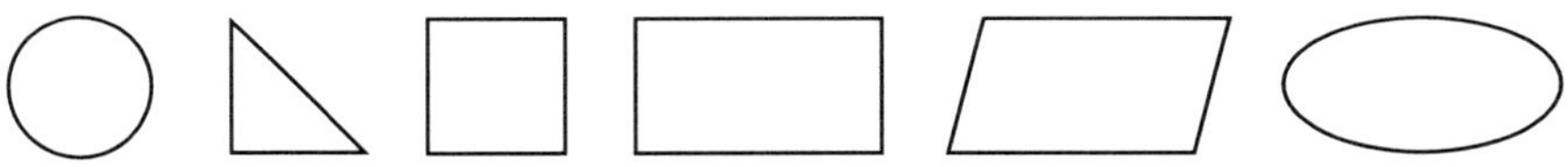

평면도형

(1) 모양

모양이란 고정된 도형과 그들의 성질, 서로의 관계 등에 관한 연구이다. 가장 공통적인 탐구는 공과 같은 공간 도형, 원과 같은 평면도형에 관한 것이다. 모양 관련성 개념의 예는 "두 삼각형이 똑같은(합동)가?" 어린 학생들의 교실에서 발견되는 공통의 3차원 공간도형은 구, 원기둥, 원뿔, 정육면체, 직육면체 등이다. 평면 도형은 원, 삼각형, 정사각형, 직사각형, 평행사변형, 타원 등이다. 어린 학생들은 주위 환경에서 형태상의 유사성과 차이점을 발견한다. 한 가지 형태를 다른 형태와 구별하는 능력을 발전시키는 것이 초기 모양 교육과정의 수업 목표가 된다.

(2) 기하 개념

기하학적 추론은 학교와 일상생활에서 많은 활동들 중의 한 부분이다. 예술사업, 우주 탐험, 독도법을 포함한 지리 개념 등은 이러한 재능을 이용한다. 도형의 이해와 뛰어난 공간 능력을 가져야 자동차 디자인, 가정 장식, 정원 설계 등에 성공할 수 있다. 자, 계량 컵, 온도계 등과 같은 측정 도구는 공간 감각을 토대로 한다. 분수 단위는 그림으로 배운다. 고등학교에서, 공간상의 대상의 조작은 대수학, 삼각법, 미적분학 등의 이해를 돕는다. 불행히도, 많은 어른들은 전형적인 수학 교육과정에서 기하학 경험을 적게 한다.

3. 탐구 활동: 반 힐레의 기하학습수준이론

어린 학생들은 0수준에서 2수준까지의 활동을 충분히 하여야만 그 다음 수준을 학습하기 위한 충분한 준비가 되는 셈이다(Smith, 2009).

(1) 0수준: 시각화 수준 – 도형의 식별과 이름 짓기

0수준에서 어린 학생들은 전체 도형에 대한 그들의 지각을 바탕으로 모양을 인식하고 이름 짓는다. 직사각형은 직사각형이다. "왜냐하면, 그것이 직사각형처럼 보이기 때문이다." 그러나, 외모는 어린 학생을 속일 수도 있다. 정사각형은 직사각형이 될 수 없다. "와냐하면 그들은 달라보이기 때문이다." 0수준에서, 학생들은 "모든 것은 둥글다."와 같은 일반적인 준거를 이용하여 모양을 집합으로 분류할 수 있다.

(2) 1수준: 분석 – 속성 설명

1수준에서 어린 학생들은 정사각형을 "각이 4개 있고, 변이 4개 있다. 그리고 그 각과 변이 모두 서로 같다"와 같이 설명할 수 있다. 그들은 개별 모양의 성질들을 열거하지만, 어떤 모양의 다른 모양과의 관련성을 이해하지는 못한다. 그들은 정사각형을 직사각형으로 분류하거나, 직사각형은 평행사변형의 한 유형으로 분류할 수는 없다.

(3) 2수준: 비형식적 추론-속성에 의한 분류와 일반화

2수준에서, 학생들은 모양의 설질을 논리적인 범주로 추상화할 수 있다. "어떤 도형이 4개의 직각을 가지고 있으면, 그것은 직사각형이다. 정사각형은 4개의 직각을 가지고 있으므로, 그것은 직사각형의 한 유형이다." 그들의 의미 있는 생각의 핵심은 평면도형, 3차원 도형의 면, 꼭지점, 모서리 등에 관하여 발생하는 비형식적인 추론이다.

(4) 3수준: 연역적 추론-공리와 정의를 이용한 증명

3수준에서, 그들은 공준의 역할, 정리, 증명 등을 이해할 수 있다. 그들은 그들의 증명을 써내려가고 추론 과정을 설명할 수 있다. 이러한 교육과정의 목표는 고등학교 수학 교실에서 기대할 수 있다.

(5) 4수준: 엄정성-여러 가지 기하학적 체계에서의 연구

4수준에서, 학생들은 기하학 교과를 구체적인 모델을 이용한 추상화된 체계로 관련시킬 수 있다. 그들은 형식적인 추론을 할 수 있으며 비유클리드 기하학을 학습할 수 있다.

기하학은 놀이로부터 시작된다는 반 힐레의 말을 명심할 필요가 있다.

4. 측정

측정이란 물리적인 양(길이, 키, 무게, 부피)이나 비 물리적인 양(시간, 온도, 돈)에 단위의 수를 할당하는 것을 말한다. 책상의 길이와 같은 물리적인 양은 그 대상에 직접적으로 단위의 반복적인 적용에 의하여 측정할 수 있다. 이러한 과정을 반복이라고 한다.

시간과 같은 비 물리적인 양은 간접적인 방법을 이용한다. 시계와 달력이 시간을 측정하는 데 이용되는 두 가지 도구이다. 온도 측정은 온도계를 이용한다. 돈은 가치를 측정하며, 동전과 지폐가 이용된다.

어린 학생들은 비형식적이거나 임의의 단위에 의해 형식적인 측정 체계의 성질을 발견한다. 이러한 단위들은 손가락지문, 손, 발, 팔의 길이 등과 같은 신체 단위들이 이용될 수 있다. 혹은 그들은 종이 클립, 블록, 십진블록, 콩, 동물의 발자국 등으로 측정할 수도 있다(Smith, 2009).

(1) 길이와 키

길이의 연구는 전형적으로 손가락, 종이 클립, 분필 등과 같은 비형식적인 단위에 의해 시작된다. 어린 학생들은 책, 상자, 연필과 같은 일상의 대상들을 이러한 비 표준적인 단위들로 잰다. 그들은 책상과 같은 더 큰 대상들의 측정에 도전한다. 탐구는 계속된다. 아마도 손자국이나 한 뼘을 이용하여 책상을 재는 것이 더 나을 것이다. 그 과정에서 한 가지 측면은 분명해진다. 서로 다른 크기의 단위들의 도움이 그 활동을 촉진시켜 준다.

교사는 자를 집단에 보여준다. "자란 무엇인가?", "당신은 집에 자 하나 가지고 있는가?", "누가 자를 이용하는가?", "자에 있는 그 숫자들은 왜 있는가?"와 같은 질문들에 관한 생생한 토론이 집중적으로 일어난다.

미터법에서, 초등학교 교육과정은 센티미터(*cm*)와 미터(*m*) 단위를 강조한다. 센티미터 입방체는 미터자의 그림을 촉진시킨다. 센티미터 그래프 용지는 이러한 작은 단위들을 색칠하거나 세는 데 도움이 된다. 일반적으로 밀리미터(*mm*)는 너무 작은 단위여서 어린 학생들에게는 중요하게 다룰 수 없다. 마찬가지로, 킬로미터(*km*)는 매우 큰 단위여서 꽤 먼 거리를 운전하거나 걷는 데 이용될 수 있다.

(2) 넓이

넓이를 재는 과정은 1차원 선분의 단위보다는 2차원 단위제곱을 이용한다. 벙어리 장갑의 윤곽과 같은 면을 강낭콩이나 동전으로 덮는 경험으로 시작된다. 또 다른 계절 모형은 토끼풀이나 연, 비치 볼 등이 포함된다. 손자국이나 발자국도 마루의 양탄자 넓이를 덮는 데 이용될 수 있다. 어린 학생들은 몇 개의 비형식적인 단위들이 필요한 지를 추측한다. 교사는 "덮이지 않은 남은 공간이 있을까?", "이러한 부분들을 어떻게 셀 수 있을까?"와 같은 질문을 한다. 대상들을 덮은 후에 어린 학생들은 단위의 개수를 세고 그 결과를 그들의 예측과 비교한다. 그들은 그 문제를 해결하기 위하여 몇 개의 전체 단위와 전체 단위의 얼마만큼의 부분이 있어야 완전히 덮는 데 필요한 지를 결정한다.

서로 다른 모양도 같은 넓이를 가질 수 있다. 목욕탕 타일이 동일한 수의 타일을 이용하는 디자인을 만드는 데 훌륭한 기회를 제공해준다. 교사는 "각 디자인은 타일 8개를 가지고 있다. 규칙은 타일들이 각 변에 서로 꼭 붙어 있어야 한다."라고 설명한다.

넓이와 둘레의 개념은 저학년 학생들에게 새로운 도전이다. 한 가지 좋은 도구는 기하판이다. 어린 학생들은 고무 밴드로 경계를 만든다.

(3) 부피와 들이

부피의 기본 단위는 세제곱센티미터(cm^3)이다. 세제곱센티미터는 1000개(1000cm^3)가 모여 1리터(l)가 된다. 일 세제곱센티미터(1cm^3)는 일 밀리리터(1ml)이다. 쌓기 나무가 부피 측정의 좋은 임의 단위가 된다. 어떤 상자를 채우는 데 몇 개의 쌓기 나무가 필요할까? 동일한 부피는 서로 다른 많은 모양을 취할 수 있다. 어린 학생들은 12개의 블록을 가지고 여러 모양을 만들 수 있다. 규칙은 각 블록이 각 변에 꼭 붙어 있어야 한다는 것이다.

들이의 미터법 단위는 리터이다. 이는 음료수나 물의 양이 1리터나 2리터 등으로 나타낼 때 많이 이용된다. 밀리리터는 적은 양의 음료수나 물의 양 또는 의약품의 양을 표시할 때 많이 이용된다.

(4) 무게와 질량

무게는 질량과 중력의 효과를 함께 고려한 것이다. 어떤 사람이라도 달에서는 달의 중력이 지구 중력의 $\frac{1}{6}$밖에 되지 않으므로 지구에서보다 무게가 덜나간다. 미터법에서는 질량이 어떤 대상의 물질의 양을 재는 데 이용된다.

어린 학생들은 일상생활에서 자주 듣기 때문에 무게라는 용어를 이용한다. 의사는 아기들이 방문할 때마다 몸무게를 잰다. 과일 가게 점원은 값을 매기기 위해 과일의 무게를 단다. 어떤 물건은 잡아보거나 들어 올려보아 다른 물건 보다 더 무겁다고 느낀다. 학교에서 교사는 한 학생에게 "어느 도시락이 더 무거울까?"라고 물어본다. 그러나 이따금 물리적인 감은 너무 모호하기도 하다. 어린 학생들은 양팔 저울이나 스프링 저울을 이용하여 그들의 예측을 점검한다.

(5) 시간

시간은 지속 기간, 즉 어떤 것이 얼마나 오랫동안 지속되는가(경과시간) 하는 것과 연속적인 순서를 필요로 한다. 한 가지 순서는 나이이다. 피아제에 의하면, 5세 아동은 자기가 동생보다 "더 크기" 때문에 나이가 더 많다고 믿을 수 있다. 그러나 어머니와 할머니는 나이가 같다. 그들은 "둘 다 나이가 많다." 어른이 되면 나이가 멈추기 때문에 할머니는 어머니보다 나이가 더 많지 않다. 물리적인 크기가 시간과 혼동된다.

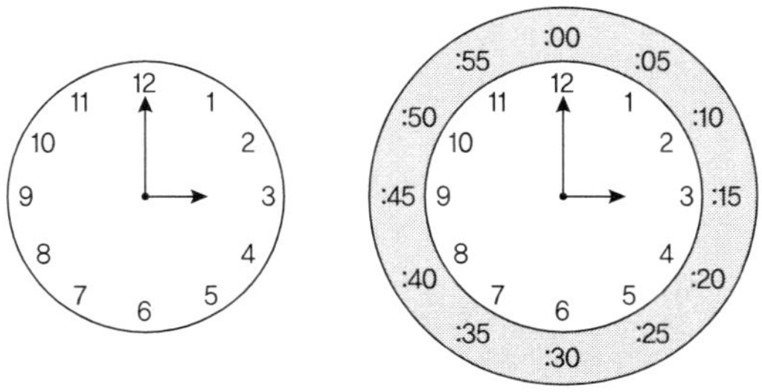

시　　　　　　　　시/분

어린 학생들은 디지털 시계를 쉽게 읽을 수 있으므로, 아나로그 시계 읽기를 디지털 시계 읽기로 전환할 수도 있다. 그러나 아나로그 시계 읽기의 한 가지 잇점은 30분, 50분, 53분 등 경과시간 계산이 시계 면 위에서 더 수월해진다는 점이다.

어떤 것이 얼마나 오랫동안 발생하는가 하는 지속기간의 개념이 시간 교육과정에서는 중요한 위치를 점한다. 모래시계나 부엌 시계는 지속 기간을 기록하여 시간 구간 감각을 제공해준다. 가령, 어린 학생들은 눈을 감은 상태에서 1분이 경과하였다고 생각할 때 눈을 뜨는 활동을 해본다.

일상의 학교 교실 활동들은 시간을 재는 기회를 제공해준다. 가령, 어린 학생들은 어떤 이야기를 듣거나, 그림을 색칠하거나, 칠판을 지우는데 시간이 얼마나 걸릴지 추측해본다. 소풍도 시간 측정의 기회를 제공한다. 우리 모두가 버스를 타는데 걸리는 시간을 얼마일까? 동물원까지 가는 데 얼마나 걸릴까? 동물원 주변까지 기차로 가는 데는 얼마나 걸릴까? 학교에 오후 3시경 도착하려면 몇 시에 출발해야 할까?

(6) 온도

어린 학생들은 계절이 변할 때 온도를 경험한다. 의류는 그 지역의 기후에 따라 티셔츠나 반바지에서 파커에 이르기까지 다양하다. 썰매타기에서 수영하기에 이르기까지 활동은 가끔 계절과 관련된다. 많은 교사들은 매일의 달력 활동 란에 날씨(맑음, 흐림, 비, 눈) 도표를 만든다. 저학년 학생들은 매일의 기온 기록을 만들어 쉽게 그래프로 바꿀 수 있도록 한다.

학생들은 화씨와 섭씨 단위의 온도계를 읽을 줄 알도록 한다. 화씨의 단위는 물이 어는 점을 32°F, 끓는 점을 212°F로 하여 측정하는 것이다. 섭씨의 단위는 물이 어는 점을 0°C, 끓는 점을 100°C로 하여 측정하는 것이다.

교사들은 움직이는 빨간 색의 띠를 가진 온도계를 산다. 그 띠는 "알콜"이 오르고 내리는 것을 보여준다. 뜨거운 물과 차가운 얼음물에서 온도계를 실험하면 극적인 효과를 설명할 수 있을 것이다. 어린 학생들은 더운 날씨와 추운 날씨, 해변과 호숫가 날씨의 기준을 정할 필요가 있다. 15°C 정도이면 서늘하고, 35°C정도이면 덥다.

매일의 날씨 정보는 TV와 신문, 전화와 컴퓨터 통신망에 나타난다. 온도는 농업에 중요한 역할을 한다. 사회 교과의 단원이나, 행사, 문학, 이주형태, 그리고 다른 많은 교과목에서 발견되는 바와 같이, 문화와 기후의 관계는 온도를 우리들의 일상생활에 가져다준다.

참고문헌

권성룡, 김남균, 김수환, 김용대, 남승인, 류성림, 방정숙, 신준식, 이대현, 이봉주, 조완영, 조정수 옮김(2004). **수학의 힘을 길러주자. 왜? 어떻게?** 서울: 경문사.

김성준, 김수환, 신준식, 이대현, 이종영, 임문규, 정은실, 최창우(2014). **2009 교육과정 중심 초등수학교육론**. 서울: 동명사.

김수환(2016). **수학, 역사와 손잡다**. 서울: 교우사.

김수환(1999). 청주교육대학교 초등수학 영재교육 사례발표. **과학영재교육센터의 발전적 운영을 위한 *Workshop. 77-92*.** 전국과학영재교육센터협의회. 대구: 경북대학교 과학영재교육센터.

김수환, 박영희, 백선수, 이경화, 한 대희 옮김(2006). **수학교실연구시리즈 2, 어떻게 수학을 배우지? CGI에 의한 수학 학습**. 서울: 경문사.

김수환, 김기현, 김동원, 김현철, 노경희, 도종훈, 임문태, 송민호 (2015). **2014 자유학기제 수학 체험프로그램 운영지원단 최종 결과 보고서**. 한국과학창의재단 BD 15030002.

김수환, 고재성, 구자면, 권혁순, 김남균, 김동호, 김태균, 남현욱, 박상우. 박영희, 장지은, 정지선, 한대희(2014). **영역별 핵심역량함양을 위한 융합형 수업 모델 개발, 과학기술영역 결과 보고서**. 서울: 한국과학창의재단.

김수환, 김남균, 김문수, 김현철, 나귀수, 도종훈, 류봉선, 박영희, 이중권, 임문태, 홍갑주(2015). **수학탐구대회 기획안 연구**. 서울: 한국과학창의재단.

남수정(2013). **새로운 아이디어 발상법으로 주목 받는 해커톤**. www.digieco.co.kr. 접속일 2015-5-25.

박진형, 김동원(2013). **수학교육 관련 정부 정책 추진 현황 분석 연구: 수학교육 선진화 방안의 6대 분야 28대 과제 분석**. 서울: 한국과학창의재단.

신인선, 신현용, 조민식, 이수진, 김정은, 문주호, 반은섭, 백수연, 김인수(2015). **주제중심의 중학교 수학교과서 모형 연구**. 서울: 한국과학창의재단 BD-1502- 0008.

장혜원, 김은혜, 조두경, 김윤선, 유대현, 남미선, 박원규, 김주숙(2015). **주제중심의 초등학교 수학교과서 모형 연구**. 서울: 한국과학창의재단 BD-1502-0010.

전경원(1997). **휴머니즘에 입각한 특수한 영재교육**. 서울: 서원.

조윤동 옮김(2002). **마술같은 수학-퍼즐로 수학 283배 즐기기**. 서울: 경문사.

정달영, 김부윤, 송상헌, 우경수, 황선욱, 곽동애, 조유미(2013). **수학체험거점센터 구축 및 운영 방안 연구**. 한국과학창의재단 정책연구 2013-8.

한국과학창의재단(2015). **2015 개정 수학과 교육과정 시안개발 정책연구 공개토론회**. 서울: 한국수학교육학회

한국교육과정평가원(1999). **초등학교 학습 부진아 지도 프로그램 개발 연구**. 연구보고 RRC 99-3.

황선욱, 박혜숙, 이광연, 고호경, 이종규, 한준희, 박문환, 박상의(2015). **주제중심의 고등학교 수학교과서 모형 연구**. 서울: 한국과학창의재단 BD-1502-0006.

Abdelrahman, M. H(2016). ***The effectiveness of a suggested geometrical tools to help blind pupils learn construction geometry***. https://www.conftool.pro/ icme13/ index.php?page=browseExtra.

Davis, G. A., & Rimm, S. B. (1985). ***Education of the gifted and talented***. Englewood Cliffs, NJ: Prentice-Hall.

Fusson, K. C., D. Wearne, J. C. Hiebert, H. G. Murray, P. G. Human, A. I. Olivier, T. P. Carpenter, and E. Fennema. (1997). Children's Conceptual structures for Multidigit Numbers and Methods of Multidigit Addition and Subtraction. ***Journal of Research in Mathematics Education 28: 130-162***.

Garland T. H. (1987). ***Fascinating Fibonaccis Mystery and Magic in Numbers***. Dale Seymour Publications.

Gelman R. and Gallistel C. R. (1986). ***The Child's Understanding of Number***. MA: Havard University Press.

ICME 13(2016). ***13th International Congress on Mathematical Education (ICME-13) 24-31 July 2016 in Hamburg, Final Programme, 167***. Hamburg: Hamburg University.

Kay, D. C. (2011). ***College Geometry: A unified development***. New York: CRC Press.

Kamii, C., & Dominick, A. (1998). The harmful effects of algorithms in grades 1-4. In I. J. Morrow & M. J. Kenney, (Eds.), ***The teaching and learning of algorithms in school mathematics (pp. 130-140)***. Reston, VA: NCTM.

NCTM(1989). ***Curriculum and evaluation standards for school mathematics***. Reston, VA: Author.

Polya, G. (1962). ***Mathematical Discovery***. N.Y.: John Wiley & Sons, Inc.

Sisk, D. (1987). ***Creative teaching of the gifted***. NY: McGraw-Hill Book Co.

Smith S. S. (2009). ***Early Childhood Mathematics***. 4th ed. NY: Pearson.

Stanford University (2000). ***Education Program for Gifted Youth Course Catalogue***. epgy.stanford.edu.

U.S. Department of Education (1998). ***National Jacob K. Javits Gifted and Talented Students Education Program Grants***. Washington, DC: Office of Educational Research and Improvement/Office of Reform Assistance and Dissemination, U.S. Department of Education.

U.S. Department of Education (1993). ***National Excellence, A Case for Developing America's Talent***, Washington, DC: Office of Educational Research and Improvement, U.S. Department of Education.

저자소개

김수환

1982년 서울대학교 사범대학 수학교육과 졸업
1992년 한국교원대학교 대학원 수학교육과 졸업 교육학석사
1996년 한국교원대학교 대학원 수학교육과 졸업 교육학박사
1982~1991년 서울 강남여중, 영등포고, 영등포여고 수학 교사
1992~1996년 한국교육개발원 연구원

1996년 이후 현재까지 청주교육대학교 교수
2000년 1~2월 Stanford University, 영재교육원 단기 방문 연구교수
2002년 9월~2003년 8월 University of Wisconsin–Madison, 방문 연구교수
2008~2012년 청주교육대학교 총장
2012년 3월~2033년 2월 University of Utah–Salt Lake, 방문 연구교수
2014~2016년 한국수학교육학회 회장

저서

『초등수학학습지도의 이해』(김수환 외 공역, 양서원, 1999),
『Development of Materials for Ethnomathematics in Korea. In Ed. Selaine Selin, Mathematics Across Cultures – The History of Non–Western Mathematics』(Kluwer Academics Publishers, 2000),
『수학의 힘을 길러주자. 왜? 어떻게?』(김수환 외 공역, 경문사, 2005),
『수학교실연구시리즈 1 어떻게 이해하지?』(김수환 외 공역, 경문사, 2004),
『수학교실연구시리즈 2 어떻게 수학을 배우지?』(김수환 외 공역, 경문사, 2006),
『2009 교육과정중심 초등수학교육론』(김수환 외 공저, 동명사, 2014),
『초등학교 수학과 교재연구와 지도법』(김수환 외 공저, 동명사, 2013),
『수학, 역사와 손잡다』(김수환 지음, 교우사, 2016)